Grenzeloos God

Integraal kijken naar God, mens en wereld

Deze uitgave is mede mogelijk gemaakt door een financiële bijdrage van de Vrijzinnige Fondsen.

ISBN 978 9493 2204 23
NUR 700

Uitgeverij Skandalon
Lange Noordstraat 23
4331 CB Middelburg
e-mail: info@skandalon.nl
www.skandalon.nl

Von der Anmut der Welt. Entwurf einer integralen Theologie, by Tilmann Haberer

A division of Penguin Random House Verlagsgruppe GmbH, München, Germany

Vertaald uit het Duits door Piet van Veldhuizen – woordenmetzielenzin.nl

Bijbelcitaten komen uit NBV21, tenzij anders vermeld.

Afbeelding omslag: Prawny from Pixabay
Vormgeving: Circe, Zierikzee

Tilmann Haberer

Grenzeloos God

Integraal kijken naar God, mens en wereld

SKANDALON
NON NOBIS SED POSTERIS

Soms is het
alsof ik God zachtjes met binnenpret hoor lachen
vanwege mijn onhandige pogingen
om te beschrijven wie of wat God is

Inhoud

Voorwoord bij de Nederlandse uitgave 9

Inleiding: Waarom en voor wie ik dit boek schrijf 11

OVER GOD SPREKEN, EEN BIJNA ONMOGELIJKE ONDERNEMING 13

1 **Wat is God?** 15
God en steeds wijdere bewustzijnsruimtes – Van God 1.0 tot God 9.0

2 **Zien, weten en voelen** 37
Vier perspectieven op de werkelijkheid – Waar komt onze kennis over God vandaan? – Het concert van de religies

GOD EN DE WERELD, OVER WETENSCHAP EN SPIRITUALITEIT 49

3 **Schepping 7.0: de evolutie van God, kwantummechanica en zwarte gaten** 51
Meer dan alles – God wordt vlees – Alles is (zo goed als) niets – Meer dan materie – Mijn eigen scheppingsverhaal

4 **Triniteit: God als schepper, schepping en communicatie** 65
De eeuwige waarheid... – ...is concreet – De adem van God

5 **De vraag naar de Vader, de vraag naar het kwaad** 76
Over de dode Christus en de mondigheid van Gods volwassen kinderen – Is God rechtvaardig?

JEZUS CHRISTUS, WIE HIJ WAS EN IS 85

6 **De man uit Nazaret** 87
De grote onbekende – Een portret van Jezus

7 **Jezus' boodschap, een 'grenzeloos' rijk** 99
Rein en onrein – Vrouwen en mannen – De joden en de anderen – Goede en slechte mensen – De liefde

8 **De vraag naar de historiciteit** 109
De antwoorden van bewustzijnsruimten BLAUW t/m GEEL

9 **Christus, de Zoon van God** 115
Mens of God? – De goddelijkheid van de mens Jezus – Paulus de mysticus

10 **De lijdende God** 129

DE MENS, ZICHZELF EEN RAADSEL 137

11 **De mens: diersoort en Gods evenbeeld** 139
Het sprekende zoogdier – Gods evenbeeld – Incarnatie: God wordt wereld – Theosis: de mens wordt God

12 **Wie spreekt er als ik zeg 'Ik ben'?** 148
Onbewust bewust – Met hoevelen ben je? – Ben ik echt? – Maken hersenen de ziel? – Hoe het voelt om iemand te zijn – Geen ik te bekennen – Panpsychisme

ZONDE EN VERLOSSING 167

13 **Een kosmisch drama in meerdere bedrijven** 169
Besturingssysteem en toepassingen – Eerste bedrijf: Geschapen naar Gods beeld – Tweede bedrijf: De 'zondeval' – Derde bedrijf: De verlossing

14 **Upgrade naar Zonde en verlossing 7.0** 179
Geboren in de tweeheid – Liefde of angst – Doel gemist – Verlossing, waarvan eigenlijk?

15 **De dood, broeder van de slaap** 192
De eindeloze wederkeer – Reïncarnatie in de Bijbel? – Opstanding van de doden – Een nieuw beeld: terug in het Grote Geheel

16 **Verlossing 7.0** 204
Een gracieuze vriendin – Os en ezel – De liefde

HET LAATSTE EN VOORLAATSTE 213

17 **Liefde, vrijheid en verantwoordelijkheid** 215
Nogmaals: de liefde – Vrijheid en verantwoordelijkheid – Het geloof leven – Eerherstel voor de translatie

18 **Is er nog ruimte voor de kerk?** 232
Samen in plaats van eenzaam – 'Schep een, twee ... vele eilanden!'

Epiloog 237

Dankwoord 241

Noten 243

Voorwoord bij de Nederlandse uitgave

God is altijd groter, altijd wijder dan alles wat wij over God kunnen zeggen. God is grenzeloos. Daarom kan er niets zoiets bestaan als een 'juiste' manier van spreken over God. We kunnen alleen telkens weer proberen om zodanig over God te spreken, dat het mensen troost en richting geeft en de kracht om op te staan tegen levensvijandige omstandigheden. Elke generatie staat altijd weer opnieuw voor die opgave. Daarbij is het belangrijk om te beseffen dat elke uitspraak die we over God doen, grenzen trekt. Want ieder woord dat we spreken, kan slechts een deel van de werkelijkheid weergeven. Als we zeggen dat God groot is, wat doen we dan met alles wat klein is?

De moderne tijd heeft veel traditionele opvattingen ongeldig verklaard. Sinds de Verlichting is het prima om te zeggen dat Jezus een goed mens was, maar dat hij 'Gods zoon' zou zijn, wordt met heftigheid ontkend. De leer over de drie-eenheid werd naar het rijk van de antieke mythologie verwezen, net als heel wat fundamentele theologische opvattingen van eerdere generaties. Daarbij ging ook iets anders verloren: de schoonheid van het paradoxale spreken; de schoonheid van uitspraken die tegen het verstand in gaan maar die het hart onmiddellijk kunnen raken. In dit boek probeer ik die uitspraken in een postmoderne of metamoderne context te plaatsen en ze op die manier opnieuw te laten stralen: als mythen waarvan de waarheid op een ander, dieper vlak ligt.

Dit boek is een uitnodiging om van perspectief te wisselen. Om anders te leren kijken. Om af te dalen in de diepte van het Zijn waarover de religies van oudsher vertellen en zingen. Ik nodig u uit om ánders naar God en de wereld te kijken, zonder de ogen te sluiten voor alles wat in deze wereld verschrikkelijk is. En ook als ons spreken over God voortdurend op zijn eigen grenzen stuit, hoop ik toch dat u iets zult meekrijgen van de schoonheid van God en van Gods vriendelijkheid die weldadig is voor onze ziel.

München, februari 2023

Tilmann Haberer

Inleiding: Waarom en voor wie ik dit boek schrijf

Ze was eind twintig, opgegroeid in een protestantse pastorie, en net klaar met haar promotieonderzoek. Nu zat ze tegenover me bij de inloop voor pastorale noodhulp, nog net niet in tranen. Een familielid, nauwelijks ouder dan zijzelf, was onlangs aan kanker gestorven, en dat was niet het enige tragische sterfgeval in de familie. 'Waar is God dan?', vroeg ze mij, en ze keek me aan met een radeloze blik. In de loop van het gesprek werd duidelijk dat ze in feite nooit afscheid had genomen van haar kindergeloof – dat geloof in de lieve God die in de hemel woont, die op zijn kinderen past en ze voor onheil bewaart. In haar sociaalwetenschappelijke studie had ze geleerd om alles kritisch te bevragen, maar haar eigen godsbeeld had ze nooit tegen het licht gehouden. God, dat was voor haar de beschermende Vader, die ook zo af en toe wel een wonder doet als zijn kinderen er maar vurig genoeg om bidden.

Deze God leek gefaald te hebben. En nu zat ze daar, deze slimme jonge vrouw, en vroeg zich af: heeft het leven nog wel zin als het voortdurend zo in gevaar is, als lijden, ziekte en dood zich opstapelen, zelfs in een familie waar toch zo vast in God geloofd wordt en zo integer wordt geleefd?

Ik kon aanvankelijk niets anders doen dan ruimte maken voor haar rouw. Maar daarna begon ik voorzichtig te vragen naar haar godsbeeld. Zou het niet kunnen zijn dat God misschien anders is dan zoals we het als kinderen hebben geleerd, maar dat God daarmee nog niet ophoudt om God te zijn?

In de ontmoeting met deze jonge vrouw zag ik iets heel typerends: ik maak veel mensen mee die in een existentiële crisis radicaal gaan twijfelen aan hun geloof, omdat de voorstellingen waarop ze hebben leren vertrouwen niet meer werken. Ze zouden graag nog geloven, maar het lukt niet meer. Zo voegen ze zich bij al degenen die ook los van hun existentiële nood geen boodschap meer hebben aan de traditionele religieuze voorstellingen. Ook als ze verlangen naar een vervullende vorm van godsdienst, kunnen ze met de oude religieuze beelden en normen niet meer uit de voeten. Die zijn toch allang niet meer van deze tijd? Kan men vandaag de dag nog geloven zoals in de middeleeuwen en de tijd van de reformatie?

Voor zulke mensen schrijf ik dit boek. Het pleit voor een christelijke manier van zijn en denken die niet achterloopt bij de geestelijke realiteit van vandaag (of zich daar angstig tegen afschermt), maar die het gesprek met deze realiteit aangaat of sterker nog: die vooruitdenkt en deze realiteit vérder helpt. Hoe zou het zijn als christenen het beste van hun oude gedachtegoed in gesprek brachten met het heden, zodat het op verrassende en spannende manieren opnieuw gaat spreken? Als de oude inhoud op een nieuwe, ongehoorde manier zou gaan stralen doordat de korsten van het traditioneel-mythische denken eraf geborsteld zouden worden, doordat een integrale denkwijze er een opwindende beweging in ontdekt?

Dit boek onderneemt een poging in die richting en gaat door op wat ik samen met Marion en Tiki Küstenmacher ben begonnen in het boek *God 9.0. De spirituele groeikansen van het christendom.*[1] In *God 9.0* gaat het over de ontwikkeling van het menselijk bewustzijn en hoe de ontwikkeling van godsbeelden en ideeën over God daarmee samen op gaat. Al sinds dat boek in de herfst van 2010 is verschenen, liep ik met het idee om de kernbegrippen van de christelijke geloofsleer (God, schepping, Jezus Christus, verlossing, opstanding enzovoorts) opnieuw te beschrijven, maar nu op basis van het post-postmoderne bewustzijn, het integrale denken zoals we het in hoofdstuk 7 van *God 9.0* hebben geschetst. Ik wil proberen de kern van de christelijke boodschap zo te formuleren, dat mensen van vandaag kunnen begrijpen waar het om gaat zonder dat ze daarbij een verouderd wereldbeeld op de koop toe moeten nemen. Ik ben ervan overtuigd dat zo'n poging veel opwindende ontdekkingen en spannende inzichten met zich mee zal brengen. Kom, laten we op weg gaan!

OVER GOD SPREKEN, EEN BIJNA ONMOGELIJKE ONDERNEMING

Een God die 'bestaat', bestaat niet – dat is een uitspraak van Dietrich Bonhoeffer die veel geciteerd wordt maar ook vaak verkeerd wordt begrepen. De aanhalingstekens bij 'bestaat' zijn het beslissende gegeven. Een God die 'bestaat', bestaat niet. Bonhoeffer schrijft deze zin niet uit ongeloof, maar vanuit een diep geloof dat God boven onze begrippen van bestaan en niet-bestaan uitstijgt. Bonhoeffer wil duidelijk maken dat God er niet is op de manier waarop een theepot, een kangoeroe of het universum bestaat. God bevindt zich buiten onze begrippen van bestaan en niet-bestaan.

Maar wat betekent dat? Als de zin van Bonhoeffer klopt, kun je dan nog iets over God zeggen? Is God dan niet een onmogelijk thema, iets waarover je helemaal niet objectief kunt spreken? Is theo-logie, het 'spreken over God' of de 'leer over God', dan niet een onmogelijke onderneming?

Ik denk dat het helemaal niet zo onmogelijk is om over God te spreken, ook als hij niet 'bestaat'. De oplossing is vrij eenvoudig. Natuurlijk kunnen wij als eindige, begrensde wezens met onze woorden het oneindige nooit adequaat of uitputtend beschrijven. Maar wat we wél kunnen en wat ik hier wil proberen, is spreken over de beelden en voorstellingen die mensen van oudsher met het begrip 'God' verbinden. We spreken dus niet over 'God op zichzelf' maar over onze godsbeelden. In de loop van dit hoofdstuk zal duidelijk worden waarom dat het geval is.

We starten dit hoofdstuk met de vraag: wat bedoelen we als we het woord 'God' gebruiken?

1 | Wat is God?

Van de Amerikaanse theoloog Marcus J. Borg was op YouTube een mooie korte voordracht te vinden met de titel 'What is God?'[2] Die titel is verrassend. Borg vraagt niet: 'Wie is God?', maar '*Wat* is God?' Vervolgens vertelt hij dat hij in zijn kindertijd en in zijn jeugd bij het woord God een *wezen* in gedachten had gehad. Een hoogste Wezen, op een of andere manier los van het universum en toch op een bepaalde manier op het universum betrokken. Later, vertelt Borg, begon hij anders over God te denken. 'Kortgezegd, begon ik me God voor te stellen als *alomvattende werkelijkheid* of, zo je wilt, als alomvattende Geest. Maar als ik het woord geest gebruik, bedoel ik daarmee niet iets wat radicaal van de wereld verschilt: eerder iets dat de wereld vervult en doordringt.'

Wat Borg hier beschrijft, maakt twee dingen duidelijk. Ten eerste: als we over God spreken, hebben we het over onze beelden, over de voorstellingen die we bij God hebben. Deze voorstellingen of godsbeelden kunnen heel divers zijn. We kunnen ons God voorstellen als hoogste Wezen dat 'boven' de wereld troont of 'aan gene zijde' leeft en van daaruit in deze wereld ingrijpt, aldoor of alleen van tijd tot tijd. Dit godsbeeld noemen we 'theïstisch'. Een andere mogelijkheid is dat we God beschrijven als de diepste werkelijkheid, als 'alomvattende Geest' die alles vervult en doordringt. Die voorstelling wordt 'panentheïstisch' genoemd. Het tweede dat bij Borg zichtbaar wordt: er zijn niet alleen verschillende godsbeelden, ze veranderen ook. En dan niet alleen in de loop van een mensenleven zoals bij Marcus Borg, maar ook in de loop van de geschiedenis van de mensheid.

Hoe de denkbeelden over God in de loop van de religieuze ontwikkeling van de mensheid zijn veranderd en hoe deze veranderingen ook vandaag nog terug te vinden zijn in de bewustzijnsontwikkeling van ieder mens apart, dat heb ik in het boek *God 9.0* samen met Marion en Tiki Küstenmacher beschreven. Dat model vind ik nog steeds uitgesproken behulpzaam als we willen weten hoe we over God kunnen spreken en wat we bedoelen als we over God spreken. Daarom wil ik dat hieronder kort samenvatten, maar eerst wil ik ingaan op de basisgedachten die aan het model ten grondslag liggen.

God en steeds wijdere bewustzijnsruimtes

De basisgedachten van bovengenoemd model zijn onafscheidelijk verbonden met het werk van Ken Wilber. De internetencyclopedie Wikipedia noemt deze bijzondere onderzoeker gewoon een 'auteur'.* Ken Wilber heeft zijn studie in de biochemie kort voor het examen afgebroken. Op 24-jarige leeftijd publiceerde hij zijn eerste boek onder de titel *The Spectrum of Consciousness*. Sindsdien houdt hij zich uitsluitend bezig met de vraag hoe het menselijk bewustzijn zich ontwikkelt; hij wordt wel de 'Einstein van het bewustzijnsonderzoek' genoemd. Ken Wilber leeft grotendeels teruggetrokken in zijn huis in Boulder, Colorado. Hij neemt nauwelijks deel aan het publieke leven, maar heeft veel voordrachten en gesprekken gepubliceerd op YouTube.

Een goede toegang tot zijn denken biedt zijn boek *Overgave en strijd*. Het is zijn meest persoonlijke werk. Het draait om twee thema's: ten eerste de ziekte van zijn vrouw Treya – haar dagboeknotities beslaan een groot deel van het boek. Ze zijn een ontroerend getuigenis van haar vergeefse strijd tegen kanker. Het sluit af met het bericht over haar dood. Het tweede thema is Wilbers observaties en gedachten over de ontwikkeling van het menselijk bewustzijn. Hij vlecht ze door de notities van zijn vrouw heen, en voor mij komt daarin zijn genialiteit tot uiting.

Wilber gaat namelijk op een ongebruikelijke manier te werk. In de academische wereld komt het er normaliter op aan om een eigen these te vinden en te onderbouwen, om iets te zeggen wat nog nooit door

---

* De Nederlandse Wikipediapagina noemt Wilber een filosoof. De Duitstalige pagina houdt het inderdaad op 'auteur'. Geraadpleegd 26 juni 2022.

iemand zo gezegd is. Het gaat onderzoekers in de regel om de concurrentie van gedachten en ideeën. Zo niet bij Ken Wilber: zijn denken integreert wat anderen hebben gedacht. Hij zoekt in de verschillende denkrichtingen en scholen naar overeenkomsten, niet naar datgene wat hen van elkaar onderscheidt. Bekend is zijn uitspraak: 'Niemand is slim genoeg om het voortdurend mis te hebben (nobody is smart enough to be wrong all the time).' Dat wil zeggen: in vrijwel iedere mening steekt iets van waarheid. Als twee of meer auteurs, denkers of debaters het op sommige punten met elkaar eens zijn, is het waarschijnlijker dat in die overeenstemming een waarheid schuilgaat, dan dat één enkele mening de volledige waarheid zou bevatten.

Deze zoektocht naar de gemeenschappelijke fundamentele waarheid op het gebied van religie en spiritualiteit maakt het werk van Ken Wilber zo bijzonder. Want niet alleen in de academische wereld overheerst de concurrentie van ideeën. Ook spirituele systemen concurreren met elkaar. Elke religie, elke denominatie, elke stroming of beweging houdt de eigen invalshoek voor de enig ware. Maar kan het echt waar zijn dat slechts één religie, slechts één denominatie of spirituele school gelijk heeft, en dat alle anderen het fout hebben? Dat wilde Ken Wilber al in zijn jonge jaren niet geloven. Al sinds zijn eerste boek *The Spectrum of Consciousness* is het daarom zijn werkwijze om de verschillende geesteswetenschappelijke en spirituele scholen en bewegingen naast elkaar te zetten en als in een spectrum te integreren. Iedere stroming heeft deel aan de waarheid. Elk van hen is *true, but partial*: waar, maar onvolledig. Dus iedere leer bevat iets van waarheid, maar de hele waarheid is altijd veel groter.

Zo kunnen volgens Wilber verschillende religieuze leerstelsels naast elkaar bestaan en elk voor zich (gedeeltelijk) waar zijn. Geen enkele religie kan aanspraak maken op de volle, allesomvattende waarheid. Want religies zijn menselijke pogingen om God te begrijpen. Onvolkomen pogingen, want een God die door mensen zou kunnen worden begrepen, zou geen God zijn.

Maar Wilber vestigt de aandacht op nog twee zaken.

Ten eerste stelt hij dat alle religies en spirituele stelsels een ontwikkeling doormaken: er zijn archaïsche religies waarin bloedoffers gebracht en regenrituelen uitgevoerd worden, en er zijn religies met geraffineerde wetenschappelijk-theologische systemen, ceremonies en spirituele praktijken zoals in het boeddhisme en het christendom. Je kunt de afzonderlijke stappen in deze ontwikkeling op een tijdschaal leggen. De oudere religies zijn dan de minder complexe; de religies die in ritueel en wereldbeeld meer gedifferentieerd zijn, komen pas later in de geschiedenis van de mensheid op. De verschillende benaderingen volgen elkaar in zekere zin op. Maar die tijdsvolgorde is betrekkelijk, want in feite bestaan religieuze en spirituele stelsels en gemeenschappen van verschillende complexiteit gelijktijdig naast elkaar, niet alleen in verschillende delen van de wereld maar ook in onze eigen omgeving.

Wat voor religies geldt, geldt ook voor degenen die ze aanhangen. Ook het menselijk bewustzijn kent opeenvolgende treden van ontwikkeling. Dat is een volgend punt dat door Wilber wordt benadrukt. Die ontwikkeling van het bewustzijn wordt beschreven in het werk van mensen als Jean Piaget en Erik H. Erikson, Lawrence Kohlberg en James Fowler, Sri Aurobindo en Jean Gebser. Wilber onderzoekt hun theorieën vanuit zijn integrerende werkwijze en probeert de gemeenschappelijke waarheden in die uiteenlopende benaderingen onder woorden te brengen.

De verschillende stappen waarin het bewustzijn zich zowel in de geschiedenis van de mensheid alsook in de levensgeschiedenis van ieder mens ontwikkelt, zijn inzichtelijk in beeld gebracht in een systeem dat *Spiral Dynamics* wordt genoemd. Het werd ontwikkeld door Don Beck en Christopher Cowan op basis van het onderzoek van hun leermeester, de Amerikaanse sociaal-psycholoog Clare Graves (1914-1986), en Ken Wilber beschouwde het lange tijd als het meest geschikte van de bestaande modellen.[3]

Sinds ongeveer 2005 begon ik me in te lezen in het werk van Ken Wilber en ik was gefascineerd. Ik stuitte hier op een denken waarvan ik intuïtief wist dat het ook nieuwe impulsen zou kunnen geven aan de christelijke spiritualiteit. Hoe zou je deze aanzet kunnen oppakken en deze ideeën in een christelijke omgeving vruchtbaar kunnen maken?

In een gesprek met mijn toenmalige studiegenoot Marion Küstenmacher bleek dat zij met dezelfde vragen rondliep, dezelfde boeken had gelezen en eveneens op zoek was naar iemand met wie ze daarover kon sparren. Zij vertelde dat ze er samen met haar man Tiki al over had gedacht om een boek te schrijven waarin ze de theorie van

Ken Wilber en vooral het model van *Spiral Dynamics* zouden toepassen op de christelijke theologie en spiritualiteit en op de geschiedenis van kerk en theologie. Aan het einde van dit gesprek was het plan ontstaan om dit boek met zijn drieën te gaan schrijven, en twee jaar later verscheen *God 9.0 – de spirituele groeikansen van het christendom*. Na een lange reeks van herdrukken kan met recht gezegd worden dat het een standaardwerk is geworden. Ik zal hieronder, zoals beloofd, samenvattend schetsen hoe we in dat boek de stappen in de spirituele ontwikkeling van de mens beschrijven.

Maar eerst nog een laatste opmerking vooraf: lezers van *God 9.0* hebben zich soms gestoord aan het idee van lagere en hogere ontwikkelingsniveaus. Ik kan dat begrijpen. Want dat roept onvermijdelijk de associatie met een rangorde op: wie hoger staat, is op een bepaalde manier beter. Maar dat is niet waar het om gaat. Er bestaat geen 'hoger, verder, beter' in de spirituele ontwikkeling. Daarom spreek ik inmiddels liever over 'bewustzijnsruimtes' dan over niveaus. Ruimtes liggen op gelijke hoogte, ze kunnen wijder of nauwer zijn, wijdere ruimtes kunnen nauwere ruimtes omsluiten, en je kunt je van de ene ruimte naar de andere begeven.*

In lezingen gebruik ik ook graag het beeld van een schijf uit een boomstam waarop jaarringen te zien zijn. De oudste ervaringen van de boom liggen opgeslagen in de kern, in de binnenste ringen van de boom, en in de loop van zijn ontwikkeling worden steeds meer ringen om de kern heen gelegd. Het Duitse woord 'weiter' (meestal vertaald als 'verder') kun je hier heel letterlijk opvatten als 'wijder': de latere ringen zijn meeromvattend, hebben een grotere omvang, bevatten meer materiaal. Maar alle lagen zijn voor de boom levensnoodzakelijk. Zoals de boom zijn vroegere ervaringen en lagen in zichzelf bewaart, zo dragen ook wij mensen onze vroegere ervaringen en bewustzijnslagen met ons mee. Soms grijpen we daarop terug of vallen we erin terug. Het is dus absoluut niet zo dat we, als we een bepaald niveau van bewustzijn bereikt hebben, 'boven' zijn en al het andere achter ons gelaten hebben.

---

* Noot van de vertaler: in de Nederlandse vertaling van *God 9.0* is om vergelijkbare redenen na uitvoerige gesprekken met de auteurs gekozen om het Duitse woord 'Stufen' ('treden') niet met 'niveaus' maar met 'lagen' te vertalen. Een 'diepere laag' klinkt meer waarderend dan een 'lager niveau'.

De bewustzijnsruimtes geven we aan met de 'versienummers' 1.0 tot 9.0, maar ook met een kleurensysteem dat we eveneens hebben overgenomen van Don Beck en Christopher Cowan. Zij hebben de kleuren intuïtief gekozen zonder uit te gaan van een bestaand model zoals de regenboog of een psychologisch kleurenscala. Ik zal hieronder bij de afzonderlijke kleuren steeds aangeven waarom Beck en Cowan naar eigen zeggen voor die bewuste kleur hebben gekozen.

Daar gaan we dan!

Van God 1.0 tot God 9.0

God 1.0 – beige
Overleven en behoeften bevredigen

Miljoenen jaren geleden ontwikkelden zich de eerste hominiden, de mensachtigen waaruit in het verdere verloop van de evolutie Homo sapiens ontstond. Mensen onderscheidden zich van de dieren door het gebruik van werktuigen en vuur, en vermoedelijk ook door het feit dat ze in complexere talen met elkaar communiceerden.

De eerste mensen leven in de BEIGE ruimte: de kleur herinnert aan de savanne waarop de oerhorde rondzwerft. In deze eerste ruimte gaat het alleen om het overleven. De levenshouding lijkt op die van een pasgeboren kind. Het gaat in de eerste plaats om het bevredigen van de basisbehoeften: voedsel, slaap, warmte, reinheid en geborgenheid. Voor een zuigeling zorgen ouders dat in deze behoeften wordt voorzien, voor de oerhorde gebeurt dat door de natuur die hen omgeeft en waarmee ze in totale verbondenheid samenleven.

Deze verbondenheid – en dat maakt de eerste hominiden fundamenteel verschillend van de dieren – reikt in hun besef over de doodsgrens heen. Olifanten en walvissen treuren weliswaar ook om hun dode verwanten, maar anders dan zij heeft de mens al in een vroeg stadium een voorstelling van de dood en van iets daarna. Hij *weet* niet alleen dat hij moet sterven, hij kan er ook over nadenken dat hij weet dat hij moet sterven.[4] Deze reflectie over de dood die tot uitdrukking komt in lijkbezorgingsrituelen die al bij heel vroege hominiden geconstateerd kunnen worden, is iets totaal nieuws: zoiets was er niet eerder.

GOD 2.0 – PAARS
Eén met de clan en de natuur

Vanuit de oerhorde ontstaan er clans of stammen, een paar dozijn mensen, allemaal familie van elkaar. Ze zijn nauw met de natuur verbonden. De mensen geloven dat ze met hun gedrag natuurverschijnselen kunnen beïnvloeden. Ze roepen regen op en proberen onheil af te wenden met magische bezweringen, rituelen en dansen. Sommige mensen hebben een totemdier waarin ze 's nachts kunnen veranderen. De doden zijn niet in een hemel of hel, maar hebben een schimmenbestaan in het naastgelegen woud of in de woestijn over de rivier. Van daaruit kunnen ze ingrijpen in het leven van de levenden, door voorspoed of tegenspoed te bewerkstelligen. De clan moet offers brengen om hen gunstig te stemmen. Er zijn taboes – bepaalde dingen die je niet doet en plekken waar je niet mag komen. Niet alleen de doden bevinden zich vlak om de hoek: de hele wereld is vol van goede en kwade geesten.[5] Die moeten allemaal met offers en rituelen te vriend gehouden worden. In deze bewustzijnsruimte is er nog geen 'God' in de latere betekenis, er is nog geen 'hoogste wezen'.

Op individueel niveau verbeeldt PAARS[6] de peuterfase van de menselijke ontwikkeling. Kleine kinderen geloven in de paashaas en het kindje Jezus,[7] en soms hebben ze een onzichtbare vriend die alleen zijzelf kunnen zien. De poppen en de teddybeer zijn levende wezens en als je een 'onweersbloem'* plukt, gaat het onweren.

Mensen in de PAARSE ruimte zijn volledig aangewezen op de gemeenschap; zonder de groep kunnen ze niet overleven. Bij een peuter is dat evident, maar ook in een stamcultuur geldt dat mensen die van hun stam gescheiden raken, nauwelijks kunnen overleven.[8] In deze fase vinden onze sterkste bindingen hun oorsprong. Omdat de oudste relaties de diepste sporen trekken, zijn familiebanden ook in onze tijd nog vaak de meest intense relaties – zowel in liefde en toewijding als wanneer het tot een breuk komt en er sprake is van haat.

In PAARS hebben de mensen dus nog geen sterk ontwikkeld ik-

---

* Noot van de vertaler: 'Donnerblume' is een van de vele Duitse volksnamen voor de ereprijs (Veronica) en er werd inderdaad ooit gezegd dat het gaat onweren als je hem plukt. Plukken en in een vaasje zetten heeft overigens geen zin, omdat de bloem onmiddellijk verlept.

bewustzijn. Ze zien zichzelf als 'dochter/zoon van XY'[9], hun individualiteit is minder uitgesproken dan hun deelgenootschap van de groep. In hun sociale bewustzijn zijn ze één met de clan, in hun magische wereld zijn ze één met de natuur.

God 3.0 – ROOD
De geboorte van het ik

Maar dan wordt het ik wakker. Ergens in het derde levensjaar begint een kind plotseling 'ik' te zeggen. Het begint zichzelf te verstaan als zelfstandig individu en ontdekt zijn binnenwereld – en wel allereerst zijn wil. Geïrriteerde volwassenen hebben het dan over de nee-fase, maar deze tijd is voor de ontwikkeling van een gezonde persoonlijkheid heel wezenlijk en noodzakelijk. Niet alleen leert het kind zijn eigen vaardigheden kennen ('Zelf doen!'), het leert ook zichzelf neer te zetten tegenover zijn omgeving ('Maar ik wil dat!').

In de geschiedenis van de mensheid is ROOD het tijdperk waarin mensen, eerst enkelingen, het hechte verband van de clan verlaten en op onderzoek gaan om te ontdekken wat er voorbij de grenzen van het vertrouwde gebied is. Ze gaan op zoek naar nieuwe jachtgebieden of weidegronden. Als ze op andere stammen stuiten, kan dat op gewelddadige confrontaties uitlopen. Het is een oorlogszuchtige tijd. Het ik moet geconsolideerd worden met macht en vaak ook met geweld. Het is de tijd van de helden – charismatische enkelingen als Achilles, Siegfried, Gideon, Saul, David en Simson. Delen van de Hebreeuwse Bijbel weerspiegelen dit begrip van mens en wereld. Christenen die liever de Bergrede met het gebod 'Heb je vijand lief' als grondslag voor hun geloof beschouwen, moeten zich wel realiseren dat de bijbelse boeken Jozua, Rechters en Samuel ontstaan zijn in een tijd waarin oorlog, moord en doodslag aan de orde van de dag waren.[10]

In zo'n wereld worden ook de ervaringen van mensen met God ingepast – hún God die hen bevrijdt en voor hen zorgt. Dat andere mensen en volken er dan aan moeten geloven, is voor het RODE bewustzijn geen probleem.

De God van de Bijbel is in het RODE tijdperk nog een God te midden van andere goden. De andere volken hebben hun eigen goden en dat is normaal, zo is het goed. Maar Israël mag alleen deze éne God aanbidden en alleen hem dienen, anders dreigen draconische straffen. De God van Israël zoals hij wordt voorgesteld in de lagen van de Hebreeuwse Bijbel die uit die fase stammen, onderscheidt zich maar weinig van de Olympische krachtpatsers uit de heldendichten van Homerus.

In de ontwikkeling van het bewustzijn is de RODE fase onmisbaar, en niet alleen als het om de ontwikkeling van een kind gaat. Iedere samenleving heeft mensen nodig die beschikken over een royale portie gezond ROOD: dat zijn de onverschrokken ontdekkers en onderzoekers die niet terugschrikken om dingen uit te proberen; ze stáán voor wat ze als waar hebben ervaren (Luther: 'Hier sta ik, ik kan niet anders!') en zijn martelaren voor de goede zaak (zoals Dietrich Bonhoeffer, die aan het verzet tegen Hitler deelnam en zijn eigen dood bewust op de koop toe nam). ROOD staat voor geweld, meedogenloosheid en ik-gerichtheid, maar ook voor hartstocht, expansiedrift, een sterk ego, onbuigzaamheid, lust en bereidheid tot opoffering. Het behoeft geen uitleg dat Beck en Cowan daarvoor de kleur rood hebben gekozen.

GOD 4.0 – BLAUW
Het ik wordt deelnemer

Op een gegeven moment gaat het kleine mensje naar school. Dan is het moment gekomen waarop van hem een vaardigheid wordt gevraagd die hij in de RODE fase nog niet heeft: de kleine Emma-Sophie en de kleine Paul-Louis moeten hun plek vinden in een groep, ze moeten zich aan regels houden en kunnen niet meer zomaar aan hun eigen impulsen toegeven. Fijn als ze dat thuis of in het kinderdagverblijf al geleerd hebben. Want van kleine individualistische neezeggers worden ze nu deelnemers aan een klas. Ze moeten regels volgen die ze niet zelf hebben opgesteld, ze moeten aanwijzingen volgen en opdrachten uitvoeren die niet altijd alleen maar leuk zijn. Kortom: ze zijn vanuit de RODE wereld in de BLAUWE beland. Het ik dat zich in de RODE fase heeft gevormd, wordt bij de overgang naar BLAUW niet gewist, maar het wordt in een groter verband geplaatst. Er wordt geoefend in vaardigheden als driftbeheersing en het afzien van impulsieve actie, sociale eigenschappen die het ik niet inperken, maar het differentiëren en verruimen.

In de geschiedenis van de mensheid begint in BLAUW de tijd van de grote koninkrijken: Babylon, Egypte, de Chinese keizerlijke dynastieën. Voor de eerstvolgende vierduizend jaar vormt het BLAUWE bewustzijn de wijdste en meest omvattende bewustzijnsruimte. Een RODE hoofdman of stadskoning kende al zijn onderdanen nog persoonlijk. Hij zat nog zelf 'in de poort' en beslechtte naar eigen goeddunken geschillen tussen zijn onderdanen, want schriftelijk vastgelegde wetten waren er nog niet. Maar het Egyptische en Chinese rijk zijn zo groot dat de farao of keizer het onmogelijk kan regeren met louter fysieke aanwezigheid. Zo'n rijk heeft een bestuurssysteem nodig, een hiërarchie, ambtenaren en priesters. Het heeft nieuwe culturele technieken nodig: zonder schrift en zonder rekenkunde geen staat.

Niet alleen het staatkundige leven wordt door wetten en hiërarchieën geordend. Ook op het gebied van de godsdienst komt er orde. De bonte en soms chaotische verzameling van goden die elk voor iets anders verantwoordelijk zijn en soms erg menselijke trekken hebben, wordt omgevormd tot een streng geordend hiërarchisch systeem van goden, engelen en demonen waarin zich de aardse hiërarchie van priesterkastes en tempelbeambten weerspiegelt.

Maar dan gebeurt er iets totaal nieuws. In Israël, of preciezer gezegd: als de elite van de Israëlitische priesters zich in ballingschap in Babylonië bevindt, ontstaat een vermetele gedachte. Een theoloog of een theologische school waarvan de teksten bewaard zijn als de hoofdstukken 40 t/m 59 van het boek Jesaja, en die daarom als Deuterojesaja ('de tweede Jesaja') wordt aangeduid, spreekt als eerste de gedachte uit dat er maar één God is. Een revolutionair idee is geboren: het monotheïsme. Dat zegt niet alleen dat Israël slechts deze God aanbidt en geen andere goden mag dienen, nee, er *is* slechts deze ene God. Alle andere goden zijn pure inbeelding, hersenschimmen, *niksen*.

Deze éne God heeft de wereld geschapen en daarmee ook de mensen, en de mensen zijn verplicht tot een gehoorzaamheid die ontspringt uit liefde. Dat is natuurlijk een zeer patriarchaal beeld, dat in een patriarchale samenleving is ontstaan. God heeft wetten gegeven en de priesters of de schriftgeleerden leggen daarbij de uitvoeringsbepalingen vast. Zo was het in Israël en zo is het in feite in veel kerken nog steeds. God woont in de hemel (vandaar de kleur blauw) waar hij alles ziet en hoort wat de mensen doen, zeggen en denken, zelfs als geen ander mens er iets van meekrijgt. Het is deze BLAUWE God 4.0 waaraan de meeste mensen ook nu nog denken als ze het woord 'God' horen: een mannelijke, strenge, rechtvaardige, eisende God, almachtig, alwetend, onverbiddelijk. Aan het einde der tijden zal hij rechtspreken en de zondaars van de godvruchtige mensen scheiden. In de BLAUWE bewustzijnsruimte spelen tegenstellingen een grote rol: zondaars tegenover rechtvaardigen, binnen versus buiten, wij tegenover de anderen.

Dit is de God die de studente over wie ik in de inleiding vertelde, was kwijtgeraakt. Dit is de God die door de atheïsten wordt bestreden. Deze God wordt aangesproken in veel liturgische teksten van de christelijke kerk. Maar, en dat is heel belangrijk, dit beeld van God is niet het enige en niet het laatste dat we in de ontwikkelingsgang van het bewustzijn leren kennen.

God 5.0 – ORANJE
Het ik neemt zijn eigen inzicht serieus

De dag des oordeels, het definitieve oordeel over eeuwig leven of eeuwige verdoemenis, is een schaduwkant van BLAUW. Boven menig kerkportaal kon je ooit het grote oordeel afgebeeld zien en daar kon je behoorlijk bang van worden. Door die angst werd in het begin van de zestiende eeuw een jonge augustijner monnik bijna tot waanzin gedreven – tot hij een ontdekking deed: God veroordeelt niet, maar schenkt zijn liefde, om niet, zonder dat we die liefde zouden moeten verdienen. De naam van die monnik: Maarten Luther. Zijn ontdekking leidde tot de vijfennegentig stellingen die hij volgens de legende aan de deur van de slotkapel in Wittenberg spijkerde. De BLAUWE kerk vatte die daad op als oproer en ketterij, en Luther werd ter verantwoording geroepen. Op de Rijksdag te Worms in 1521 verscheen hij voor de keizer en de verzamelde keurvorsten, de pauselijke gezant en een groot aantal bisschoppen. Hij sprak met RODE vastberadenheid: 'Als ik niet door getuigenissen uit de Schrift en argumenten van het gezond verstand overtuigd word ... kan en wil ik niets herroepen, want het is veilig noch heilzaam om iets tegen het geweten in te doen.'

Hier gebeurt iets nieuws. Het beroep op de Heilige Schrift past weliswaar nog helemaal in het BLAUWE wereldbeeld, maar Maarten

Luther beroept zich bovendien op het verstand. Deze enkeling staat tegenover de verzamelde gezagsdragers van staat en kerk, en beroept zich op zijn verstand en zijn geweten. Daar komt een volgende en wijdere bewustzijnsruimte in beeld: ORANJE.

Luthers optreden in Worms is ondenkbaar zonder de renaissance en het humanisme. Na eeuwen met een naadloos gesloten BLAUWE wereldorde werd in de vijftiende eeuw de antieke filosofie opnieuw ontdekt. In Europa was al die kennis verloren gegaan in de chaos van de volksverhuizingen, maar de Arabieren hadden de oude teksten nog bewaard en overgeleverd. Zonder de islamitische geleerden van destijds zouden we vandaag niets weten van Socrates, Plato en Aristoteles. Dan zou de moderne tijd misschien niet eens zijn ontstaan – tot zover, even terzijde, over de vraag of de islam bij Europa hoort. Europese filosofen vieren vervolgens de 'wedergeboorte' (renaissance) van de oudheid.

Ook in de beeldende kunst gebeurt iets opmerkelijks: terwijl tot dan toe op altaarschilderingen en kerkplafonds bijna uitsluitend heiligen te zien waren tegen een blauwe of gouden achtergrond, worden opeens bijbelse taferelen in een rijk landschap afgebeeld waarin met grote vaardigheid perspectief wordt toegepast. Renaissanceschilders als Albrecht Dürer maken zelfs schilderijen die helemaal geen religieuze inhoud hebben: een graszode, of de beroemde haas. De beelden komen niet meer uit vrome contemplatie voort maar uit zorgvuldige waarneming van de natuur. En niet langer God maar de mens is de maat van alle dingen. Deze uitspraak die oorspronkelijk op de Griekse filosoof Protagoras teruggaat, wordt het motto van de renaissance en de grondslag van een heel nieuwe denkrichting: het humanisme.

Het autonome ik emancipeert zich in toenemende mate ten opzichte van gezagsinstanties. De natuurwetenschap maakt zich los van kerkelijke bevoogding, ze bloeit op en begint de wereld te onttoveren. In haar kielzog begint de techniek de wereld te veranderen. Met de uitvinding van de stoommachine begint de industrialisatie.[11] Elektriciteit, verbrandingsmotor, radio en telefoon, en vervolgens atoomkracht, televisie en – als voorlopig hoogtepunt – het internet en de digitalisering van vrijwel alle levensgebieden zullen de wereld veranderen op een manier die de humanisten van de renaissance zich met geen mogelijkheid hadden kunnen voorstellen.

Het nieuwe denken heeft ook zijn uitwerking op het geloof. Religieuze uitspraken worden ter discussie gesteld en bekritiseerd. De Bijbel wordt als een literair werk in historisch perspectief geplaatst. De tegenstrijdigheden die erin voorkomen, worden niet meer vroom wegverklaard maar geven aanleiding tot historisch-kritisch onderzoek. Vierhonderd jaar na Luther vindt dat zijn hoogtepunt in het idee van de ontmythologisering: in 1941 schrijft Rudolf Bultmann, hoogleraar theologie in Marburg, deze woorden: 'Je kunt niet van elektrisch licht en radio gebruik maken en bij ziekte naar moderne medische en klinische middelen grijpen, en tegelijkertijd geloven in de nieuwtestamentische wereld van geesten en wonderen.' De God van gene zijde die van buitenaf ingrijpt, is er niet meer. Al zestig jaar eerder had Friedrich Nietzsche de strijdkreet 'God is dood!' de wereld in geslingerd. Dat is inderdaad de uiterste expressie van ORANJE religiekritiek die ook nu nog in grote mate het publieke bewustzijn bepaalt. Volgens een recente enquête[12] gelooft 38 procent van de Duitsers niet in God, en in voormalig Oost-Duitsland is dat zelfs 73 procent.*

Het is in ORANJE heel moeilijk, zo niet onmogelijk, om in een theïstische God te geloven. De uitspraak van Hamlet: 'Er zijn meer dingen in de hemel en op aarde dan uw schoolwijsheid kan dromen', kan gezien worden als uitdrukking van een ORANJE bewustzijn dat bij alle rationaliteit toch ook de grenzen van de eigen kennis onder ogen ziet. Ook de beroemde uitdrukking '... dat hogere wezen dat wij vereren' (uit de satire *Doctor Murke spaart zwijgen* van Heinrich Böll) getuigt van zulke scepsis ten aanzien van de eigen scepsis. Dat houdt de mogelijkheid open om 'op de een of andere manier' een God 5.0 voor mogelijk te houden. 'Er moet toch iets hogers zijn!'

Een andere mogelijkheid om ook in ORANJE aan een religieus geloof vast te houden, is een persoonlijke relatie met Jezus, de stralende overwinnaar op onheil en dood. Het autonome ORANJE ik is sterk gericht op succes en prestatie, en de Opgestane is in zekere zin de ultieme exponent van succesvol presteren. Het is kenmerkend voor veel charismatische en evangelische gemeenschappen dat de heerlijkheid en macht van Jezus wordt benadrukt terwijl zijn dood aan het kruis nauwelijks in beeld komt.

---

* Cijfers voor Nederland: Volgens het CBS geloofde in 2021 33 procent van de Nederlanders niet in God.

In het individuele leven komt ORANJE het meest naar voren in de puberteit, als het opgroeiende ik in opstand komt tegen echte of vermeende bevoogding, als het zijn zelfstandigheid en zijn nog maar net verworven intellectuele vaardigheden in het spel brengt door (soms op irritante wijze) kritiek uit te oefenen op ouders en andere gezagsdragers of instituties.

ORANJE heeft ook een donkere schaduwkant, waarvan we ons vandaag steeds meer bewust worden. Het streven naar succes en winst leidt tot meedogenloze uitbuiting van de natuur – milieurampen, opwarming van de aarde en plastic soep in de oceanen zijn een sprekende uitdrukking van de ORANJE blindheid voor de negatieve gevolgen van genadeloos winstbejag.

God 6.0 – GROEN
Harmonie, heelheid en creativiteit

Als tegenbeweging tegen ORANJE, dat ervaren wordt als koud, rationeel, technocratisch en onmenselijk, vormt zich een nieuw bewustzijn dat waarde hecht aan ecologische verbanden – de kleur groen is niet toevallig gekozen – en dat liever menselijke warmte ziet dan kille rationaliteit. Het keert zich tegen eenzijdig resultaatgericht denken en hecht er waarde aan dat iedereen kan meekomen, ook mensen met wat voor handicap dan ook. Harmonie, heelheid en creativiteit worden beslissende waarden. De psychologie volgt de natuurwetenschap op als belangrijkste wetenschap. De innerlijkheid wordt opnieuw ontdekt en daarmee ook de spiritualiteit – een begrip dat inmiddels aan inflatie onderhevig is en dat vaak wordt gebruikt om het begrip 'godsdienst' te vermijden. Godsdienst wordt dan geassocieerd met een versteend, dogmatisch verstard instituut, spiritualiteit daarentegen met springlevende ervaring.

Ervaring, dat is de nieuwe valuta. In de jaren zestig van de twintigste eeuw reisden de Beatles naar Rishikesh om te leren mediteren bij Maharishi Mahesh Yogi. In Esalen en op andere plekken aan de Amerikaanse westkust werden yoga, zen en vipassana ontdekt. De musical *Hair* bejubelt bewustzijnsverruiming, niet alleen door drugs maar ook door meditatie: *hare krishna, hare rama, krishna krishna, hare hare.* Rooms-katholieke monniken als Hugo Makibi Enomiya Lasalle, Bede

Griffiths en Willigis Jäger gaan naar Japan en India en studeren daar zen of advaita. Ze zien ook dat hun eigen christelijke traditie op dit gebied veel in huis heeft. De mystiek wordt herontdekt.

Die herwaardering vindt niet alleen in rooms-katholieke kringen plaats. Ik kan me nog herinneren hoe op een dag in 1975 mijn mond openviel van verbazing toen ik in de etalage van een theologische boekhandel het nieuwe boek van Dorothee Sölle zag liggen. Dorothee Sölle was de vrouw achter het Politiek Avondgebed in Keulen, auteur van het boek *Atheïstisch in God geloven* (1968) en een van de meest uitgesproken vertegenwoordigers van de God-is-dood-theologie. Door en door ORANJE. En nu zag ik daar in de etalage haar nieuwe boek met de titel *Heenreis. Gedachten over religieuze ervaring.*[13] Sölle en religieuze ervaring? Ik kocht het boek onmiddellijk en trof daar, naast een prachtige uitleg van het verhaal over Elia bij de Horeb (waar God aan hem verschijnt als de 'stem van een suizend zwijgen') en een onderzoek naar de Duitse mystiek, ook een handleiding voor meditatie – naar mijn weten de allereerste in protestantse kring. Als we God niet meer als 'goede Vader boven het sterrendak' kunnen zien, als hij niet meer aan gene zijde woont, misschien vinden we hem dan in ons innerlijk, in de diepste diepte van onze ziel. Dat is de beweging die ons van het ORANJE atheïsme naar de GROENE mystiek brengt, althans kán brengen. Het hoeft niet: er bestaat ook GROEN atheïsme.

Want GROEN is niet alleen gevoelig en gericht op harmonie. Het postmoderne GROEN beseft ook dat elke uitspraak pas betekenis krijgt door de context waarin ze staat, en ook door de context van de hoorder of lezer. Er zijn geen absolute waarheden meer, betekenis wordt niet langer aangetroffen maar geconstrueerd. Ja, zelfs de werkelijkheid heeft op zichzelf geen absolute betekenis meer, want ook de werkelijkheid is afhankelijk van de context van degene die haar ervaart. Dan is het alleen maar consequent dat ook de theologie 'gecontextualiseerd' wordt: zo heb je feministische, zwarte, Koreaanse of Afrikaanse theologie, bevrijdingstheologie, theologie van de interactie. Niets is meer vanzelfsprekend gewoon zoals het is. Alles wordt gerelativeerd, alles wordt pluralistisch.

GROEN heeft het liever over 'het goddelijke' dan over God, er wordt niet meer 'onze Vader' gebeden maar 'God onze Moeder en onze Vader'. GROEN opent pas echt de deuren naar oecumene, waarbij de oecumene onder christelijke geloofsrichtingen slechts een aanloop is naar interreligieuze ontmoeting en samenwerking. Onder het motto 'We geloven toch allemaal in dezelfde God' worden de verschillen maar al te graag weggepoetst.

Terwijl in ORANJE het autonome ik de boventoon voert, gaat het in GROEN veel meer om het overwinnen van het ik, of liever het 'ego'. Het inzicht breekt door dat het ik op zichzelf helemaal niets voorstelt. Het is altijd ingebed in allerlei verbanden en het heeft alleen maar kunnen worden wat het nu is doordat het van allerlei kanten invloed heeft ondergaan. In plaats van de trotse beleving van de autonomie waar het ORANJE ik vol van is, komt het meer bescheiden inzicht: van mezelf uit ben ik niets – de omstandigheden, mijn opvoeding, geluk of pech hebben me gemaakt tot wat ik nu ben. Het verschil met BLAUW is dat het individu in ORANJE volop tot ontwikkeling is gekomen. Dat gaat in de volgende ruimten niet meer verloren. In BLAUW is het individu op een voor-persoonlijke manier op de gemeenschap georiënteerd en daarvan verregaand afhankelijk. In GROEN daarentegen ontstaat voor het eerst een transpersonale beleving doordat de individuele persoon wordt overstegen. Het ik verliest zichzelf niet in de gemeenschap, maar ervaart zich als kruispunt in een veelvoud van invloeden en relaties.

De tweede etage

Met de volgende laag, GEEL, betreden we de zogenaamde tweede rang of de tweede etage die vaak met de Engelse uitdrukking *Second Tier* wordt aangeduid. Hier verschijnt iets nieuws waardoor GEEL en de volgende ruimten fundamenteel verschillen van die in de eerste rang (*First Tier*). Want de ruimten van de eerste rang claimen dikwijls het exclusieve gelijk voor zichzelf en menen dat ze zelf het 'enig ware' zijn. Daarom worden met name de aangrenzende ruimten vaak heftig bekritiseerd. BLAUW zet zich naar 'beneden' af tegen het ruige onbeschaafde ROOD en naar 'boven' tegen het kille rationalistische ORANJE. ORANJE daarentegen wijst het 'dogmatische' BLAUW af maar evenzeer ook het 'zweverige' GROEN, enzovoorts. Maar in de ruimten van de *Second Tier* is het voor het eerst mogelijk om het belang, zelfs de onmisbaarheid van elke ruimte op haar eigen plek te erkennen en om de waarde van elke ruimte voor het geheel, voor de gehele ontwikkeling te zien. Nu hoeven eerdere ruimten niet meer bestreden of waardeloos verklaard te worden – ze kunnen op hun relatieve waarde geschat worden. Wat we hier in dit boek of in het boek *God 9.0* doen, is alleen mogelijk als GEEL zich ontwikkelt, op zijn minst op het cognitieve vlak.

Dat is overigens wel met onzekerheden omgeven, want tot en met GROEN kunnen de ruimten betrekkelijk helder worden beschreven. GROEN is er in eerste aanzet immers al sinds de romantiek, dus ongeveer vanaf het midden van de negentiende eeuw. Als volledig ontwikkelde en dus 'bewoonbare' bewustzijnsruimte is ze er pakweg sinds de jaren zestig van de twintigste eeuw, dus al meer dan vijftig jaar. GROEN heeft zijn uitwerking op maatschappelijk en politiek terrein, je kunt het in het dagelijks leven bestuderen, interpreteren en beschrijven. Voor de vroegere ruimten geldt dat natuurlijk in nog veel grotere mate: ORANJE heeft er ruim vijfhonderd jaar op zitten, BLAUW zelfs een paar millennia – om maar te zwijgen van de nog eerdere ruimten.

In tegenstelling daarmee zijn de ruimten van de *Second Tier* voor een deel nog nauwelijks ontwikkeld. Bewustzijnsruimte 7.0, GEEL, is ongeveer sinds de laatste eeuwwisseling aanwijsbaar en tekent zich al relatief duidelijk af. Maar over TURQUOISE (8.0) en KORAAL (9.0) is nog niet zo veel met zekerheid te zeggen. Veel is hier nog speculatief, onscherp en voorlopig, en in mijn overtuiging is er nog veel minder GEEL en TURQUOISE in de wereld onderweg dan sommige mensen graag beweren.[14]

GOD 7.0 – GEEL
Inzicht in een complexe werkelijkheid

Om een boek als dit te schrijven, om het te lezen en te begrijpen, hebben we een zekere mate van *Second-Tier*-denken nodig, en moeten we dus op zijn minst op cognitief gebied al een beetje thuis zijn in de GELE bewustzijnsruimte. GROEN kan bij alle liefde en tolerantie toch heel onbarmhartig oordelen over degenen die zijn waarden niet delen. Dat geldt ook voor alle ruimten die eerder kwamen. Ze hebben geen van alle de mogelijkheid om afstand te nemen van zichzelf en een waarderende blik op de totale ontwikkelingsgang te werpen. GEEL daarentegen kan onderscheid maken, bijvoorbeeld tussen het heilzame effect van een BLAUWE regelgeving voor het wegverkeer en het rigide autoritaire gedrag van ongezond BLAUW. GEEL kan onderscheid maken tussen de ik-kracht, het grote geschenk van de RODE bewustzijnsruimte, en de verwoestende agressiviteit die daarvan de schaduwzijde is. GEEL ziet in dat je met GROENE spelregels geen brandweer kunt laten uitrukken, maar wel heel goed een ronde tafel kunt organiseren voor een minnelijke oplossing van grote problemen; of dat je met BLAUWE ijver wel prima wetsteksten kunt opstellen, maar niet vredesbesprekingen kunt voeren die tot win-winsituaties leiden waarbij ieder tot zijn recht komt.

Zulk onderscheid kan GEEL maken omdat het GELE bewustzijn niet alleen kan omgaan met tegenstellingen die onopgelost blijven, maar zelfs van zulke situaties houdt. GEEL heeft ingezien dat de werkelijkheid op veel gebieden alleen paradoxaal beschreven kan worden. GEEL kan inzien en toegeven dat in veel gevallen beide partijen gelijk hebben – maar dat iedereen slechts een deel van de werkelijkheid kan bevatten. Hier is het uitgangspunt van Ken Wilber '*true, but partial*' voluit van kracht.

Deze instelling wordt gesteund door de moderne fysica. Uitgerekend de meest ORANJE van alle wetenschappen weet al sinds honderd jaar dat de werkelijkheid alleen in paradoxen beschreven kan worden. Neem nu licht. Wat is licht? Een stroom van de allerkleinste deeltjes die zich gedragen als bolletjes materie en dus vast en begrensd zijn? Of een immateriële golf in de ruimte die zich gelijkmatig naar alle kanten uitbreidt, die kan breken en met andere golven interfereren? Het antwoord op beide vragen is: ja.

Licht is een stroom van deeltjes, en licht is een golf, al naar gelang de manier waarop we ernaar kijken en de vraagstelling waarmee we het onderzoeken. Op subatomair niveau wordt het of-of van ons logische verstand in veel gevallen vervangen door een én-én of een al-naar-gelang. Zo ontstaat een paradoxaal begrip dat tegenstrijdigheden onopgelost naast elkaar laat bestaan, of liever: ze opheft in een meeromvattende eenheid.

GEEL kijkt dus naar de gehele ontwikkeling van het bewustzijn en kan alle stadia van die ontwikkeling waarderen. Dat betekent niet dat het allemaal niets uitmaakt. Integendeel. Aangezien het bewustzijn in de tweede rang dit grote overzicht verworven heeft, kan het ook waardeoordelen uitspreken die in GROEN onaanvaardbaar waren.[15] GEEL kan in hiërarchieën denken – weliswaar niet van het soort dat heerschappij en superioriteit claimt, maar wél hiërarchieën die groei beschrijven. Een voorbeeld laat zien wat dat betekent: een eindexamenleerling kan veel meer dan een brugklasser. Hij weet meer, kent vreemde talen, beheerst wiskunde, beschikt (hopelijk) over een ontwikkeld moreel en esthetisch oordeel enzovoorts. Maar dat maakt hem nog niet *beter* of *meer waard* dan een eersteklasser. Onze samenleving hecht heel veel waarde aan leren en ontwikkeling. We sturen onze kinderen naar school om iets te leren. Niet omdat ze dan betere, meer waardevolle mensen zijn, maar omdat ze dan bijvoorbeeld betere kansen hebben om goed terecht te komen, en vooral omdat ze zo het potentieel dat ze bezitten, kunnen realiseren. In dat perspectief gezien is de GROENE bewustzijnsruimte nu eenmaal ruimer, omvattender, complexer en meer gedifferentieerd dan de RODE. Dat komt absoluut niet in mindering op de waarde die we toekennen aan een gezond ROOD. Gezond ROOD kan zelfs veel aangenamer en sociaal vaardiger zijn dan ongezond GROEN – en dat geldt ook voor alle andere lagen of ruimtes.

GEEL heeft dus oog voor de verschillende ruimtes, verdraagt tegenstrijdigheden en probeert die te integreren in een *systeem*. Daarom wordt het GELE bewustzijn vaak aangeduid als het systemische of het integrale bewustzijn. Een systeem bestaat uit diverse afzonderlijke elementen die met elkaar in een wederkerig verband staan, die elkaar voortdurend beïnvloeden en in balans houden. Veel verschillende elementen vormen samen een groter geheel.

Het individuele bewustzijn dat in ORANJE trots in volle bloei stond, plaatste zichzelf in GROEN in context, waardoor het zichzelf zowel verruimde als relativeerde. Nu, in GEEL, blijft er aandacht voor het contextuele, maar het individu kan zichzelf weer meer als een waarnemend, oordelend en handelend ik verstaan. Het kan meezwemmen in de massa, en zichzelf tegelijkertijd ervaren als helder referentiepunt te midden van allerlei systemen.

Natuurlijk wordt ook het godsbeeld in de GELE bewustzijnsruimte bepaald door de mogelijkheid om systemisch en paradoxaal waar te nemen, te denken en te voelen. Dit boek gaat over de uitwerking daarvan – de volgende hoofdstukken zullen dat uitvoerig uit de doeken doen.

God 8.0 – turquoise
Intuïtief besef van het grote verband

Op geel volgt turquoise, een toespeling op 'de kleur van de oceanen en van de aarde als je die ziet vanuit het heelal' (*Spiral Dynamics*, Beck & Cowan). De blik wordt wijder en omvat de hele aardbol. Ik zie in dit boek af van een meer precieze beschrijving van deze ruimte. Ten eerste ben ik, zoals gezegd, van mening dat exacte uitspraken over turquoise op dit moment nog moeilijk te doen zijn. Turquoise zal zich pas echt kunnen ontplooien als geel tot volle ontwikkeling is gekomen en op zijn grenzen stuit – als dus de oplossingen die geel biedt, zelf weer een probleem worden.

Ten tweede wil ik mezelf in dit boek op de gele bewustzijnsruimte concentreren. Daarvoor is het van belang om de bewustzijnsruimtes te kennen die doorlopen moeten zijn om bij geel aan te komen – wat daarna komt is voor dit doel minder relevant. Toch wil ik voor de volledigheid wel een korte blik op turquoise werpen. Wie daarover meer wil weten, kan uitvoeriger beschrijvingen vinden in de betreffende hoofdstukken van *Spiral Dynamics*, *God 9.0* of *Integrales Christentum*.[16]

De dynamiek van de ontwikkeling wekt de verwachting dat turquoise de wereld nog meer als geheel en nog ruimer zal waarnemen dan groen, en nog gedifferentieerder zal zijn en nog meer paradoxen en tegenstrijdigheden zal kunnen integreren dan geel.

Op een bepaalde manier lijkt turquoise op de veel vroegere bewustzijnsruimte paars. Zowel in paars als in turquoise is er een intuïtief weten met betrekking tot de grote verbanden en de eenheid die aan alles ten grondslag ligt. Sommigen vermoeden dat in turquoise mediamieke en parapsychische vaardigheden zullen ontwaken zoals telepathie en helderziendheid, die ook in de paarse ruimte voorkomen. Het grote verschil is dat iemand in paars nog niet vertrouwd is met het rationele denken, dus pre-rationeel is. Turquoise echter omvat én overstijgt het rationele denken. Wie in de turquoise bewustzijnsruimte is aangekomen, is door oranje heen gegaan en kent en waardeert de gave van het heldere onderscheid en de logische analyse. Hij of zij heeft echter ook de grenzen van oranje leren kennen en weet dat je niet alle gebieden van de realiteit recht kunt doen met lineaire logica en analytisch denken. Turquoise is dus transrationeel.

TURQUOISE is, als de theorie klopt, zoiets als PAARS één octaaf hoger.[17] PAARS heeft een nog-niet-rationeel vermoeden van allerlei samenhangen waarachter onbekende numineuze machten schuil lijken te gaan. Doordat PAARS zich daaraan uitgeleverd voelt, wordt ze door angsten geplaagd, terwijl TURQUOISE in hoge mate vrij is van angst. Wie zich in TURQUOISE beweegt, is bijvoorbeeld niet bang voor demonen. Zij of hij weet dat donder en bliksem niet door de toorn van een machtige geest worden veroorzaakt maar door atmosferische omstandigheden. Het PAARSE denken en beleven is magisch, het ziet de verbanden tussen alle dingen en alle zijnswijzen (zoals mensen, demonen, geesten, natuurverschijnselen) in een eenvoudige hiërarchische ordening. TURQUOISE daarentegen heeft weet van complex vertakte, in elkaar overlopende en wederkerige verhoudingen tussen hogere en lagere niveaus en tussen wijdere en meer beperkte ruimtes. Zodoende denkt en ervaart TURQUOISE – op *fractale* en *holografische* wijze – twee uitdrukkingen die we vaker tegenkomen als het over de *Second Tier* gaat.

Een fractaal is een geometrische constructie die bestaat uit zich herhalende gelijke vormen. Een voorbeeld uit de natuur is de romanesco: een groene soort bloemkool met spits kegelvormige roosjes. De grote groene kegel bestaat uit kleinere kegels die zelf ook weer uit nog kleinere kegels zijn samengesteld. De vormen herhalen zich dus in steeds kleinere dimensies.[18] Alles lijkt op alles: de kosmologie met haar zwarte gaten, donkere materie en bizarre natuurwetten lijkt vaak verbluffend sterk op het allerkleinste, de subatomaire wereld met haar kwanta, quarks en al even bizar aandoende natuurwetten. Het is alleen een totaal andere orde van grootte. Dat is een voorbeeld van hoe de werkelijkheid in de TURQUOISE ruimte wordt ervaren.

Een hologram is een driedimensionaal beeld dat wordt gemaakt met behulp van gepolariseerd licht. Het beeld lijkt te zweven boven het oppervlak waarop het geregistreerd staat en het kan als een ruimtelijk voorwerp van alle kanten worden bekeken. Het is echter niet alleen driedimensionaal: een hologram heeft nog een andere fascinerende eigenschap. Knip je bijvoorbeeld een ansichtkaart met een foto van een boom dwars doormidden, dan heb je twee halve ansichtkaarten: op de een staat de stam, op de andere de kroon. Maar als je een hologram van een boom doormidden snijdt, heb je twee kleinere hologrammen, en allebei tonen ze de hele boom, alleen kleiner en minder gedetailleerd. Snijd je een hologram in duizend stukjes, dan heb je duizend piepkleine hologrammen met telkens de hele boom, alleen veel kleiner en veel minder gedetailleerd. Dit fenomeen lijkt mij een treffend beeld van de manier waarop TURQUOISE de werkelijkheid beleeft: alles hangt met alles samen, omdat uiteindelijk de éne werkelijkheid zich op holografische wijze in alle dingen projecteert.

Ten slotte zou je zelfs de verhouding tussen God en mens op die manier kunnen beschrijven. Dan zou de mens in zijn diepste innerlijke wezen in zekere zin een holografisch fractaal van God zijn,[19] alleen, zoals gezegd, héél veel kleiner en minder gedetailleerd. En alles wat is, wordt op een hoger plan getild in de kosmische Christus die er was voor het begin van de schepping en die levengevend aanwezig is in alles wat is: 'Ik in jou en jij in mij'.[20]

God 9.0 – KORAAL
Voorlopig nog een vraagteken

Intussen is er ook al een kleur gereserveerd voor de volgende ruimte: KORAAL.[21] Ik vind het nog te gewaagd om inhoudelijke uitspraken over die ruimte te doen. Het kan zijn dat deze of gene in haar of zijn individuele ontwikkeling boven TURQUOISE uit gekomen is. Maar ik houd het liever bij Don Beck en Christopher Cowan die in het standaardwerk *Spiral Dynamics* bij KORAAL één enkele zin opschrijven: 'Hierover hebben de auteurs nog geen duidelijk idee'.[22] Waarschijnlijk kan geen van de mensen die op dit moment leven zich denkend en voelend in KORAAL verplaatsen. Als we ervan uitgaan dat GEEL nog maar juist aan het opkomen is in de westerse samenlevingen – dat wil zeggen dat de typische 'vooruitstrevende' mens zijn zwaartepunt in GROEN heeft en juist bezig is om de beweging naar GEEL te maken – dan is KORAAL drie lagen boven het zwaartepunt. Om je vanuit de GROENE bewustzijnsruimte KORAAL voor te stellen, dat is alsof iemand in ROOD moet proberen GROEN te denken en voelen. Dus alsof de homerische held of de strijder van de Nibelungen de denk- en gevoelswereld zou moeten kunnen begrijpen van een postmoderne, pacifistisch gezinde ecofeminist. Dat gaat nu eenmaal niet. In de powerpointpresentatie die de auteurs van *God 9.0* gebruiken bij lezingen en seminars hebben ze voor KORAAL ook maar één dia: een koraalkleurig vraagteken. Dat zal nog wel een poosje zo blijven.

2 | Zien, weten en voelen

Vier perspectieven op de werkelijkheid

Ieder beleeft de wereld op haar of zijn eigen manier. Niemand kan in het hoofd van een ander kijken. Niemand kan precies weten hoe bij een ander pijn voelt, of vreugde. We kunnen wel conclusies trekken uit onze eigen ervaring en ons 'invoelen'. Maar de pijn of de vreugde van de ander voelen we niet zelf. We hebben het hier over de ervaring in de eerste persoon – zoals honger, smaak, klank. Bij dat perspectief horen alle gevoelens en alle ervaringen – ook de religieuze ervaring, alle waarden en alles wat we subjectief beleven.

Anderzijds zijn er objectieve feiten die altijd te controleren zijn, meetgegevens, gebeurtenissen die je kunt nagaan. Zonder objectieve feiten zou er geen natuurwetenschap zijn, zonder controleerbare rapportage zou er geen gemeenschappelijk wereldbeeld zijn. Terwijl de subjectieve beleving tot op zekere hoogte het perspectief van binnenuit vormt, kijkt de objectieve, onderzoekende waarneming van buitenaf naar haar onderwerp. In de ORANJE bewustzijnsruimte wordt dit objectieve perspectief hoog gewaardeerd en soms verabsoluteerd. GROEN geeft weer meer betekenis aan de subjectieve, innerlijke manier van waarnemen – zozeer zelfs dat soms gesteld wordt dat er helemaal geen objectieve en algemeen geldende feiten zijn. Alles zou alleen een kwestie van zienswijze zijn. 'Ik doe mijn ding en jij doet jouw ding ... als we elkaar daarbij toevallig tegenkomen, prima. Zo niet: niets aan te doen!'[23] Ik vind het een heel gevaarlijke ontwikkeling dat we in tijden van *fake news* alle objectiviteit dreigen kwijt te raken en dat feiten worden gezien als 'ook maar een mening'. Beide perspectieven, van binnen en van buiten, zijn noodzakelijk.

Daarnaast kan ieder ding en elke gebeurtenis waargenomen worden vanuit een individueel of een collectief perspectief. Klimaatverandering of, zoals in de tijd waarin dit boek ontstaat, pandemieën, raken zowel de samenleving en de mensheid als geheel als ook ieder van ons apart. Ook mijn schijnbaar hoogst individuele hoofdpijn heeft een collectief aspect: als ik er chagrijnig van ben, heeft ook mijn familie er last van; misschien lijdt mijn werk er op die ene dag onder, en het medicijn dat ik ertegen inneem, wordt deels door de gemeenschap bekostigd.

Ken Wilber combineert het binnen- en buitenperspectief met het individuele en collectieve perspectief tot een schema met vier kwadranten die elk voor een gecombineerde zienswijze staan: links is van binnenuit, rechts is van buitenaf, boven is de individuele en onder de collectieve waarneming. In het eerste kwadrant, boven links (BL), bevinden zich dus de individueel-innerlijke verschijnselen: mijn pijn, mijn beleving, mijn verhouding tot mezelf. Boven rechts (BR) is de objectieve, wetenschappelijke blik van buiten op het individu ondergebracht, bijvoorbeeld de meting van mijn polsslag door de huisarts. Onder links (OL) bevinden zich de collectief-innerlijke gebeurtenissen en houdingen, bijvoorbeeld gedeelde overtuigingen van een groep of gedeelde waarden, en onder rechts (OR) hebben we de collectieve feiten zoals historische gebeurtenissen, concerten, lesroosters etcetera.

Als we dat laatste als voorbeeld nemen, horen het leslokaal, het leerplan, de schoolbel en het voetbalspel tijdens gym bij OR thuis. In OL bevindt zich de pikorde binnen de klas en de gedeelde culturele denkbeelden en waarden, in BL de individuele inspanning van een bepaalde scholier en wat ze daarmee leert, maar ook haar dagdromen en haar geheime verliefdheid, en in BR de beoordeling van deze ene scholier door de leerkracht of de pleister op haar knie.

Spreek ik over mijn godsbeeld, dan bevind ik me in het eerste kwadrant (BL); beschrijf ik bewustzijnsruimtes, dan kom ik in het derde (OL). De elektrische activiteit in de hersenen van mediterende nonnen wordt in het tweede kwadrant (BR) gemeten, en het kerkgebouw of de zendo (meditatieruimte) bevinden zich in het vierde kwadrant (OR).

Waar geen rekening gehouden wordt met de verschillende perspectieven van de vier kwadranten, bestaat het gevaar dat delen van de werkelijkheid buiten beeld blijven of niet goed worden ingeschat.

Verderop komen we op die perspectieven nog terug, met name in het hoofdstuk over het ik en de vrije wil.

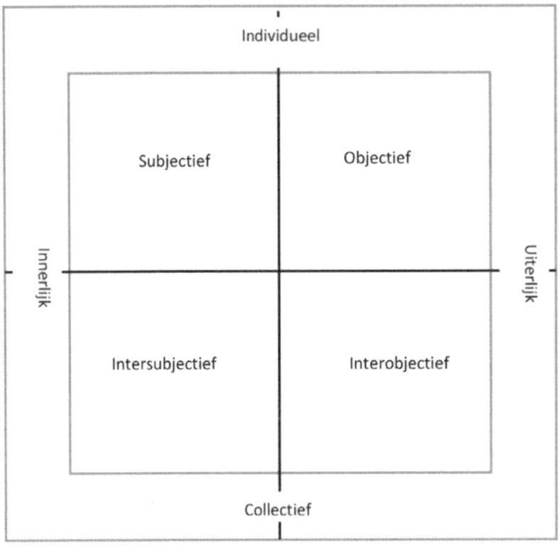

Waar komt onze kennis over God vandaan?

We hebben al een hele weg afgelegd. Aan het begin van dit hoofdstuk stelde ik de vraag wat we eigenlijk bedoelen als we 'God' zeggen. Ik heb geschetst hoe godsbeelden in de loop van iemands geloofsgeschiedenis veranderen. Een God van gene zijde die boven de wereld staat, kan worden tot een God die niet buiten deze wereld staat maar juist de diepste diepte van de werkelijkheid is. Wat voor de bewustzijnsontwikkeling van de individuele mens geldt, gaat op dezelfde manier op voor de bewustzijnsgeschiedenis van de mensheid. Aan de hand van het integrale model dat Ken Wilber heeft ontwikkeld, kunnen we uittekenen hoe de religieuze voorstellingen van de mensheid in de loop van de evolutie zijn veranderd en waar we ons in deze ontwikkeling op dit moment bevinden. Daarmee hebben we de vraagstelling voorbereid waarom het in dit boek gaat: hoe kun je binnen de christelijke traditie over God spreken, dus theologie bedrijven, op het niveau van de huidige ontwikkeling van het menselijk bewustzijn, oftewel in GEEL?

Maar voordat we daarop antwoorden, moeten we nog meer voorbereidende vragen stellen. Om te beginnen: hoe hebben we eigenlijk weet van datgene wat we God noemen?

Het antwoord dat in de christelijke kerken op die vraag gegeven wordt, luidt om te beginnen: uit de Bijbel. De Bijbel is voor de christenen de bron van openbaring; in dat boek staat volgens de christelijke overtuiging alles wat je over God kunt weten, of alles wat je over God móét weten. De Bijbel is de gezagsinstantie waarnaar christenen zich hebben te richten. Voor protestantse christenen is ze zelfs uitdrukkelijk de enige autoriteit – *sola scriptura*, 'alleen de Heilige Schrift', zo benadrukte Maarten Luther. De Bijbel is Gods Woord, dus daaraan moeten we ons houden. Dat was lange tijd zo, en ook nu nog zijn er vele christenen die zo denken en het zo beleven.

Maar je kunt ook doorvragen: hoe weet je dan dat de Bijbel Gods Woord is? Het antwoord is niet moeilijk: het is je verteld door mensen die het zelf geloven: je ouders (misschien), de kerk (in de personen van voorgangers en godsdienstdocenten), de mensen van de bijbelkring. Maar waar hebben *zij* het dan vandaan? Nou gewoon: uit de Bijbel zelf. Daar staat tenslotte heel vaak: 'Zo spreekt de Heer'. Dus dat de Bijbel Gods Woord is, moet wel waar zijn, want de Bijbel zegt het zelf en die is toch Gods Woord? Je ziet: dat is een perfecte cirkelredenering. Het gezag van de Bijbel wordt gestaafd met het gezag van de Bijbel.

In BLAUW werden daar nog geen vragen bij gesteld. Maar reeds in de bewustzijnsruimte ORANJE kom je met zo'n redenering niet meer weg. De rede zegt dat je een waarheid niet kunt onderbouwen door te verwijzen naar diezelfde waarheid. Daarom ging de theologische wetenschap, toen het ORANJE rationele bewustzijn sterker werd, de Bijbel historisch-kritisch onderzoeken. Wat eerst gold als regelrecht Woord van God, werd nu een verzameling literaire teksten uit de oudheid. Die kunnen met behulp van geschiedkundige en literaire methoden wetenschappelijk bevraagd worden op hun ontstaansgeschiedenis, hun historische context en de belangen en bedoelingen die erachter schuil gaan. Deze nieuwe manier van kijken werd niet alleen toegepast op het zogenaamde 'Oude Testament', maar ook op het 'Nieuwe Testament', dat het verhaal van Jezus en de eerste christenen vertelt.

Maar als de Bijbel een literair werk met een ontstaansgeschiedenis is en niet het Woord dat regelrecht van God komt, hoe kan ze dan nog van religieuze betekenis zijn? Om het antwoord op die vraag op het spoor te komen, moeten we kijken naar het verschijnsel 'overlevering'.. De Bijbel spreekt mensen aan omdat ze erover horen via anderen, via mensen die geloven dat de Bijbel waarheid bevat en die hun leven naar deze waarheid hebben vormgegeven. Waar hebben die mensen hun zekerheid vandaan? Opnieuw via anderen, misschien via hun ouders of grootouders, en die hebben het weer van anderen doorgegeven gekregen, en zo gaat het steeds verder terug in het verleden. Ten slotte komen we terecht bij degenen die de bijbelverhalen hebben opgeschreven, en die hebben hun verhalen – als we het over het Nieuwe Testament hebben – van mensen die Jezus zelf hebben gekend. Ze hebben dingen met Jezus meegemaakt en dat hebben ze doorverteld. Of we komen terecht bij Abraham die ervaren heeft hoe God tot hem sprak in de stilte van de nacht onder de wijde sterrenhemel van de oosterse steppe. We stuiten dus op mensen die dingen hebben beleefd. En misschien hebben de mensen die deze belevenissen hebben doorverteld, zelf ook dingen meegemaakt die ze in het licht van de overgeleverde verhalen een plek konden geven. Misschien maken ook wijzelf dingen mee die we een plek kunnen geven aan de hand van de bijbelse boodschap, omdat die boodschap ons is overgeleverd door mensen die we vertrouwen.

Dat de Bijbel religieuze betekenis heeft, komt dus doordat het een boek is waarin de verhalen en getuigenissen zijn opgetekend van mensen die iets van God hebben ervaren en die daar vertrouwen in hadden. Als we de Bijbel lezen, worden we als het ware deelnemers in de vertelgemeenschap waarin de ervaringen van vele mensengeneraties doorverteld, opnieuw geduid en ook aangevuld worden.

Zo komen we tenslotte uit bij de ervaring en het vertrouwen. Dat zijn weliswaar geen objectieve grootheden maar subjectieve categorieën. Maar precies die subjectieve ervaring is ook hier en nu in religieuze kwesties doorslaggevend. Postmodern zoals we zijn geloven we niet omdat een gezagsinstantie iets beweert. We geloven iets als we de ervaring opdoen dat wat ons verteld wordt, klopt, of als de persoon die het ons vertelt zich tot nu toe heeft bewezen als een geloofwaardig mens. Natuurlijk zijn er ook vandaag nog veel mensen die in geloofsvragen heel BLAUW functioneren en dus geloofszaken simpel voor waar aannemen omdat de dominee of de *peergroup* zegt dat het de waarheid is. Of omdat het zo in de Bijbel staat. Maar het postmoderne narratief houdt staande dat zelfs voor die mensen geldt dat ze vertrouwen moeten hebben in die externe gezagsinstantie. Uiteindelijk ben ik het zelf die geloof hecht aan de gezagsinstanties, of niet. De beslissing of iets waar is of onwaar, wordt in de postmoderne tijd helemaal in de subjectiviteit getrokken. Je kunt me iets duizend keer vertellen, maar als ik je verhaal niet geloofwaardig vind, is het voor mij niet waar.

De laatste gezagsinstantie in geloofskwesties is de individuele mens, het eigen ik. Dat kun je betreuren, je kunt zeggen dat het getuigt van een allesvernietigend individualisme, maar als je hier eenmaal bent aangekomen, is er geen weg terug meer. De weg naar het paradijs van het zalige kinderlijke vertrouwen is versperd, en de engel met het vlammende zwaard die de ingang bewaakt, heet Subjectiviteit.

Maar we hoeven deze beweging naar de subjectiviteit niet per se te betreuren en te stigmatiseren. We kunnen haar ook verwelkomen en om ons heen kijken: ben ik alleen met mijn ervaring? Of zijn er anderen die het net zo beleven? Als vele anderen ongeveer net zo denken en voelen als ik, als ze geloof hechten aan dezelfde uitspraken, kan ik dat zien als een aanwijzing dat ik het niet helemaal mis heb.[24] Deze overstap (in de kwadranten) van linksboven naar linksonder noemen we intersubjectiviteit, en dat kan zorgen voor correctie en aanvulling van de puur subjectieve waarheidsvinding. Vooral wanneer ik die andere mensen die net zo denken en voelen als ik, vertrouw en de ervaringen die ik met hen opdoe als goed en behulpzaam beleef, kan dat mijn eigen subjectieve ervaring bevestigen.

Bij intersubjectiviteit hoort echter ook dat ik uitspraken die afwijken van wat ik zelf denk en ervaar, serieus neem. Dat ik mijn eigen vooronderstellingen en conclusies tegen het licht houd. Dat kan soms een nogal vermoeiende bezigheid zijn. Maar ook hier geldt: de uiteindelijke beslissing over wat ik geloofwaardig vind en wat ik afwijs, valt binnen mijn eigen subjectiviteit. Zelfs het inzicht dat die subjectiviteit gevormd is door genen, opvoeding, opleiding, *peergroups* en andere invloeden die dieptepsychologisch te verklaren zijn of die cultureel bepaald zijn, verandert daar niets aan.

Deze gedachte leidt tot een slotsom waarvan je kunt schrikken: er is geen absolute waarheid. *Absolutum* is het Latijnse woord voor 'losgekomen'; er bestaat dus geen waarheid die losgekomen is van de ervaringen en op zichzelf staat. Of in ieder geval: áls die waarheid er is, kunnen we haar niet kennen. Want wij kijken altijd door het filter van onze subjectiviteit; daarvan kunnen wij nooit loskomen. Er zijn alleen relatieve waarheden. En ook hier wil ik dat letterlijk nemen: 'relatief' heeft te maken met 'relatie', dus met verbondenheid. Alle waarheid is relatief, of liever nog relationeel – slechts geldig binnen een bepaald verband. Iets is voor mij wáár als ik er een goede relatie mee kan opbouwen. Iets is waar als het in relatie met mij waar is. Als het bij mij past. En als ik mijn zoektocht naar waarheid serieus neem, zal ik me zo breed mogelijk informeren en die feiten voor waar houden die het beste aansluiten bij mij en mijn levenssituatie, die mijn situatie het beste duiden en verklaren.

Wat betekent dit nu voor de vraag waarmee we begonnen? Waar komt ons weten over God vandaan? Het antwoord is misschien onbevredigend, maar het neemt wel de postmoderne mens serieus. We weten iets over God via de mensen die ons over God verteld hebben en uit schriftelijke getuigenissen waaraan we om bepaalde redenen *geloof* hechten. Meer zekerheid is er niet. Maar een ander oerprotestants principe komt hier helemaal tot zijn recht. Maarten Luther schreef niet alleen het *sola scriptura* in zijn vaandel, maar vooral ook het *sola fide* – 'alleen door geloof'. Met dit principe is het subjectieve element van begin af aan een wezenlijk bestanddeel van het christen-zijn.

Het concert van de religies

Laten we nog een keer kort stilstaan en om ons heen kijken. We hebben gevraagd: 'Wat is God?' en 'Waarover hebben we het eigenlijk als we over God spreken?' We hebben een wandeling gemaakt door ontwikkelingsruimtes en hebben naar vier kwadranten gekeken. We hebben de eerste overlevering* van het christelijk geloof, de Bijbel, uit het kwadrant rechtsonder naar linksboven gehaald en duidelijk gemaakt dat de geloofwaardigheid van de verhalen die de Bijbel vertelt, ervan afhangt hoe wij ons die verhalen subjectief eigen maken en er vertrou-

* In het Duits schrijft Haberer hier het woord Ur-Kunde (oer-getuigenis), een woordspel met Urkunde (oorkonde).

wen aan schenken. Met al deze overwegingen in onze bagage wil ik nu graag nog een ander perspectief openen. Daartoe moet ik om te beginnen een heel persoonlijke ervaring vertellen.[25]

Het was in maart 1985 in Jeruzalem. Ik zat in de Dominus Flevit-kapel, die volgens de traditie gebouwd is op de plek waar Jezus in tranen uitbrak omdat hij voorzag wat de stad te wachten stond. De kapel is niet groot en de wand achter het altaar is helemaal van glas. Van daaruit heb je een adembenemend uitzicht over de oude stad van Jeruzalem, het tempelplein met de Rotskoepel en de al-Aqsamoskee, de mierenhoop van huizen, de kerktorens en minaretten. Afgezien van een oude franciscaner monnik was ik helemaal alleen in de kapel en ik ging zitten om het panorama op me te laten inwerken. Dit was dus Jeruzalem, voor drie wereldgodsdiensten dé heilige stad. Hoe vaak is er in haar lange geschiedenis om haar gestreden! David heeft haar veroverd; en later Nebukadnezar, de koning van Babylon die de stad in 587 voor Christus volledig verwoestte, net als de Romein Titus in het jaar 70 na de geboorte van Christus. Godfried van Bouillon nam de stad in tijdens de Eerste Kruistocht in 1099, en krap honderd jaar later werd ze door sultan Saladin weer heroverd. Ten slotte veroverden de Israëli's Jeruzalem in 1949 en 1967, maar ook daarna was ze telkens weer het toneel van bloedige gevechten en vreselijke aanslagen.

Van dat alles was niets te zien. Vredig lag het panorama voor me uitgestrekt, ingelijst door de schilderingen op de glazen kapelwand: een avondmaalsbeker, brood, vissen, een paar bloeiende ranken. En daarvóór een altaar van steen bedekt met een altaarkleed. Op dat kleed was een vogel te zien die zijn kuikens onder zijn vleugels verzamelt. In een cirkel rondom het beeld waren Latijnse woorden geborduurd: 'Hoe vaak heb Ik jullie onder mijn vleugels willen verzamelen zoals een hen haar kuikentjes, maar jullie wilden niet.'

Maar jullie wilden niet. Opeens kwam het me allemaal zo absurd voor. Drie religies strijden om een stad. In plaats van hem vreedzaam als hun gezamenlijke hoogstheilige plek te delen en te bewaren, wil elke religie hem voor zichzelf hebben en alle anderen verjagen. Maar zo kan dat niet werken. Wie verjaagd wordt, komt terug, en meestal niet met vreedzame bedoelingen. Bloedvergieten brengt nieuw bloedvergieten voort. Zoveel zinloos lijden en sterven, moorden en vechten. Waarom? Om de God te eren die in alle drie de religies als barmhartig en genadig wordt geprezen? Die liefde is en wiens zoon – volgens mijn eigen religie – zijn volgelingen aanbevolen heeft hun vijanden lief te hebben en goed te doen aan degenen die hen vervolgen?

Hoe kwamen de mensen ertoe om te beweren dat hun eigen manier om de Ene God te aanbidden de enig juiste is, en dat deze Ene God alle anderen zou straffen omdat ze de verkeerde naam gebruiken? Hoe kwam ik erbij om te denken dat mijn christendom de enige ware weg is? Ik vroeg me af waarom ik eigenlijk christen was. Het antwoord was heel eenvoudig: omdat ik in Duitsland geboren ben, omdat ik gedoopt ben en opgevoed in een christelijk gezin. Was ik in Gaza of Abu Dhabi geboren dan zou ik moslim zijn geweest. Had ik in Calcutta het levenslicht gezien dan was ik hindoe geweest. Was alles dan slechts blind en zinloos toeval? Nee. Het voelde opeens alsof de vleugels van de vogel op het altaarkleed langs mij streken. Zo was het: Gods vleugel had mij aangeraakt in deze vorm. God is in mijn leven gekomen in de vorm en het gewaad van het christendom en dáárom ben ik christen. Maar dat maakt mijn geloof niet méér waar dan het geloof van iemand anders die als jood of moslim of boeddhist is opgegroeid. Alle religies vereren de Ene God, en geen van hen is beter of slechter dan de andere. De religies zijn verschillend, dat valt niet te ontkennen. Maar voor God hebben ze allemaal dezelfde waarde. Geen van hen heeft de hele waarheid, en geen van hen is zonder waarheid.

De religies zijn niet het licht. Ze zijn als glas-in-loodramen die het licht in een bepaalde kleur doorlaten. De ene kleurt het licht rood, de andere geel, de derde blauw. Maar het licht zelf is wit. Rood is niet geel en geel is niet blauw. Maar rood is ook niet beter dan geel en geel niet beter dan blauw. De kleuren zijn weliswaar verschillend, maar niet van verschillende waarde. En pas als ze allemaal samengenomen worden, tonen alle kleuren samen het onvervalste oorspronkelijke witte licht. Misschien zijn de verschillende religies er wel omdat één religie op zichzelf de hele waarheid helemaal niet zou kunnen bevatten en uitdrukken. Niets menselijks kan de grote, eeuwige, Ene God volledig vatten, ook een religie niet. *Finitum non capax infiniti*, zo luidt een (omstreden) leerstelling uit de middeleeuwen: het eindige kan het oneindige niet bevatten.

Een diepe vrede vervulde me. Dat was het. Mijn christendom was niet beter en niet slechter dan jodendom of islam of welke andere religie ook. En toch, dat voelde ik duidelijk op dat moment, toch kan en wil en moet ik uit volle overtuiging christen zijn en blijven. Want op deze manier heeft de vleugel van God mij aangeraakt, in deze historische gestalte is hij tot mij gekomen.

De oecumene was altijd al belangrijk voor me geweest. Nu had ik de oecumene van de religies ontdekt. Dat was mijn derde bekering. Niets was voortaan meer wat het geweest was. Mijn begrip van God was gekanteld en ruimer geworden. Mijn eigen geloof was me opnieuw geschonken, maar dan gelouterd. Het vuil van het religieuze egoïsme was eruit verwijderd. De arrogantie en zelfverzekerdheid van iemand die zijn eigen manier van geloven voor de enig ware houdt, was van me afgevallen. Verbaasd en dankbaar zat ik daar, en pas na een hele poos stond ik weer op om naar mijn hotel te gaan.

Op die middag in Jeruzalem zijn de laatste BLAUWE overtuigingen uit mijn geloof weggevallen, de laatste resten van het idee dat de christelijke religie exclusief over de waarheid zou beschikken en dat God zich uitsluitend in Jezus Christus aan de mensen zou willen laten zien. Dat idee versmalt God en sluit het grootste deel van de mensheid uit van het heil, van een leven dat goed terechtkomt – om het even of het dat doet met een kille grijns of met diep leedwezen. Maar kunnen we werkelijk geloven dat een God over wie in de Bijbel wordt gezegd dat hij Liefde is[26] en dat hij 'de zon laat opgaan over slechte en goede mensen en het laat regenen over rechtvaardigen en onrechtvaardigen'[27] – dat deze God het grootste deel van zijn geliefde kinderen in het eeuwige verderf stort, alleen omdat ze hem onder de verkeerde naam aanroepen? Ik geloof dat het heel anders zit: God verheugt zich over al zijn kinderen, en hij verheugt zich extra over de veelheid van vormen waarmee ze reageren op zijn stem en zijn nabijheid.

Het naast elkaar bestaan van religies en hun onderlinge verbondenheid stel ik me voor als een symfonieorkest, waarin ieder instrument iets wezenlijks bijdraagt, maar waar pas de samenklank van alle stemmen zorgt voor prachtige muziek. Of liever nog als een jazzband, waarin ieder instrument een eigen melodie speelt en een eigen improvisatie geeft, en toch ontstaat er een gemeenschappelijk geheel – zolang alle deelnemers maar met respect naar elkaar luisteren, elkaar ondersteunen, de ander alle ruimte geven als het tijd is voor haar of zijn solo, en aan het einde weer helemaal samen zijn.

In een beperkte BLAUWE wereld die nauwelijks weet heeft van de volkeren 'daar in de verte, in het land van de Turken' (om met Goethe's Faust te spreken), met een landkaart waarop nog veel witte vlekken voorkomen, past het misschien om je eigen geloof voor het enig ware te houden. Maar vandaag is onze wereld één geheel geworden. Door de globalisering ontmoeten culturen elkaar en wisselen ze van alles uit. Wij ontmoeten veel meer mensen uit andere culturen dan onze grootouders en zelfs onze ouders. Zo kunnen we uit eigen directe waarneming leren dat moslims of boeddhisten geen betere of slechtere mensen zijn dan wij, alleen omdat ze tot een andere religieuze gemeenschap behoren. Maar dan moeten we wél bereid zijn tot een echte ontmoeting, en ons niet laten leiden door vooroordelen maar open en leergierig zijn.

Soms hoor ik de uitspraak: 'We geloven toch allemaal in dezelfde God', en ja, dat klopt: we geloven in dezelfde God want er is maar één God. Maar we geloven op verschillende manieren in hem en dat is goed zo. Want veelvormigheid is het basisprincipe van de schepping. Met dat trefwoord kom ik bij de volgende vraag. Als we over God zo kunnen spreken als ik in dit hoofdstuk heb gedaan, wat betekent het dan om over 'schepping' te spreken? Kan dat wel? Kun je zeggen: de wereld is Gods schepping – ook als we het theïstische wereldbeeld achter ons gelaten hebben?

GOD EN DE WERELD, OVER WETENSCHAP EN SPIRITUALITEIT

3 | Schepping 7.0: de evolutie van God, kwantummechanica en zwarte gaten

Dat de wereld door God in zes dagen is geschapen, wordt tegenwoordig met name nog volgehouden door fundamentalisten en creationisten. Creationisten lezen de scheppingsteksten in de Bijbel ten onrechte als ging het om een natuurwetenschappelijke beschrijving. Ze geloven dat het allemaal precies zo gebeurd is: ongeveer zesduizend jaar geleden, in zesmaal vierentwintig uur van een zondag tot en met een vrijdag, en op zaterdag was het rustdag. Het creationisme maakt met name in de Verenigde Staten deel uit van een politiek rechts georiënteerde beweging die erop aandringt dat op scholen naast de evolutietheorie (of liever nog in plaats daarvan) de bijbelse scheppingsverhalen moeten worden onderwezen als verklaring voor het ontstaan van de wereld. Wetenschappelijke verklaringen hebben in de 'post-feitelijke' wereld op sommige terreinen sterk aan betekenis ingeboet.

Als ik het hier over schepping heb, gaat het mij er niet om of de Bijbel gelijk heeft. Het gaat me om de basisvraag van de filosofie: waarom is er iets in plaats van niets? Daarmee gaat het uiteindelijk om de zinvraag: waarom en waartoe zijn wij mensen hier, waarom en waartoe leef ik?

Materialistisch ingestelde ORANJE atheïsten stellen deze vragen helemaal niet. Ze gaan ervan uit dat alles wat er is, er gewoon is, punt uit. De vraag naar zin en betekenis vinden ze absurd, of op zijn minst gaan ze ervan uit dat die vraag principieel niet te beantwoorden is. De wereld is een gegeven, ze heeft geen kenbare oorsprong en geen doel.

We kunnen niet weten hoe het tot de oerknal gekomen is en daarnaar vragen is zinloos, want pas met de oerknal ontstaan de natuurwetten, ruimte en tijd. Er bestaat daarom niet zoiets als 'vóór de oerknal'. Elke vraag naar een oorzaak veronderstelt echter wél een voor en een na: de oorzaak gaat immers vooraf aan het gevolg.[28] Vragen naar een oorzaak die buiten de tijd ligt, is zinloos in dit verband.

Gelovigen daarentegen stellen de vraag naar oorsprong en zin, en ze hebben ook een antwoord: God heeft in het begin alles geschapen en God geeft zin aan het menselijk leven. Zo staat het tenslotte in de Bijbel, wat de wetenschap ook zegt – zo luidt de argumentatie van fundamentalistisch ingestelde christenen. Maar ook minder fundamentalistische christenen gaan ervan uit dat God de wereld 'uit niets' geschapen heeft. Deze voorstelling van een schepper die 'iets' schept, ziet de Schepper als subject (onderwerp) en het geschapene als object (lijdend voorwerp). Subject en object bestaan los van elkaar en staan tegenover elkaar. Zoals in het beeld van de pottenbakker en de kruik die hij maakt.[29] Dus hier de almachtige Schepper van hemel en aarde, en daar het schepsel, het resultaat van de scheppingsdaad dat voor de Schepper staat als een werkstuk op de werkbank of als een kruik op de draaischijf. De traditionele christelijke theologie hecht er veel waarde aan dat Schepper en schepsel, dus God en de wereld, streng uit elkaar gehouden worden en in geen geval met elkaar samenvallen.

Maar kan dat? Als God oneindig en alomtegenwoordig is, kan er dan een goddelijke sfeer zijn en daarnaast een ander gebied, de wereld, waarin God niet is, waarin hij alleen ingrijpt zoals een handwerksman aan zijn werkstuk werkt? Heeft God een ruimte geschapen waarin God niet is en waarin hij de wereld heeft geplaatst? Maar hoe kunnen we dan nog van de alomtegenwoordigheid van God spreken?

Als je de gedachte dat God alomtegenwoordig is helemaal tot het einde doordenkt, moet je eigenlijk uitkomen bij het pantheïsme. Onder pantheïsme verstaan we de opvatting dat God en de wereld juist niet radicaal gescheiden zijn, maar met elkaar samenvallen. God is er in alle dingen, hij bezielt de kosmos en maakt die levend. Pantheïstische ideeën zijn er geweest sinds de presocratici en sommigen zeggen dat de oorspronkelijke BEIGE en PAARSE (dus animistische) wereldbeleving een vroege vorm van pantheïsme was, waaruit zich pas geleidelijk het polytheïsme heeft ontwikkeld. Veel later, toen met de Verlichting het traditionele geloof in een theïstische God aan gene zijde steeds meer onder druk kwam te staan, bood het pantheïsme een mogelijkheid om het theïstische godsbegrip te laten varen en tegelijkertijd aan een vorm van godsgeloof vast te houden. God kwam je tegen in de natuur, in de sterrenhemel, in de menselijke ziel, in alles wat is, gewoon overal.

Zo verleidelijk als deze gedachte mag schijnen, ik kan er om twee redenen niet mee instemmen. Ten eerste vraag ik me af waarom je überhaupt nog over een God zou moeten spreken als God eenvoudig alles is wat er is. Dan is er geen enkele transcendentie meer over, geen enkele grond om de huidige realiteit kritisch te benaderen in naam van een 'hogere' instantie, en daarmee ook geen hoop dat iets ooit fundamenteel beter kan worden. Maar die hoop zou ik in ieder geval willen vasthouden, ook wanneer ik haar niet verbind met het idee dat 'iemand' van buitenaf in deze wereld ingrijpt om te repareren wat hier verkeerd gaat. De tweede reden waarom het pantheïsme voor mij niet werkt: ik vind het te glad, te naadloos en te simpel. Ik mis het paradoxale. Een God over wie je kunt spreken zonder paradoxale dingen te moeten zeggen, is me te klein. Een God die als het ware 'opgaat' in het menselijke denken, die we denkend kunnen bevatten, is geen God. 'Als je het begrepen hebt, is het God niet,' zo luidt een beroemde zin van kerkvader Augustinus.

En toch: als we hoe dan ook over God willen spreken, gaat dat niet zonder beelden en voorstellingen. De vraag is alleen: welke?

De creationistische voorstelling dat God de wereld zou hebben gemaakt als een handwerksman, maakt God te klein. De mythe in het begin van de Bijbel denkt geocentrisch: daar is sprake van een aardschijf die ligt onder een hemelkoepel waarin de sterren als lampen vastgeschroefd zijn. Die voorstelling past bij het wereldbeeld van de oudheid, maar ze past echt niet meer bij ons huidige beeld van een universum dat een doorsnede heeft van zo'n 78 miljard lichtjaren[30] en waarin zich honderd miljard sterrenstelsels bevinden met elk honderd miljard sterren.

Het pantheïsme aan de andere kant maakt God eveneens te klein. Weliswaar ziet het God in alles, dus ook in de meest afgelegen sterrenstelsels aan het andere uiteinde van het universum. Maar een God die met de schepping samenvalt en dus geen 'plus' biedt, zou op zijn best irrelevant zijn. Wat zou het pantheïsme nog van het atheïsme onderscheiden als God volledig opgaat in de wereld? Als God en de wereld eenvoudig een en hetzelfde waren, zou het geen enkele meerwaarde hebben om over God te spreken.

Maar wat is dan het alternatief voor enerzijds de theïstische voorstelling van een God buiten de wereld en anderzijds de pantheïstische voorstelling van een God die met de schepping samenvalt?

Meer dan alles

De alternatieve voorstelling die me het meest aanspreekt, is het pan-*en*-theïsme. Die twee letters, het kleine lettergreepje 'en', markeren een beslissend verschil. Terwijl het pantheïsme God en wereld eenvoudig gelijkstelt zodat God helemaal in de wereld opgaat en de wereld helemaal in God, zegt het panentheïsme: de wereld is in (het Griekse *en*) God, maar God is meer dan de wereld. Of nog wat aangescherpt: alles is in God maar God is meer dan alles. Dat is weer een van die paradoxen die oplichten als het bewustzijn de GELE ruimte nadert.

Want daar gaat het om: er moet toch meer zijn dan alles![31] Maar wat zou dat 'meer dan alles' dan kunnen zijn?

Om te beginnen betekent het: God is voor ons niet zomaar te bevatten. God gaat altijd uit boven ons denken over God. In zoverre is God meer dan alles wat wij ons kunnen voorstellen. Deze gedachte vindt in de Hebreeuwse Bijbel haar expressie in het tweede van de Tien Geboden – een gebod dat interessant genoeg in het gangbare Duits-protestantse rijtje van de Tien Geboden wordt weggelaten![32] Ook interessant is dat juist dit gebod het meest uitgebreid geformuleerd en beargumenteerd is. Het luidt:

> 'Maak geen godenbeelden, geen enkele afbeelding van iets dat in de hemel hierboven is of van iets beneden op de aarde of in het water onder de aarde. Kniel er niet voor neer en vereer ze niet, want Ik, de HEER, uw God, duld geen ontrouw. Als ouders Mij haten en zondigen, roep Ik hun kinderen daarvoor ter verantwoording, tot in het derde en vierde geslacht; maar als ze Mij liefhebben en doen wat Ik gebied, bewijs Ik mijn trouw tot in het duizendste geslacht.'[33]

Hoewel dit gebod dus niet in de catechismus van mijn eigen evangelisch-lutherse traditie staat, geeft het volgens mij uitdrukking aan een van de belangrijkste regels voor het spreken over God. Hoe gemakkelijk lopen mensen het gevaar dat ze God voor hun eigen karretje, volgeladen met eigen opvattingen, spannen! Het meest bekende en beruchte voorbeeld is het zinnetje 'Gott mit uns' dat de Duitse soldaten in de Eerste Wereldoorlog op hun koppelriemen droegen als ze eropuit trokken om hun Franse, Engelse of Russische medemensen te doden. Of neem de belijdenis 'Allahoe akbar' die bij iedere aanslag wordt uitgeroepen door terroristen die strijden voor een politieke islam. Maar ook in elke discussie waarin iemand zijn opvatting over God als de enige ware presenteert, wordt God geannexeerd. Zelf moet ik ook goed opletten om als ik over God schrijf, God niet voor mijn ideeën te claimen en aan mijn ideeën ondergeschikt te maken.

Maar we kunnen niet over God spreken zonder een voorstelling te hebben van datgene waarover we spreken. Als iemand het woord 'God' hoort, roept dat in zijn of haar gedachten een bepaald beeld op. Zonder beelden kunnen we niet spreken, maar we moeten wel beseffen dat het beelden zijn, ieders eigen beelden, en niet God zelf. De landkaart is niet het landschap: die uitspraak is nergens méér van toepassing dan bij het denken (en des te meer het spreken) over God. Of zoals Thorsten Dietz het formuleert aan het einde van zijn heerlijke bijdrage aan het internetforum *Worthaus* over het thema 'het geheim', variërend op de eerder aangehaalde uitspraak van Augustinus: 'Als je in God gelooft en niet vindt dat hij telkens weer vreemd en verwarrend is, is het niet God.'[34]

Dat is dus de disclaimer die als het ware ieder nadenken, spreken en schrijven over God moet vergezellen: God blijft zich aan onze controle onttrekken als een onuitsprekelijk geheim. En toch kan ik het niet laten om over God na te denken, te spreken en te schrijven, maar altijd in het bewustzijn dat ik op zijn hoogst een brokstukje kan bevatten van wat en wie God is.

Daarom wil ik de vraag van deze paragraaf nog een keer oppakken: wat zou dat kunnen zijn, dat *meer dan alles*? Zonder het vreemde en verwarrende van God simpelweg te willen oplossen, zonder God in mijn macht te willen krijgen, waag ik het met deze formulering: meer dan alles, daar zou alles bij kunnen horen wat niet is maar zou kúnnen zijn. Alles wat nog niet is maar wel gaat komen. We ontmoeten God in dat wat is, en tegelijk is God ook in de volheid van alles wat mogelijk is. Zo kan ik mij een beeld vormen van het 'meer', zodat ik het met mijn geest begrijpen of op zijn minst vermoeden kan, in de wetenschap dat 'meer dan alles' nog alle mogelijke (!) dingen kan behelzen die uitgaan boven het weinige dat mijn beperkte, aan tijd en ruimte gebonden geest zich kan voorstellen.

Het totaal aan mogelijkheden, de pure potentialiteit, dat zou dus een beeld kunnen zijn van God als 'meer dan alles' – waarbij ik zoals gezegd altijd de bijbelse vermaning blijf horen dat we eigenlijk geen beeld van God zouden moeten maken. Wat we ons voorstellen en waarover we spreken, is niet God zelf. Want God 'woont in een licht waartoe niemand toegang heeft', zoals de Eerste Brief aan Timoteüs het formuleert.[35] Wat wij ons voorstellen en waarover we spreken, dat zijn altijd onze beelden van God,[36] het is nooit God zelf.

Het panentheïsme biedt ons een nieuwe manier om over God en de schepping te spreken. Als God niet radicaal van de schepping gescheiden is, maar juist in alle dingen aanwezig is, dus als God niet tegenover de schepping staat zoals de pottenbakker tegenover de kruik, dan kunnen we een nieuwe betekenis gaan uitspellen van wat 'schepping' is: het is God zelf die 13,82 miljard jaar geleden begonnen is zich in dit universum te 'incarneren'.[37]

God wordt vlees

De eerste incarnatie van God, zo schrijft de Amerikaanse franciscaner pater en spirituele leraar Richard Rohr, is de schepping. Die begon met de oerknal en gaat tot op vandaag door. Incarnatie, dat woord betekent letterlijk 'vleeswording' of 'in het vlees komen'. Om niet te veel vooruit te lopen op wat nog komt, wil ik het hier beknopt zeggen: onder incarnatie verstaat het christelijk geloof het proces waarin het goddelijke 'woord' in een mens (Jezus van Nazaret) ter wereld komt, 'vlees' wordt. Het Griekse woord *sarx* dat we met 'vlees' vertalen, duidt echter meer aan dan die ene mens. Het staat voor al het vergankelijke, voor de stof waaruit de mens is gemaakt, de materie. Als Richard Rohr over de 'eerste incarnatie' spreekt, heeft hij het precies daarover: dat

God zichzelf in de schepping uitdrukt, in de zich ontwikkelende, evoluerende kosmos. Gods scheppende *eros* die altijd naar vernieuwing streeft, geeft de evolutie kracht en richting. Daarmee is schepping niet alleen iets wat aan het begin van de tijd heeft plaatsgevonden, maar ze vindt plaats in iedere nanoseconde.

Nu. En nu. En nu.

Dat betekent: God is in de schepping maar gaat niet in de schepping op. De schepping is weliswaar alles wat bestaat, maar God is altijd nog meer dan alles wat bestaat. Zoals ik helemaal aan het begin al heb beweerd: God zelf 'bestaat' helemaal niet zoals jij en ik bestaan. En toch ben ik er diep van overtuigd dat alles wat we zien, voelen en ervaren onmiddellijk met God te maken heeft.

Ik kom nog een keer terug bij de gedachte van Marcus J. Borg die ik eerder heb geciteerd: God is geen 'wezen', ook geen hoogste wezen, maar 'eerder iets wat de wereld vervult en doordringt'. God is dus zoiets als de allesomvattende werkelijkheid, het Zijn zelf dat ten grondslag ligt aan alles. God is de diepte in en achter alles, God is het Geheim van de wereld.[38] God is de som van alles wat is, en God is de som van alles wat mogelijk is, de som van alles wat nog kan ontstaan. God is het grote geheel, het Een en Al.

Als je dat zo zegt, kan het allemaal heel abstract blijven, maar het wordt echt spannend als we deze gedachte wat concreter laten worden. God is in alles wat is: dat betekent dat God ook in jou en mij is. Hij doorstroomt ons en maakt dat we leven. Zij baart ons ieder ogenblik opnieuw. Het is de energie en de kracht die alles in ieder ogenblik laat bestaan. Deze God is het eigenlijke leven in ons.

Alles is (zo goed als) niets

God is ons diepste wezen. Dat geldt niet alleen voor ons mensen. God is het diepste wezen van heel de kosmos. Om die gedachte te ontvouwen, maak ik weer een uitstapje naar de natuurwetenschap, niet naar de evolutiebiologie maar nog een keer naar de fysica of natuurkunde. De fysica was de eerste van de natuurwetenschappen die het geloof in een scheppende God ter discussie stelde. Maar sinds ongeveer honderd jaar is dat anders geworden. Nu zijn het juist de fysici (of in elk geval velen van hen) die de deur openzetten voor een besef van diepere dimensies van het bestaan.

Veel experimenten en berekeningen in de fysica geven aan dat de materie zoals we die in onze alledaagse voorstelling voor ogen hebben, helemaal niet bestaat. Ieder van ons kan dat weten, want we hebben het allemaal in de natuurkundeles op school geleerd, maar het is zó moeilijk om die gedachte vol te houden in het dagelijks leven: de uit atomen bestaande materie die massief en ondoordringbaar lijkt, bestaat in werkelijkheid uit vrijwel niets dan lege ruimte. Zoals bekend bestaat een atoom uit een kern en elektronen die daaromheen cirkelen. Daartussen bevindt zich niets, en zelfs tamelijk véél niets. Als je in een gedachtenexperiment de kern van een waterstofatoom vergroot tot het formaat van een rijstkorrel en je legt die korrel op de middenstip van het Olympiastadion*, dan zou het atoom zo groot zijn als het hele stadion. De rest, dus alles wat zich bevindt tussen die rijstkorrel en de achterste rijen van de tribunes waar de elektronen rondsnorren, is lege ruimte. Als je de deeltjes van alle atomen waaruit de aarde bestaat zou kunnen samenpersen zodat ze tegen elkaar lagen als eieren in een eierdoos, dus als je al dat niets tussen atoomkern en elektronenmantel zou kunnen weghalen, dan zou de aarde een doorsnede van ongeveer 130 meter hebben.[39]

Maar zijn dan tenminste de atoomkern en de elektronen die eromheen cirkelen vaste materie? Er is een tijd geweest waarin het zo werd voorgesteld: zowel de protonen en neutronen die de atoomkern vormen als de elektronen die de 'mantel' vormen, zouden minuscule biljartballetjes zijn. Maar ook dat beeld klopt allang niet meer. Het beroemde tweespletenexperiment laat zien dat licht, afhankelijk van de manier waarop we het waarnemen, zich kan gedragen als deeltjes of als een immateriële golf. Maar met dezelfde proefopstelling kan ook worden aangetoond dat elektronen, hele atomen en zelfs complete moleculen helemaal geen vaste vorm hebben. Ze kunnen zich immers gedragen als golven die zich in een medium voortplanten maar op zichzelf geen materiële substantie hebben. Je krijgt ze ook niet echt te pakken: als je hun precieze plaats bepaalt, weet je niet hoe snel en in welke richting

* Tilmann Haberer woont in München. Het Olympiastadion is groter dan de Johan Cruyff Arena in Amsterdam: 74.000 zitplaatsen tegenover 55.000.

ze zich bewegen – bepaal je daarentegen hun impuls (grof gezegd: de beweging), dan is het principieel onmogelijk om hun exacte plaats vast te stellen. Dat is waar het onzekerheidsprincipe van Heisenberg over gaat. Sterker: als de deeltjes niet op de een of andere manier gemeten of waargenomen worden, zijn ze er ook niet echt, dan zijn er alleen waarschijnlijkheidsgolven in het gebied waarin een deeltje zich kan bevinden of kan bewegen. En zelfs al zou je er een te pakken kunnen krijgen, dan hebben de elementaire deeltjes een bijzondere eigenschap: hun massa is gelijk aan nul. Dat betekent dat ze er in materiële zin eigenlijk helemaal niet zijn. Sommige natuurkundigen zeggen dan ook dat subatomaire deeltjes louter structuren zijn, dus niets tastbaar materieels. Een structuur is eigenlijk iets ideeachtigs, iets van de geest. Maar als de deeltjes waaruit alles is samengesteld geestkwaliteit hebben, dan heeft ook de hele werkelijkheid die zo massief en materieel op ons overkomt, geestkwaliteit. Dat zou betekenen dat niet alleen God geest is, maar dat de wereld ook geest is. De Engelse wiskundige, natuurwetenschapper en astronoom Sir James Jeans (1877-1946) zei het ooit zo: 'Het universum begint er langzaamaan meer uit te zien als een grote gedachte dan als een grote machine.'[40]

We schetsen het hier veel te beknopt en in grove lijnen. De kwantumfysica is onvoorstelbaar gecompliceerd en vooral ook totaal abstract. Niemand minder dan Niels Bohr heeft gezegd: 'Als je over de kwantumtheorie niet allereerst geschokt bent, kun je haar onmogelijk begrepen hebben.'[41] Nobelprijswinnaar Richard Feynman zegt het zo: 'Ik denk dat we met zekerheid kunnen stellen dat niemand de kwantummechanica begrijpt.'[42] En dat terwijl hij de Nobelprijs kreeg voor werk dat betrekking had op de kwantummechanica.

Laat dit een waarschuwing zijn om niet te gemakkelijk de kwantumtheorie erbij te halen. Het is tegenwoordig heel trendy om met kwantumzus en kwantumzo aan te komen, en alle mogelijke esoterische en spirituele theorieën en systemen hebben het over de kwantumfysica alsof die net zo inzichtelijk zou zijn als 'een en een is twee'. Er wordt gesmeten met begrippen als niet-lokaliteit en verstrengeling en dan worden de meest drieste conclusies getrokken. Het komt vaak ongeveer hierop neer: 'De kwantumfysica heeft bewezen dat alle materie geest is – dus wij kunnen met onze gedachten, die ook geest zijn, de materie naar believen beïnvloeden en modelleren.' Zulke uitspraken geven blijk van een griezelige vermenging van niveaus. De door de kwantumfysica beschreven verschijnselen zoals niet-lokaliteit en de omkering van de volgorde van oorzaak en gevolg bestaan alleen op subatomair niveau. De effecten die daar waarneembaar zijn, vallen op macroscopisch niveau tegen elkaar weg. Mijn schrijfbureau zal morgen nog gewoon staan waar het nu staat, het zal niet vanwege het onzekerheidsprincipe van Heisenberg morgen opeens in de garage staan.[43]

Natuurlijk zou het mooi zijn als de volgende gedachtegang klopte: als de deeltjes pas 'echt' worden als iemand ze meet of waarneemt, is de wereld er in zekere zin niet zolang er niemand kijkt; maar wij kijken wél en scheppen daarmee onze realiteit – en zodra we een beetje anders kijken, verandert ook de realiteit. Dan zouden we met onze gedachten ziekten kunnen genezen en veel mooie, nuttige en aangename zaken kunnen realiseren. Maar in werkelijkheid zijn de deeltjes helemaal niet op ons mensen als waarnemers aangewezen. Iedere interactie met een ander deeltje werkt als 'meting', en aangezien de deeltjes voortduren met elkaar interacteren, bijvoorbeeld als ze op elkaar botsen, 'meten' ze elkaar voortdurend wederzijds.[44] Er is geen menselijke waarnemer nodig. De populaire, plat-spirituele gedachte dat wij zelf de werkelijkheid scheppen, kan zich in ieder geval niet op de kwantumtheorie beroepen.

Meer dan materie

Voor mij is het belangrijkste inzicht dat de kwantumtheorie heeft opgeleverd, het feit dat een louter materialistisch begrip van de wereld verleden tijd is. De wereld is niet zo door-en-door deterministisch als natuurfilosofen zoals Pierre-Simon Laplace in de achttiende eeuw dachten,[45] en ook niet zo plat en geestloos als moderne atheïsten van het slag van de Britse evolutiebioloog Richard Dawkins denken. Als het klopt dat datgene wat wij voor vaste materie houden, diep in de kern bestaat uit louter ontastbare structuren, dan geeft dat ons de kans om op een heel nieuwe manier over schepping te spreken.

Let wel, het gaat er niet om dat we nu eindelijk een godsbewijs zouden hebben. God is met wetenschappelijke middelen niet te verifiëren of falsifiëren. Ook de kwantummechanica kan niets veranderen aan het feit dat de natuurwetenschap per definitie geen uitspraken kan doen over het zijn of niet-zijn van God, want ze is nu juist uitdrukkelijk geroepen om de wereld te onderzoeken *etsi deus non daretur*, 'alsof er geen God was'. De natuurwetenschap wil uitspraken doen over de materiële (en energetische) natuur van de wereld, ze beweegt zich binnen de kaders van de natuurwetten die ze met haar hypotheses beschrijft en met experimenten en wiskundige bewijsvoering verifieert. Om het met een beeld te zeggen: we bevinden ons in dezelfde situatie als een vis in het aquarium die erover piekert of het waar is dat hij door toedoen van een mens in die waterbak terechtgekomen is. Aangezien de mens zich niet in het aquarium bevindt en dus in zekere zin transcendent is ten opzichte van het aquarium, kan de vis binnen zijn wereld geen 'wetenschappelijke' uitspraken over het bestaan van de mens doen. De natuurwetenschappen van de vissenwereld zouden alleen de binnenkant van het aquarium kunnen onderzoeken; uitspraken over degene die het aquarium heeft gemaakt, zijn dan principieel onmogelijk. De vissenfysica zou helemaal niet moeten proberen om zulke uitspraken te doen, want daar is ze niet voor toegerust.

Ook de kwantumfysica stelt ons dus niet in staat om definitieve uitspraken over God te doen. Daar is ze niet voor bestemd. Maar we kunnen wel beelden van haar lenen om woorden te geven aan onze overtuiging dat deze wereld niet gewoon als gevolg van levenloos toeval bestaat, maar dat in en achter alles wat is, een liefhebbende wil schuilgaat. Dat hebben de auteurs van de bijbelse scheppingsverhalen ook al gedaan. Ook hun verhalen willen helemaal niet verklaren hoe de wereld in wetenschappelijke zin ontstaan is. Vooral het eerste, jongere scheppingsverhaal uit Genesis 1 heeft een heel ander belang. Het is vermoedelijk ontstaan toen grote delen van de priesterlijke en adellijke bovenlaag van het volk Israël in ballingschap in Babylon leefden (zie boven, blz. 24, BLAUW). De zegevierende Babyloniërs vereerden de sterren als goden en gingen er waarschijnlijk als vanzelfsprekend van uit dat de verslagen Judeeërs hun geloof zouden overnemen – tenslotte was de god Marduk duidelijk sterker gebleken dan de god van Israël: de koning van Babylon had immers Jeruzalem veroverd en het koninkrijk Juda onderworpen. Maar de Babyloniërs vergisten zich! In plaats van het zogenaamd zegevierende geloof over te nemen, ontwikkelden de vernederde, gedeporteerde en tot dwangarbeid gedwongen

Joden de brutale theologische gedachte dat de god van Israël, de enige God, de machtige koning Nebukadnezar als instrument had gebruikt om zijn halsstarrige volk te straffen. De profeten hadden het keer op keer aangekondigd: als jullie niet omkeren, zal God zijn beschermende handen van jullie aftrekken. Nu was het zover gekomen. En het was niet de Babylonische god Marduk die de god van Israël had overwonnen, het was andersom: de god van Israël was Heer van de geschiedenis en Nebukadnezar was slechts een schaakstuk in zijn hand. En de sterren die de Babyloniërs als goden vereerden, waren geen goden maar gewoon lampen die de god van Israël aan de hemelkoepel had gehangen. Dat is waarom de Bijbel dit verhaal vertelt. Het gaat niet om historische of natuurwetenschappelijke kennis, maar om een geloofsgetuigenis. En natuurlijk sluiten de auteurs van het verhaal aan bij het destijds gangbare wereldbeeld.

Op diezelfde manier kunnen wij aan de kwantumtheorie en de kosmologie beelden of motieven ontlenen om ons geloof te illustreren: het geloof dat we niet door blind toeval in de wereld geworpen zijn, dat er ten diepste niets anders is dan liefde – hoe verschrikkelijk en wreed het leven zich aan de oppervlakte ook mag voordoen.

Dat is precies wat ik nu wil proberen. Ik wil een nieuwe scheppingsmythe vertellen. Bewust kies ik voor de mythe als vertelvorm in plaats van een rationeel betoog. Want een mythe vertelt waarheid op een andere manier: er wordt niet uiteengezet wat ooit een keer historisch het geval was, dus wat je met een videocamera zou hebben kunnen vastleggen als die er toen al geweest zou zijn. De oerverhalen in de Bijbel, dus de verhalen over de schepping, Adam en Eva, Kain en Abel, Noach en zijn ark en de toren van Babel, zijn van mythische aard. Al deze verhalen vertellen geen historische gebeurtenissen die op een bepaald tijdstip hebben plaatsgevonden. Ze vertellen juist wat er altijd en overal gebeurt. Een mythe vertelt 'wat er nooit was maar er altijd is', wist de Romeinse politicus Sallustius al. Waarom zouden we over een broedermoord in het grijze verleden vertellen, als er in dat verhaal geen waarheid school die ook vandaag nog geldig is? De mythe is in sommige opzichten sterker dan het rationele betoog. Want juist als het om de fundamentele vragen van het mens-zijn gaat, zegt een goed verteld verhaal vaak meer dan een academische lezing.

Juist over God kun je eigenlijk alleen adequaat spreken met poëtische middelen, in mythen, hymnen, psalmen, gebeden, liederen, verhalen. In ieder geval zó dat de existentiële betrokkenheid van de verteller voelbaar wordt. Dat is ook een van de redenen waarom ik in dit boek vaak voorzichtig en onder voorbehoud formuleer, en waarom ik zo vaak benadruk dat het bij alles wat ik schrijf om mijn eigen subjectieve zienswijze gaat, om mijn pogingen om de geheimenissen van God te begrijpen.

Misschien zouden er veel minder religieuze conflicten en godsdienstoorlogen zijn als er minder theologie zou zijn. Als we in plaats daarvan meer theopoëzie zouden bedrijven, elkaar verhalen zouden vertellen en liederen voor elkaar zouden zingen.[46]

Mijn eigen scheppingsverhaal

Zo zou een moderne scheppingsmythe er uit kunnen zien: In het begin van alle begin besloot God, het Grote Geheel, zichzelf in een wereld te scheppen. Het Grote Geheel sprak tot zichzelf: ik ben volkomen, ik ben oneindig, ik ben onsterfelijk. Ik zou graag eens ervaren wat het betekent om onvolkomen, eindig en sterfelijk te zijn. En zo schiep God in zichzelf een onderscheid. Uit de Grote Eenheid ontstond een godvormig punt, de singulariteit. Daarin bevonden zich alle mogelijkheden: alle mogelijke natuurwetten, alle denkbare concepten van energie, materie, ruimte en tijd. Toen liet God los. De singulariteit explodeerde in een reusachtige oerknal. Uit de oneindige veelheid van mogelijkheden werd er precies één werkelijkheid gerealiseerd, precies één set van natuurwetten, van materiedeeltjes, precies die éne zwaartekracht en die éne lichtsnelheid. Door het explosieve uitdijen van de stip van het mogelijke ontstond de ruimte, en uit de opeenvolging van gebeurtenissen die zich ontspon, ontstond de tijd. Zo had God haar oneindige mogelijkheden radicaal ingeperkt, haar almacht radicaal begrensd – en toch bleef ze het Grote Ene, het Grote Geheel, één met zichzelf en toch ook rijk aan diversiteit. En God zag dat het goed was.

Geest vormde zichzelf tot energie en tot quarks en gluonen; daaruit kwamen weer elektronen, protonen en neutronen voort. Zo ontstonden deeltjes met massa die elkaar wederzijds aantrokken. In de loop van miljarden jaren die nog door niemand werden geteld, ontstonden kosmische stofwolken die door de zwaartekracht samenklonterden, er kwamen zwarte gaten en ziedende sterren die in cirkelbanen om de zwarte gaten dansten. Sommige van die sterren brachten planeten voort. En God zag dat het goed was.

Op een van die planeten (of op vele, dat weet God alleen) kookte een oersoep waarin aminozuren ontstonden, grote moleculen die zichzelf konden vermenigvuldigen. Net als in de oermaterie vormde God zichzelf hier eerst door klontering, maar vervolgens kwamen er cellen die steeds sterker onderling gingen verschillen. Meerdere cellen gingen samen en begonnen zich te specialiseren. Er ontstonden ledematen en zintuigen en, een uitvinding die God bijzonder goed beviel, geslachtsorganen. Zo was veiliggesteld dat de organismen nooit alleen voor zichzelf zouden leven maar elkaars gezelschap moesten zoeken. En God zag dat het goed was.

Er ontwikkelden zich gewervelde dieren, eerst in het water maar al gauw, na een paar honderd miljoen jaar, ging God in hen aan land. Vinnen werden poten en kieuwen werden longen, schubben werden haren en veren. In een mooi uitgebalanceerd spel van coöperatie en concurrentie ontstond een steeds rijkere en bontere veelheid van levende wezens. En God zag dat het goed was.

Veel van deze levende wezens waren inmiddels zo complex en hadden een dermate gedifferentieerd brein ontwikkeld dat ze in staat waren plannen te maken, werktuigen te gebruiken en onderling te communiceren. Een vierpotige soort die in de wouden leefde, verliet het bos en begon zich op de achterpoten op te richten. Door deze anatomische verandering konden de wijfjes hun nakomelingen niet meer in zich blijven dragen tot ze helemaal voltooid waren: ze waren nog niet af als ze geboren werden. De moeders moesten intensief voor hun kroost gaan zorgen. Uit deze zorg en uit het spel ontstonden woorden, gezongen en gesproken woorden, er ontstond een taal en zo ontwikkelde het brein van deze soort zich onstuimig en tot grote omvang. Zo was de mens ontstaan, en die was het eerste levende wezen dat zichzelf kon kennen of dat in elk geval probeerde. In hem begon God, die zich helemaal in zijn schepping had laten gaan, zich weer van zichzelf bewust te worden. En door de ogen van de mens keek God naar alles wat ze geschapen had, en zie, het was zeer goed.[47]

4 | Triniteit: God als schepper, schepping en communicatie

In deze scheppingsmythe klinkt al iets door van een van de centrale leerstellingen van het christendom, een leerstelling die tegenwoordig vaak als problematisch wordt ervaren: de triniteit of drie-eenheid van God. Daarmee wordt de leer bedoeld dat de ene God bestaat in drie 'personen': Vader, Zoon (Jezus Christus) en Heilige Geest. Die leer is ontwikkeld door de theologen van de eerste drie eeuwen van onze jaartelling. Ze zeiden: God is drie-een. Het Latijnse woord *trinus* waarvan de term triniteit komt, is een kunstmatig woord, speciaal bedacht om uitspraken over God te kunnen doen. De combinatie van *tres* (drie) en *unus* (één) werd *trinus*. Het Nederlandse woord drie-eenheid geeft daarom niet echt weer wat er bedoeld wordt. God is niet drie, hij is niet slechts één, hij is 'drien'*.

Het is niet pas in onze eeuw dat deze leer hier en daar zwaar onder kritiek komt te staan. Al in 1816 schreef Thomas Jefferson, de derde president van de Verenigde Staten en de auteur van de Amerikaanse Onafhankelijkheidsverklaring, in een brief aan een zekere heer Van der Kemp: 'Spot is het enige wapen dat men tegen onbegrijpelijke uitspraken kan inzetten. Een idee moet helder uitgewerkt zijn voordat de rede ernaar kan handelen; en geen mens heeft ooit een helder uitgewerkt idee van de triniteit gehad. Dat is gewoon abracadabra van kwakzalvers die zichzelf priesters van Jezus noemen. Als de triniteit begrijpelijk was, zou ze niet aan hun bedoelingen beantwoorden. Ze verschaffen zichzelf zekerheid door in het milieu waarin ze zich

---

* Haberer gebruikt hier in het Duits het woordje 'Dreins' waarin 'drei' en 'eins' ineengeschoven zijn.

bewegen, duisternis te verbreiden zoals een inktvis dat doet, om het ondoordringbaar te maken voor de ogen van de vijand die hen op de hielen zit. Zo houden ze zich verborgen.'[48] En dat is maar één voorbeeld. De ORANJE verlichte rede kan niets beginnen met de gedachte 'dat drie één zijn en één drie is; en dat toch één niet drie is en drie niet één.'[49] Ze kan dat allemaal slechts afdoen als 'mysticisme' en kwakzalverij.

Natuurlijk wisten ook de theologen van de BLAUWE bewustzijnsruimte in feite wel dat de triniteitsleer, en in het algemeen het spreken over God, begrensd is door de ontoereikendheid van de menselijke rede en van de taal: 'Zo leren wij van haar [de Heilige Schrift] *dat er één God is, maar dat die éne God Vader, Zoon en Geest is*. Daarmee is een uitspraak gedaan die voor het verstand volkomen onbegrijpelijk is: de leer die erin vervat is, behoort tot de zaken die we een mysterie noemen.' Deze zin staat als een soort opmerking vooraf boven een verhandeling over het wezen van de triniteit.[50]

Maar hoe komen we dan aan zulke mysterieuze leerstellingen? Het antwoord volgt onmiddellijk in het zojuist geciteerde boek: 'Van dit mysterie weten wij alleen uit de H. Schrift: alleen daarop is deze leer dus gebaseerd.'[51]

Dit is de klassieke BLAUWE opvatting: we snappen het weliswaar niet, maar aangezien het in de Bijbel wordt geopenbaard, is het de waarheid waarin we moeten geloven. Zo is het altijd geweest, zo zal het altijd blijven.

In de ogen van ORANJE is de leer van de triniteit hierdoor vooral een belediging voor het verstand, een ergerlijk stuk ballast, een overblijfsel uit het BLAUWE tijdperk waarin je 'gewoon moet geloven' – het kan eenvoudig worden afgeschaft zonder iets ervoor in de plaats. Volgens de ORANJE logica hebben 'de bisschoppen' in de vierde eeuw deze leer bedacht met het doel de gelovigen onmondig te houden, ze een ingewikkeld theologisch systeem voor te houden dat ze onmogelijk konden doorzien. Zo hebben 'de bisschoppen' hun macht geconsolideerd. Want het hele systeem moest woord voor woord geloofd worden, wilde je niet je eeuwige zaligheid verspelen.[52] Het was zaak om deze ballast zo snel mogelijk kwijt te raken om, niet meer gehinderd door zulke duisterlingenfantasie, het heldere schijnsel van de verlichting te volgen.

Ook GROEN kan met de triniteitsleer niet uit de voeten. Het GROENE bewustzijn begint zich wel geleidelijk los te maken van de ORANJE lineaire logica. GROEN kan best waardering opbrengen voor schijnbaar tegenstrijdige uitspraken in bijvoorbeeld het hindoeïsme of boeddhisme. Maar in de triniteitsleer ziet GROEN een hindernis voor de interreligieuze dialoog, vooral met de andere monotheïstische godsdiensten, het jodendom en de islam.[53] Deze beide godsdiensten, de oudere en jongere zuster van het christendom, benadrukken zeer beslist de eenheid en uniciteit van God. De 'geloofsbelijdenis' van de joden, het *sjema Jisraëel*, begint met de woorden: 'Hoor Israël: de Eeuwige is onze God, de Eeuwige is Eén.' De geloofsbelijdenis van de islam, de *sjahada*, zegt iets soortgelijks: 'Er is geen God dan God.' De voorstelling van drie 'personen', dus Vader, Zoon en Geest, lijkt in tegenspraak met het strenge geloof in de éne God. De beide zusterreligies verwijten het christendom dan ook dat het drie goden vereert en daarmee het geloof in de ene God verloochent.óor”

Maar de GELE bewustzijnsruimte houdt, zoals al vaker gezegd, van de paradox. Opeens begint de oeroude leer weer op te lichten – niet als een dogma waar je zonder vragen in moet geloven, maar als een heerlijk paradoxale benadering van een werkelijkheid die lineair logisch niet te bevatten is.

Als we proberen de omtrekken van dit nieuwe verstaan te schetsen, moeten we om te beginnen het begrip 'personen' nader beschouwen. Zoals geldt voor veel begrippen uit de theologische traditie, verstaat iemand in de eenentwintigste eeuw daaronder namelijk iets heel anders dan de mensen in de derde en vierde eeuw die het begrip drie-eenheid bedacht en de leer ontwikkeld hebben. Wij mensen van vandaag associëren het vooral met individualiteit: een persoon is een eenheid, onderscheiden van alle anderen, handelingsbekwaam, verantwoordelijk, vrij en zich van zichzelf bewust. Met andere woorden: een bewust individueel subject. Maar in die betekenis heeft de theologische traditie de uitdrukking niet gebruikt. Voor de kerkvaders was het zonneklaar dat de triniteitsleer niet drie individuen onder één noemer brengt. Integendeel: de ene God is op drie manieren te *ervaren*.

Hier bevinden we ons op een beslissend punt. De christenen van de eerste generaties *ervoeren* God op drieërlei wijze: eerst heb je God 'boven ons', de Schepper die alle menselijke voorstellingen overstijgt, de Eenheid die aan alles ten grondslag ligt – de 'Vader'. Vervolgens was daar de ervaring van de leerlingen* van Jezus die in de mens Jezus van Nazaret de aanwezigheid van het goddelijke ervoeren (meer daarover in het volgende hoofdstuk). Ze noemden Jezus Zoon van God of zelfs, omdat God immers Eén is en blijft, God zelf.[54] Dat is de God 'tegenover ons' die ons aanspreekt, de Logos, het 'Woord van God'. En ten slotte hadden de mensen de ervaring dat ze *in zichzelf* de toegang tot God vonden. Daarbij werd ook duidelijk dat godsvertrouwen geen menselijke prestatie of vaardigheid is. Ze konden hun eigen overgave in vertrouwen aan deze God niet zelf teweegbrengen, ze ervoeren het als een geschenk. Ze hadden de ervaring dat het niemand anders dan God is die 'in ons' werkt. Zo kan Paulus zeggen: 'God zelf is in u werkzaam en maakt u niet alleen bereid maar stelt u ook in staat om dat te doen wat hem welgevallig is.'[55] Zo hebben we dus een drievoudige ervaring met God:

* God als schepper, als bron en oorsprong van alle zijn;
* God als de mens Jezus van Nazaret, de Christus;
* God in ons, als heilige geestkracht, die ons beweegt en doet leven.

Het was deze drievoudige ervaring die het denken van de eerste christenen inspireerde en uitdaagde. Hoe kon het dat ze God zo divers beleefden als God toch één is? Dus spraken ze over drie manieren waarop we God kunnen ervaren, en aan elk van die manieren om God te ervaren beantwoordt een bepaald aspect van God. Daarbij moet je het begrip 'aspect' niet zo opvatten alsof het telkens om een 'deel' van God zou gaan. Nee, in elk van de drie manieren waarop God ervaren kan worden, is God helemaal aanwezig. Niet een derde deel van God, maar God helemaal – ook niet een fractaaldeeltje, maar telkens het hele hologram, om dat beeld nog maar weer eens te gebruiken. Dus de concrete ervaring die de mensen probeerden te duiden was de basis en het uitgangspunt voor het in hoge mate abstracte denken over het wezen van God. Weliswaar maakte de Romeinse keizer Constantijn tijdens het concilie van Nicea in het jaar 325 met een machtswoord een eind aan de geschillen rond het vraagstuk van de triniteit. Maar

---

* Hier en elders spreekt Haberer in het Duits telkens over 'Jüngerinnen und Jünger', dus met 'leerlingen' bedoelt hij uitdrukkelijk zowel vrouwen als mannen.

daaraan waren minstens honderd jaar voorafgegaan van intensieve discussies die niet alleen door theologen in hun ivoren torens werden gevoerd. In de hele christelijke wereld leidde het vraagstuk tot debatten onder leken, in gemeenten en families. De triniteitsleer is niet, zoals steeds weer gesuggereerd wordt, door 'de bisschoppen' uit de hoge hoed getoverd; de formulering van die leer kwam voort uit een echte wijdverbreide behoefte aan verheldering.

Dat is inmiddels 1700 jaar geleden. Toch geloof ik dat deze beelden in de GELE bewustzijnsruimte op een heel nieuwe manier kunnen gaan spreken. Als post-postmoderne mensen gaan we uit van het panentheïstische principe dat er geen absolute scheiding of tegenstelling is tussen God en de schepping, tussen God en de wereld en dus ook tussen God en ons, mensen. God is in alles en alles is in God, waarbij God niet opgaat in de wereld maar oneindig veel meer is dan alles en oneindig veel nieuwe, verrassende en creatieve mogelijkheden in zich heeft. Als dat ons uitgangspunt is, geeft ons dat een nieuw en spannend perspectief op de oude leerstellingen.

De eeuwige waarheid...

Vele mensen hebben de ervaring of weten intuïtief dat de wereld die we met de zintuigen ervaren, die we kunnen tellen, meten en wegen, niet alles is. Natuurlijk is ze werkelijk. Maar achter of onder of in alles bevindt zich een dieptedimensie waaruit alles ontspringt. Een zwijgen, een leegte of een onpeilbare volheid (wat paradoxaler wijze hetzelfde is als leegte), een eenheid voorbij alle onderscheid of daaraan voorafgaand. Deze dimensie is er altijd, ook al nemen we haar zo goed als nooit waar. Ze kan oplichten in diepe meditatie, in bijna-doodervaringen, in bepaalde 'grenservaringen'[56] of simpelweg in het aanvoelen, de intuïtie. Ze is even werkelijk als de concrete wereld, en velen zeggen dat ze zelfs op een bepaalde manier méér werkelijk is. Deze dimensie is de bron waaruit alles voortvloeit wat ons omgeeft en wat ons vervult, en je kunt haar in principe altijd en op ieder moment ervaren. Ze is niet iets anders dan de wereld die we concreet aantreffen en toch is ze totaal anders. Het is als met de munt die twee kanten heeft. Beide kanten zijn er altijd, er bestaan geen munten met slechts één kant.

Toch kan ik de achterkant alleen zien als ik de munt omkeer. Zolang ik gefixeerd ben op de voorkant, heb ik geen idee van de achterkant.

Kantelbeeld van www.SehtestBilder.de

Een beeld dat de zaak nog beter typeert omdat je er niets bij hoeft om te draaien, is het kantelbeeld. Dit bekende beeld toont een oude en een jonge vrouw, maar nooit beide tegelijkertijd. Afhankelijk van hoe we ernaar kijken, zien we de jonge mondaine schoonheid die het hoofd afwendt zodat we haar bijna van achteren zien – óf de oude vrouw met de grote neus waarop het neusje van de jonge vrouw de wrat is, terwijl het oog van de oude vrouw het oor van de jonge is en het halsbandje van de jonge vrouw de mond van de oude. Het zijn twee verschillende beelden die er beide de hele tijd zijn, en toch kunnen we er steeds maar één zien. Om het andere te zien, hoeven we niets te veranderen behalve de manier waarop we ernaar kijken. Op een dergelijke wijze kunnen we 'in, met en onder'[57] de wereld van de concrete verschijnselen de grond zien, de diepte, de leegte/volheid, het 'meer dan alles'. Alleen je manier van kijken is anders. Bij veel kantelbeelden is het in het begin lastig om het 'andere' beeld te leren zien. Maar als je het eenmaal gezien hebt, is het voortaan bij de eerste poging raak.

Dat is hoe ik het begrip transcendentie opvat. God is niet ergens aan gene zijde – die opvatting hebben we met BLAUW achter ons gelaten. God is midden in ons leven aanwezig en tegelijkertijd is hij de 'totaal andere'.[58] Wie ogen heeft om te zien, ziet God, en wie God eenmaal heeft ontdekt in de lijnen en vlakken van de alledaagse dingen, kan God niet meer over het hoofd zien. Wie God eenmaal heeft gezien, heeft een intuïtief weten over God als de scheppende eros, de kracht van de oneindige liefde die het al vervult en tegelijk omvat. God omvat alle mogelijkheden, hij is overstromende volheid en tegelijkertijd leegte zonder eigenschappen. Hij is de Schepper die de wereld van de verschijnselen uit zichzelf en in zichzelf voortbrengt: de 'Vader', de eerste persoon van de triniteit.

…is concreet

De wereld van de verschijnselen is in feite de keerzijde van de munt, het andere beeld van het kantelbeeld. Dat is de wereld die we om ons heen zien, opengevouwen in onvoorstelbaar veel details, in oneindige veelheid die zich nooit exact herhaalt: geen twee sneeuwvlokken, geen twee eikenblaadjes, geen twee eieren zijn voor de volle honderd procent gelijk aan elkaar. In de traditionele opvatting is deze wereld niet-God, ze is schepsel, radicaal van God onderscheiden zoals eerder beschreven, ja voor sommigen staat ze diametraal tegenover God. Maar vanuit een panentheïstisch perspectief is het beeld anders. De schepping is nu de keerzijde van God. En de theologische traditie kent een gedachtegang die als springplank naar dit besef kan dienen: dat is het denken over de tweede persoon van de triniteit, Jezus Christus, de Zoon. Over hem wordt gezegd dat hij waarlijk God is en waarlijk mens (meer daarover in het volgende hoofdstuk). Hij is 'door de Vader van eeuwigheid voortgebracht', dat wil zeggen, hij 'is er' van voor alle tijden. Hij is degene 'door' wie de schepping is gebeurd of 'in' wie alles geschapen is.[59] En tegelijkertijd is de mens Jezus van Nazaret een schepsel, geboren uit een concrete menselijke vrouw op een historisch tijdstip op een bepaalde geografische plek.

De klassieke visie is dat deze uitspraken enkel en alleen voor Jezus Christus gelden. Maar hoe zou het zijn als we Jezus Christus niet exclusief zouden opvatten maar exemplarisch? Als aan hem iets bijzonder duidelijk wordt wat voor ons allen geldt? De Amerikaanse franciscaner pater en spiritueel leraar Richard Rohr zegt in het al eerdergenoemde interview (zie noot 37) dat de incarnatie van God niet pas tweeduizend jaar geleden in een tochtige stal in Palestina heeft plaatsgevonden: 'De Christus wordt geboren op het moment dat God beslist om zich te laten zien, op het moment dat God beslist om zich te materialiseren. De moderne natuurwetenschap zou dat de oerknal noemen. De oerknal is de geboorte van Christus, 14½ miljard jaar geleden.'[60] De hele schepping is daardoor van goddelijke aard, ze is de concrete, fysisch bestaande 'andere kant' van God. De tweede persoon van de triniteit beperkt zich dan niet tot de historische mens Jezus van Nazaret – die is er zoiets als het demonstratiemodel van. Aan hem werd exemplarisch zichtbaar en ervaarbaar hoe God zich in de schepping uitdrukt en beweegt.

In de spirituele literatuur die grotendeels meer beïnvloed is door de oosterse religies dan door de zogenaamde christelijk-westerse traditie, wordt onderscheid gemaakt tussen zijn en worden, dus tussen het eeuwige onveranderlijke zijn dat geen eigenschappen heeft maar alles in zich draagt, en de wereld van de 'vormen', van de ontwikkeling. In die trant zouden we de Vader/Schepper als het Zijn kunnen typeren, het eeuwige, onveranderlijke, de leegte (die de potentialiteit van alles bevat en dus, zoals gezegd, op paradoxale wijze de tot overstromens toe gevulde volheid is). Christus, opgevat als prototype van de hele schepping, zou dan het Worden zijn, het Zijnde dat aan evolutie onderhevig is, dat zich in onvoorstelbaar vele verschijningsvormen ontvouwt en 'incarneert'.

Maar als het zo is dat de kosmische Christus zich niet slechts eenmaal incarneert in de mens Jezus maar dat de hele schepping als incarnatie kan worden gezien, dan is deze wereld van het geschapene, de 'vormen' die we waarnemen en waarin we ons bewegen, niet iets toevalligs; dan is ze niet minder reëel dan de leegte/volheid waaruit alles ontspringt. Ze is net zo goddelijk als de oergrond, de Schepper, de Bron van alle zijn. Daarmee nemen we stelling tegen elke tendens om de schepping als iets minderwaardigs te zien, als iets dat moet worden overwonnen om tot het 'ware zijn' door te dringen. Ook moeten we tegen deze achtergrond kritisch staan tegenover het idee dat de aarde een 'jammerdal' zou zijn en dat al het lichamelijke zondig en slecht zou zijn; en ook tegenover iedere leer die stelt dat het concrete en aardse allemaal schijn en illusie zou zijn en dat het 'eigenlijke' de leegte is. De leegte mag niet uitgespeeld worden tegen de geschapen wereld van het concrete, want het zijn allebei manieren waarop het Ene Goddelijke zich vertoont.

De adem van God

Maar welke rol speelt dan de derde persoon, de Heilige Geest? Deze derde persoon is nogal ongrijpbaar. 'De wind waait waarheen hij wil; je hoort zijn geluid, maar je weet niet waar hij vandaan komt en waar hij heen gaat. Zo is het ook met iedereen die uit de Geest geboren is,' zegt Jezus volgens het Johannesevangelie.[61] Voor de Geest wordt een reeks van beelden gebruikt die allemaal dat ongrijpbare in woorden willen uitdrukken: een duif, 'tongen als van vuur,' de wind. In het boek *De uitnodiging* wordt de Heilige Geest belichaamd door een jonge Aziatische vrouw met de bijzondere naam Sarayu die voortdurend danst, zodat je haar nooit in rust kunt waarnemen; ze laat op je netvlies slechts een vluchtige en enigszins vervaagde indruk achter.[62] Dat klopt met de ervaring die mensen met de Heilige Geest hebben: die staat niet tot onze beschikking, je kunt hem niet bezitten, niet afdwingen en ook niet afbidden – de ervaring van Gods nabijheid in zijn Geest is voor niemand maakbaar. We kunnen alleen het oeroude Pinkstergebed nazeggen: *Veni, Sancte Spiritus* – Kom Heilige Geest! En toch hoort hij er helemaal bij. De theologen van de vroege kerk hebben over God de Vader en de Zoon en hun onderlinge verhouding veel met elkaar van mening verschild, maar over de Heilige Geest zijn in de westerse (katholieke) kerk maar weinig geschillen overgeleverd.[63] Toen de verhouding van Vader en Zoon eenmaal helder gemaakt was, bleek de Heilige Geest er plotseling gewoon bij inbegrepen te zijn.

Gods Geest is het verbindende: zoiets als het snijpunt tussen het eeuwige onveranderlijke Zijn dat we met de eerste persoon van de triniteit associëren, en het concreet gewordene en wordende dat we in de tweede persoon van de triniteit zien. Zij[64] brengt samen wat bijeen hoort. Met het beeld van de twee kanten van een munt zouden we kunnen zeggen: de Heilige Geest is de munt zelf, de dragende substantie die voor- en achterkant met elkaar verbindt. Met het kantelbeeld zou de Heilige Geest de instantie zijn die het ons mogelijk maakt om zowel de oude als de jonge vrouw te zien en tussen beide te schakelen. Zo maakt ze het mogelijk dat we zien en begrijpen, ze is communicatie en inzicht, ze verbindt 'hemel' en aarde.

Zodoende is de Geest ook de aanwezigheid van God zoals we die kunnen ervaren, dus in zekere zin het snijpunt tussen God en mens. In ons mensen is ze de plek waar het 'holografische fractaal' van het oneindige één wordt met het gewordene, individuele, het historisch unieke. Beide kanten horen er voor ons mensen onopgeefbaar bij, en Gods Geest, de derde persoon van de triniteit, staat voor die dubbelheid. Over haar kunnen we nog sterker dan over de Vader en de Zoon slechts in beelden spreken, en daar zijn er veel van. De derde persoon van de triniteit, *ruach* (Hebreeuws voor 'adem, windvlaag, lucht in beweging', grammaticaal vrouwelijk – in het Grieks *pneuma*, Latijn *spiritus*), is net als Sarayu in de roman *De uitnodiging* altijd in beweging, ze laat zich niet vastpinnen, ze raakt ons en beweegt ons zoals zij het wil.

Een vaak gebruikt beeld voor de Heilige Geest geeft nog iets anders aan. 'God is liefde', zegt de Eerste Brief van Johannes, en van daaruit is de volgende gedachte ontstaan: bij de liefde hoort een persoon die liefheeft en een persoon die geliefd wordt, en ten slotte ook de liefde zelf als daad van verbinding. Als we de Vader als de liefhebbende zien en de Zoon als de geliefde, dan is de Geest de 'liefdeband' die beiden verbindt – aldus kerkvader Augustinus (354-430 n. Chr.). Op vergelijkbare wijze, zij het met een ander accent, wordt het in de twaalfde eeuw beschreven door de theoloog Richard van St. Victor. Ook bij hem is de Vader de liefhebbende en de Zoon de geliefde, maar de liefde heeft altijd een derde nodig. Bij Richard ziet dat er ongeveer zo uit: om het hoogste goed te zijn zou God er genoeg aan hebben om één te zijn. Als God *liefde* is, zijn er twee nodig: liefhebbende en geliefde; want een monade die aan zichzelf genoeg heeft, kan niet liefhebben (immers: wie dan?). Maar om de liefdesrelatie volkomen te maken is de *vreugde* nodig, en die komt van een derde instantie, het 'mee-geliefde'. Hoezeer twee ook van elkaar houden, ze zullen zich pas echt verheugen als er een derde bijkomt. We denken dan misschien aan een paar dat een kind krijgt. Voor de monnik Richard van St. Victor was het de broedergemeenschap, maar het kan ook heel profaan een gezamenlijke bezigheid zijn, een hobby, een goede maaltijd, een gemeenschappelijke vriendenkring. Pas door het derde, het 'mee-geliefde', wordt de liefde volkomen, en voor Richard is dat waarom God drie-in-een is.

De Heilige Geest is de verbindende kracht die samenbrengt wat bij elkaar hoort. Mensen kunnen haar ervaren als de kracht die hen in contact brengt met God en met hun medemensen. Effecten, 'vruchten' van de Geest zijn 'liefde, vreugde en vrede, geduld, vriendelijkheid en goedheid, geloof, zachtmoedigheid en zelfbeheersing' (Galaten 5,22v), bijna allemaal sociale deugden, de basis voor een goed samenleven. Gods Geest is de bron van moed en vastberadenheid, ze schenkt troost en zekerheid. Zo ervaren mensen dat.[65]

Samenvattend: drie dingen zijn voor mij belangrijk aan de triniteitsleer. Ten eerste: de uitspraak dat God één is, klopt weliswaar. God is één en heeft daarmee aan zichzelf genoeg. Maar tegelijkertijd is God relatie, communicatie, en dat vanuit haar diepste ware wezen. In zichzelf is God communicatie, in zichzelf is zij liefhebbende, geliefde en de liefdeband of het 'mee-geliefde' ineen. Dat is voor mij een wezenlijk verschil met het godsbegrip van de filosofie dat zegt dat God onbewogen, onberoerd en absoluut vrij van behoeften is. Nee, zegt dit christelijke beeld, God is behoeftig in zijn diepste wezen, want wie liefheeft heeft de geliefde nodig, ze hunkert naar hem, zonder hem zou ze incompleet zijn. God kan niet zonder communicatie zijn, God is wezenlijk relationeel. Het Al-Ene is nu eenmaal niet alleen. God is niet het Zijn dat eeuwig in zichzelf rust, maar relatie die van zichzelf eeuwig dynamisch is, een eeuwig Jij en Jij en Jij.

Ten tweede: God en de wereld zijn niet aan elkaar tegengesteld. In het 'prototype' Jezus Christus wordt zichtbaar dat de geschapen wereld deel uitmaakt van de godheid; Gods wezen sluit het menselijke in. Dat betekent: ook wij zijn een met God, ook wij hebben deel aan zijn wezen. In gebrokenheid weliswaar en vertroebeld, zoals we later nog zullen zien, maar in de kern zijn we van goddelijke aard.

En ten derde: leed en dood zijn God niet vreemd. God is onsterfelijk, almachtig en eeuwig – *en* God is sterfelijk, machteloos en vergankelijk. Want in de tweede persoon van de triniteit, in Jezus die aan het kruis gestorven is, heeft God het mensenleven in zichzelf 'ingelijfd' – en daarmee ook het menselijke lijden en sterven. Ook deze gedachte zal ik verderop nog uitwerken.

5 | De vraag naar de Vader, de vraag naar het kwaad

Over de dode Christus en de mondigheid van Gods volwassen kinderen

In het vierde semester van mijn studie kwam ik voor het eerst in aanraking met een fascinerende korte tekst die me sindsdien nooit meer helemaal heeft losgelaten en die mij telkens opnieuw bezighoudt. Hij stamt van de dichter Jean Paul Friedrich Richter (schrijversnaam Jean Paul) en is als ik dit schrijf 222 jaar oud – hij werd in 1797 gepubliceerd. De titel: 'Rede des toten Christus vom Weltgebäude herab, dass kein Gott sei' ('Rede van de dode Christus vanaf het wereldgebouw, dat er geen God is'). Deze huiveringwekkend mooie tekst wordt beschouwd als 'sleuteldocument van het moderne atheïsme'.[66]

De auteur vertelt over een droom waarin hij zichzelf ziet op een kerkhof. De doden staan op uit hun graven en verzamelen zich voor het altaar van de vervallen grafkapel. Alles is grimmig en griezelig, in schaduw en nevel gehuld. Dan gaat het zo verder:

> *Toen daalde vanuit den hoge een rijzige, nobele gestalte, zijn gezicht vertekend door onvergankelijke smarten, op het altaar neer, en alle doden riepen: 'Christus! Is er geen God?'*
> *Hij antwoordde: 'Er is er geen.'*
> *Van al die doden begon de gehele schaduw nu te beven, niet alleen de borst, en de een na de ander werd door dat sidderen verscheurd.*
> *Christus vervolgde: 'Ik ging door de werelden, ik steeg op in de zonnen en vloog met de melkwegen door de hemelwoestijnen; maar er is geen God. Ik daalde af, zo diep als het Zijn zijn schaduw werpt, en blikte in de*

*afgrond en riep: Vader, waar ben je?, maar ik hoorde alleen de eeuwige storm waarover niemand heerst, en de glinsterende regenboog van wezens stond boven de afgrond zonder een zon die haar schiep, en ze droop naar beneden. En toen ik boven mij zocht naar het goddelijke oog, staarde de onmetelijke wereld mij aan met een lege bodemloze oogkas; en de eeuwigheid lag op de chaos en vrat die op en herkauwde zich. – Schreeuw het uit, dissonanten, schreeuw de schaduwen aan flarden; want Hij bestaat niet!' De verbleekte schaduwen losten in slierten op, zoals witte damp die door de vorst ontstaat, oplost in een warme ademtocht, en alles werd leeg. Toen kwamen, ondraaglijk voor het hart, de gestorven kinderen die in de Godsakker wakker geworden waren, de tempel in, ze wierpen zich neer voor de rijzige gestalte bij het altaar en zeiden: 'Jezus! Hebben we geen Vader?' – en hij antwoordde terwijl tranen over zijn gelaat stroomden: 'We zijn allemaal wezen, ik en jullie, we zijn zonder vader.'**

De beschrijving van het steeds griezeliger wordende tafereel gaat nog een hele tijd door voordat de verlossende woorden volgen: '*... en ik ontwaakte.*' Het was allemaal maar een boze droom, en de verteller besluit: '*Mijn ziel weende van vreugde dat ze weer tot God kon bidden, en de vreugde en het wenen en het geloof in hem waren het gebed.*'

De Nederfrankische domineeszoon Jean Paul, die zijn theologiestudie opgaf omdat zijn twijfels te groot waren, speelt hier vol griezelgenot met de vraag hoe het zou zijn als er geen goddelijke Vader was. En ik weet niet helemaal zeker waarmee hij zich meer identificeert: met de inhoud van de droom of met de opluchting bij het ontwaken.

In die inleidende collegereeks destijds leerden we deze tekst kennen als een voorbeeld van het nihilisme, en hij klinkt inderdaad niet zo hoopvol. Voor een bewustzijnsruimte waarin de hemelse Vader een centrale plek inneemt, is het de totale catastrofe: 'Kinderen, we hebben geen Vader!'

Vanuit een posttheïstisch begrip kan datgene wat in deze droom wordt geschouwd, ook anders worden geïnterpreteerd. Want wij kunnen inderdaad niet meer met Friedrich Schiller (een tijdgenoot van Jean Paul) zingen: 'Broeders, boven 't sterrendak / moet een goede

* Vertaling door Anneke Brassinga in het essay 'Over het optillen van een kind' in haar essaybundel *Grondstoffen*, De Bezige Bij 2015.

Vader wonen.' Het kan een hele schok zijn als je dat voor het eerst aan jezelf toegeeft: het kan aanvoelen alsof we nu helemaal alleen op de wereld zijn. De consequentie is dat we nu zelf volwassen moeten worden.

Voor mijn eigen vader was het beslist een opluchting en gaf het voldoening toen wij, zijn kinderen, allemaal een beroep hadden waarvan we konden leven en toen we zelfstandig met partners en gezinnen ons eigen leven leefden. Want dat is een groot deel van onze levensopdracht: leren op eigen benen te staan, verantwoordelijkheid voor onszelf te nemen. Als een man van veertig nog bij zijn ouders woont, geen vaste baan heeft en zijn moeder voor hem laat koken en de was laat doen, dan heeft hij deze levensopdracht niet onder de knie en slaat hij een nogal treurig figuur.

Ik geloof dat we deze levensopdracht ook in spirituele zin hebben. Velen van ons zijn de hemelse Patriarch kwijtgeraakt. Dan is het zaak om op een volwassen manier onze verantwoordelijkheid te nemen en als spiritueel volwassen mensen ons eigen leven te leiden.

Daarbij zijn we niet helemaal op onszelf aangewezen. Toen mijn vader stierf – al vroeg, hij werd maar net 62 jaar oud – was ik niet alleen. Want om te beginnen draag ik hem in me, zijn genen leven in mij, hij heeft mij waarden, houdingen en doelen meegegeven. En verder had ik mijn broers en zussen, ik had mijn vrouw, ik had mijn vrienden. En in het griezelvisioen van Jean Paul is altijd nog Christus aanwezig *die door de werelden reisde, naar de zonnen opsteeg en met de melkwegen meevloog*. Een goddelijk wezen, waarlijk God en waarlijk mens, zoals wijzelf. Die waardigheid mogen en moeten we ons eigen maken: we leven als volwassen zusters en broers met Jezus Christus.

Maar heeft Jezus niet met nadruk gezegd: 'Als jullie niet omkeren en worden zoals de kinderen, zul je niet in het rijk van God komen'?[67] Jawel, en het is de moeite waard om zorgvuldig naar deze uitspraak te luisteren (dat geldt voor de meeste uitspraken die we van Jezus kennen). Jezus zegt niet: je moet *blijven* als de kinderen. Hij zegt ook niet: je moet *weer* als kinderen worden. Zijn oproep wijst niet terug naar een zogenaamd gouden kindertijd: ze wijst vooruit. Jezus bedoelt zéker niet dat we infantiel en onzelfstandig moeten zijn.

Het doet me denken aan de tekst 'Over het marionettentheater' van Heinrich von Kleist, een van de weinige *highlights* van het vak

Duits op het gymnasium die me zijn bijgebleven. Von Kleist spreekt daarin over de spontane, onbewuste gratie in de beweging van een jonge man die zichzelf daarbij toevallig in de spiegel ziet, en nu probeert die bekoorlijke beweging te reproduceren. Maar dat lukt hem niet. De onschuldige gratie gaat verloren op het moment waarop ze tot zijn bewustzijn doordringt. Om haar terug te winnen, moet hij heel, heel veel oefenen, hij moet bewust zijn bewegingen bestuderen en met andere vergelijken, hij moet trainen met een leraar en voor de spiegel om ooit, als hij een meester is geworden, opnieuw over die gratie te beschikken – dan echter niet meer onschuldig en onbewust, maar bewust en reproduceerbaar. Hij kan niet simpelweg terugkeren naar het uitgangspunt, er is geen weg terug. Nu hij eenmaal vertrokken is, moet hij al maar verder gaan, totdat hij de hele aardbol rondgegaan is en op een gegeven moment weer aankomt bij het punt waarvan hij is vertrokken, maar nu met de ervaring van de hele wereld in zijn bagage.

Op die manier moeten we *worden* als de kinderen. Het gaat erom opnieuw die levendigheid, die weetgierigheid, dat kinderlijke vertrouwen aan te leren. Een kind beleeft veel dingen voor de eerste keer. Het kan uren naar een mier kijken of in een hoop dorre bladeren woelen op zoek naar een schat die het daar hoopt te vinden. Wij volwassenen daarentegen kennen alles al. Wij zijn de verbazing kwijtgeraakt. We hebben alles al gezien, we weten het wel. We benaderen de wereld en onze medemensen niet met vragen maar met antwoorden. We willen ons liever niet meer laten verrassen. We zijn gesetteld en hebben de wereld ingedeeld in goed en kwaad, vriend en vijand, saai en opwindend. Naar mijn overtuiging is dat de houding die Jezus bij zijn vrienden wil uitdrijven. Hij is niet bereid om zich door slechte ervaringen te laten leiden. Hij kijkt niet naar het verleden van de mensen die hij ontmoet, maar naar hun mogelijkheden. In de vrouw die alle anderen alleen als 'zondares' kennen, ziet hij iemand die veel liefde te geven heeft.[68] In de schurk Zacheüs[69] ziet hij niet de egoïstische collaborateur en oplichter, maar de mens die verlangt naar liefde en die ergens bij wil horen, een broeder, een kind van God – zoals hij ook zichzelf als kind van God zag.

Ja, ondanks alles zijn en blijven wij kinderen van onze Vader in de hemel, net zoals ik kind van mijn vader blijf ook al is hij al dertig jaar dood. Maar als Jezus spreekt over de 'hemelse Vader' bedoelt hij niet de alwetende Patriarch die ons laat zien waar het naar toe gaat. Hij bedoelt degene die voor ons zorgt als Bron en Oorsprong van het leven, als Rijk van mogelijkheden. Dat hoeft geen God naar theïstische opvatting te zijn. Als Jezus ons degene toont die de vogels van de hemel voedt,[70] schetst hij geen oude man met een baard die met een reusachtige zak vogelvoer door de wereld slentert en elk vogeltje onder de hemel zaadjes toewerpt. Nee, Jezus wil ons ertoe bewegen om vol verwachting en vol vertrouwen ons leven te leiden omdat al die zorgen niet helpen. Die maken niet dat het beter gaat, ze versmallen het leven maar en maken het triest omdat ze ons al van tevoren bij een mogelijke slechte afloop bepalen. De houding die ik bij Jezus zie, vind ik op zijn mooist en het meest beknopt verwoord in het bekende kleine gedicht van Hilde Domin[71]:

Ik zette mijn voet in de lucht
en het hield.

Is God rechtvaardig?

Nog niet zo lang geleden beleefde ik tijdens mijn vakantie iets aangrijpends. We waren in ons hotel juist klaar met het avondeten toen een vrouw in het restaurant een hartinfarct kreeg. Een toevallig aanwezige arts ging direct reanimeren en totdat de ambulance kwam, pasten verschillende hotelgasten afwisselend hartmassage toe. Maar alles tevergeefs. Ook de mensen van de ambulance konden de vrouw niet meer tot leven brengen; meerdere pogingen om het hart met de defibrillator weer aan het kloppen te brengen, bleven zonder resultaat. Hoewel ik vakantie had, liet ik weten dat ik predikant was, en omdat ik zijn taal niet heel goed beheerste, liet ik aan de echtgenoot vragen of ik iets kon doen. 'Het is zo onrechtvaardig, het is zo onrechtvaardig,' herhaalde hij telkens, zoveel verstond ik wel. Ook zonder echt met hem te kunnen spreken, probeerde ik er voor hem te zijn. Ik gaf zijn dode vrouw de afscheidszegen; dat gebaar begreep hij en hij was er dankbaar voor.

'Het is zo onrechtvaardig!' Ik kon de emotie begrijpen die in deze uitspraak werd verwoord, al wist ik helemaal niet zo precies wat hij eigenlijk onrechtvaardig vond. Het feit dat hij nu alleen verder moest leven? Ik heb het hem niet gevraagd en dat zou ik ook niet gedaan hebben als we dezelfde moedertaal hadden gehad. Maar hier en nu stel ik wél de vraag: wat is dan rechtvaardig? Is het rechtvaardig dat hij met zijn vrouw (zoals ik toen te weten kwam) vijfenvijftig jaar lang goed heeft mogen samenleven terwijl anderen hun partner veel vroeger verliezen, in een hel van een huwelijk zitten of drie keer een scheiding meemaken? Is het rechtvaardig dat hij in een rijk land leefde en met een kring van vrienden jarenlang met regelmaat vakantiereizen kon maken, terwijl anderen gebrek hebben aan het meest noodzakelijke voor hun levensonderhoud? Is het rechtvaardig dat zijn vrouw bijna tachtig is geworden terwijl mijn vader, die op een even dramatische manier overleed, maar net tweeënzestig werd? Wat is rechtvaardig?

Is God rechtvaardig?

Nee. Als we kijken naar alles wat we zien en meemaken, is God niet rechtvaardig, in ieder geval niet op de manier dat hij geluk en leed volgens een begrijpelijke verdeelsleutel 'eerlijk' uitdeelt zoals een moeder de koekjes tussen haar kinderen eerlijk verdeelt. Daarmee zijn we bij de netelige kwestie van de theodicee aangekomen: de vraag hoe we bij al het leed God toch rechtvaardig kunnen noemen. Het woord theodicee komt van het Griekse *theodikaiosis* en betekent letterlijk 'rechtvaardiging van God'. Hoe kan een goede God het leed en al het kwaad in de wereld toelaten? Zo wordt het ultieme vraagteken gezet bij de theïstisch opgevatte God. De vraag eist een antwoord en natuurlijk zijn er diverse pogingen gedaan om dat antwoord te geven.

De vraag naar Gods rechtvaardigheid was in Israël een van de wortels van het geloof in de opstanding van de doden en het laatste oordeel. Onder de Babylonische, Perzische, Hellenistische en ten slotte Romeinse overheersing deden de joden de ervaring op dat juist de vromen die zich aan Gods geboden hielden, het zwaar te verduren kregen – zowel van de kant van de bezetters van wie ze de heerschappij over het Heilige Land niet accepteerden, als van de kant van de meelopers onder hun eigen volksgenoten. De oude overtuiging dat de rechtvaardigen – de mensen die zich aan Gods geboden houden – een goed en lang leven genieten, klopte niet meer met de werkelijkheid. De ervaring dat goede daden niet door God of lot beloond werden maar juist ongeluk leken te brengen, deed pijn. Zodoende rees de vraag of er gerechtigheid zou zijn voor de slachtoffers. Als God rechtvaardig is, moet hij voor compensatie zorgen. Zo ontstaat de voorstelling dat de doden opgewekt worden en dat God de mensen zal berechten, een voorstelling die ook in andere culturen van het Nabije Oosten bestond, bijvoorbeeld in Egypte. De vromen en rechtvaardigen die op aarde moeten lijden, worden in het hiernamaals beloond; de vijanden van God en zijn rechtvaardigen worden bestraft. In het Nieuwe Testament zien we deze voorstelling bijvoorbeeld heel duidelijk in de gelijkenis over de rijke man en de arme Lazarus.[72] Elke bewustzijnsruimte heeft eigen modellen ontwikkeld om de vraag van de theodicee te beantwoorden. Zo wordt in de bewustzijnsruimtes ROOD (magisch-mythisch) en BLAUW (traditioneel-mythisch) het kwade als een tegenmacht tegenover God gezien: een als persoon voorgestelde satan strijdt tegen God en die strijd wordt op aarde uitgevochten. Daarnaast kan BLAUW goed uit de voeten met bijbelverzen als 'Mijn gedachten zijn niet uw gedachten, mijn wegen zijn niet uw wegen, spreekt de HEER'[73] of met vrome uitspraken als 'God kan ook met een kromme stok een rechte slag uitdelen'.

In ORANJE (modern) wordt soms de vrije wil van de mens erbij gehaald: God wil dat wij hem liefhebben, maar liefhebben kan alleen iemand die vrij voor de liefde kan kiezen. Dus heeft God de mens een vrije wil gegeven, maar de mens gebruikt die vrije wil vaak of uitsluitend voor egoïstische doeleinden. Maar voor velen gaat in ORANJE het geloof in God aan diggelen, het loopt stuk op de kwestie van de theodicee. Want ORANJE gaat logisch te werk en analyseert meedogenloos. Óf God heeft het lijden in de wereld zelf veroorzaakt en dan is hij een onrechtvaardige, grillige sadist; leed en geluk zijn duidelijk zeer ongelijk verdeeld, er is totaal geen sprake van een rechtvaardige orde. Óf God laat het leed toe, en dan zijn er opnieuw twee mogelijkheden: hij zou het wel kunnen verhinderen maar doet het niet – dan is hij alsnog een sadist; of hij kan er niets tegen doen – dan is hij zwak en helemaal niet almachtig. Voor velen die zich in de ORANJE bewustzijnsruimte bevinden, betekent de theodicee-kwestie dan ook dat het met het geloof in God over en uit is. Want ze willen zich niet toevertrouwen aan een zwakkeling en ook niet aan een sadist.

GROEN (pluralistisch) gaat een stap verder. Sommigen in deze bewustzijnsruimte wagen zich aan de gedachte dat God ook het kwade moet omvatten als hij alles in alles is. Thomas Mann schijnt gezegd te hebben: 'God is niet het Goede, maar het Geheel.'[74] Meester Eckhart heeft zelfs gezegd: 'In ieder werk, ook in het slechte, in het kwaad van de straf evenzeer als in het kwaad van de schuld, openbaart zich en straalt in gelijke mate Gods heerlijkheid.'[75] Deze uitspraak is een van de negenenveertig uitspraken waarvoor hij als ketter werd aangeklaagd; geen wonder, want dit staat diametraal tegenover de algemene verstandelijke opvatting van goed en kwaad. En toch, als God echt God is, moet God ook voor het kwaad in de wereld aansprakelijk zijn. Wie anders?

Zelf heb ik deze gedachte ooit in een minidialoog verwoord:

> A: 'Ik zou geen vertrouwen hebben in een God die verantwoordelijk is voor het kwaad en het leed in de wereld.'
> B: 'Ik zou geen vertrouwen hebben in een God die niet verantwoordelijk is voor het kwaad en het leed in de wereld.'

Waar het kwaad vandaan komt, zal altijd wel een mysterie blijven. De kwestie is met menselijke logica niet op te lossen en je komt er ook met paradoxale uitspraken niet echt uit. Uiteindelijk blijven alle pogingen om het kwaad en het leed te verklaren onbevredigend.

Toch wil ik proberen om te beschrijven hoe een postmodern-integraal bewustzijn met de theodiceekwestie zou kunnen omgaan. Want als we God niet zien als een hoogste wezen dat ergens aan gene zijde zetelt en van daaruit de lotgevallen van de mensen aanstuurt en ze hun levenslot toebedeelt, dan ziet de vraag er anders uit. Als de oude man met de baard op de wolk er niet meer is, die goede vader boven het sterrendak die op zijn kinderen past, dan hebben we ook niemand meer 'daarboven' die we voor het leed en het kwaad verantwoordelijk kunnen maken. Dan worden we eerder bepaald bij onze eigen verantwoordelijkheid om lijden en nood te verminderen.

Maar aardbevingen dan, vulkaanuitbarstingen, tsunami's, epidemieën en orkanen (voor zover die niet door de mens zijn veroorzaakt)? Wie is daar verantwoordelijk voor?

God, allicht. Het Grote Geheel. Wie anders? Er ís immers niemand en niets anders? Maar als we naar God kijken zoals ik het hier probeer en zoals het christendom het altijd al probeert, namelijk trinitarisch, dan ziet de kwestie er toch wat ingewikkelder uit. Dan is God namelijk niet (alleen) degene die de mensen slaat, maar dan is God ook degene die geslagen wordt. God is dan de veroorzaker van lijden en dood – en God lijdt en sterft zelf in en met ons mensen en de gehele schepping. God is dan niet meer de almachtige beheerder van goed en kwaad die naar goeddunken geluk en leed uitdeelt en die het kwade toelaat of zelfs schept. God is het totale complexe proces waarin goed en kwaad, geluk en leed ontstaan en oplossen. En misschien zullen we in de diepste diepte van het Zijn en van het kennen zien dat goed en kwaad, geluk en leed onafscheidelijk en onoplosbaar bij elkaar horen.

Natuurlijk is ook dit niet een antwoord dat onze behoefte aan een eerlijke verdeling van geluk en leed bevredigt. Ik geloof dat zo'n antwoord er niet zal zijn zolang wij bestaan binnen de grenzen van ruimte en tijd. Deze spanning kunnen we niet oplossen, we moeten ermee leven. Het is mijn hoop dat we ooit de begrenzing van ruimte en tijd achter ons laten en in een domein voorbij dood en leven terechtkomen. Daar en dan (hoewel de begrippen 'daar' en 'dan' in een toestand buiten ruimte en tijd geen betekenis hebben) zullen we inzien dat alles één is.

Paulus schrijft in het 'hooglied van de liefde' in zijn Eerste Brief aan de Korintiërs: 'Nu zien we nog maar een afspiegeling, een raadselachtig beeld, maar straks staan we oog in oog. Nu is mijn kennen nog beperkt, maar straks zal ik volledig kennen, zoals ik zelf gekend ben.'[76] Als we zullen kennen zoals we gekend zijn, zullen er geen vragen meer zijn. Of zoals Jezus het zegt in zijn afscheidsrede volgens het Johannesevangelie: 'Op die dag zullen jullie me niets vragen.'[77] We zullen misschien geen antwoord krijgen dat bevredigend is voor de kritische geest. Eerder zullen de vragen hun betekenis hebben verloren.

JEZUS CHRISTUS, WIE HIJ WAS EN IS

Tegen het einde van het vorige hoofdstuk schreef ik: 'God lijdt en sterft zelf in en met ons mensen en de gehele schepping.' Deze gedachte krijgt voor het christelijk geloof vanouds vorm in Jezus Christus. Wie was deze Jezus, wie is deze Christus? Dat ik hier twee verschillende werkwoordstijden gebruik – 'wie *was* Jezus, wie *is* Christus' – is geen vergissing en ook geen retorisch spelletje. Zo dadelijk zullen we zien dat het verwijst naar een van de fundamentele overtuigingen van het christelijk geloof. Laten we beginnen met de eerste vraag: wie was Jezus?

6 | De man uit Nazaret

Galilea tweeduizend jaar geleden, een afgelegen provincie van het Romeinse Rijk. Een voortdurende brandhaard, bewoond door – vanuit het heersende Romeinse gezichtspunt – onbeschaafde eigenzinnige mensen die hardnekkig vasthielden aan hun éēngodsreligie en die zich domweg niet wilden schikken in hun lot van onderworpenheid als schatplichtige provincie. Oproer en rebellie waren aan de orde van de dag, om de paar jaar stond er weer een *messias* op. Messias, in het Nederlands 'gezalfde', dat is de door God gewijde of gekroonde. De Griekse vertaling van het woord messias is *christos*. Mensen die zich *messias* noemden, waren doorgaans rebellenleiders die de gehate Romeinen uit het land wilden verjagen en het volk Israël zijn zelfstandigheid en (vermeende) grootheid terug wilden geven. Met zulke oproerkraaiers maakten de Romeinen korte metten zodra ze hen te pakken kregen – en ze kregen ze allemaal te pakken, vroeg of laat.

In de regeringsperiode van Tiberius (14-37 n.Chr.) trok er weer zo'n messias door het land, een zekere Jesjoea, in het Latijn *Jesus* – zoon van Jozef, uit het plattelandsgat Nazaret in Galilea. Hij verzamelde een groep aanhangers om zich heen, mannen en gek genoeg ook vrouwen uit het gewone volk. Hij had geen vaste woonplaats, dook nu eens hier, dan weer daar op, en predikte over een rijk van God dat zou komen: voor de Romeinen een uiterst bedenkelijke boodschap. Want dat rijk dat gesticht moest worden, konden de Romeinse bezetters alleen opvatten als concurrentie voor hun eigen heerschappij en dus als bedreiging.

Nu verschilde deze messias wel op een aantal punten van de revolutionairen van zijn tijd. Hij schijnt geen plan gehad te hebben om de

Romeinen te verjagen, hij pleegde geen aanslagen, verzamelde geen wapens of strijdgroepen, ontwikkelde geen guerillamethode. In plaats daarvan genas hij zieken en predikte aan de oever van het Meer van Gennesaret, op de marktplaatsen en in de synagogen. Als hij over het rijk van God sprak, ging het niet over een plotselinge gewelddadige omwenteling, nee, hij gebruikte metaforen waarin het om een verborgen geleidelijke groei ging: uit een piepklein zaadje – woorden van hem, Jezus – zou een grote boom groeien of een tarweveld rijpen. Hij deed ongewone dingen. Onder zijn aanhangers waren vrouwen die dezelfde status hadden als de mannen, en ook verder deed Jezus heel wat dingen die door zijn eigen volksgenoten niet alleen ongepast, maar zelfs verfoeilijk werden gevonden. Daarover straks meer.

Rond zijn dertigste was Jezus een soort beroemdheid geworden. Hij trok met zijn aanhangers naar Jeruzalem zoals vrome joden dat deden tijdens Pesach, het feest waarmee de joden tot op vandaag de bevrijding uit de Egyptische slavernij vieren. Voordat hij met zijn leerlingen samenkwam voor het traditionele feestmaal, bezocht hij de tempel. Maar niet om er te bidden of een offer te brengen. Integendeel, hij kwam in opstand tegen de orde van de tempel. Het Marcusevangelie vertelt nuchter: Hij 'begon iedereen die daar iets kocht of verkocht weg te jagen; hij gooide de tafels van de geldwisselaars en de stoelen van de duivenverkopers omver, en hij liet niet toe dat iemand voorwerpen over het tempelplein droeg.'[78] Het later ontstane Johannesevangelie maakt het droge bericht wat sappiger door te vermelden dat Jezus een zweep van touwtjes maakte en die ook gebruikte.

Met dat optreden sluit Jezus direct aan bij een traditie van cultuskritiek waarvan profeten als Amos en Hosea de grondleggers waren. Bij Amos, die rond het midden van de achtste eeuw v.Chr. optrad, klinkt het bijvoorbeeld zo: 'Dit zegt de Heer: Ik haat jullie feesten, Ik wijs ze af, jullie samenkomsten verdraag Ik niet. De brand- en graanoffers die jullie Mij brengen, aanvaard Ik niet; de vetgemeste beesten van jullie vredeoffers keur ik geen blik waardig. Bespaar mij het geluid van jullie liederen; de klank van jullie harpen wil ik niet horen.'[79] Deze profeten van wie Jezus het voorbeeld volgt, hebben in principe niets tegen de eredienst in de tempel. Maar ze verwijten de mensen dat ze de tempelcultus bedrijven als een soort plaatsvervangende praktijk. In plaats van zich aan Gods gebod van barmhartigheid te houden, bijvoorbeeld jegens de weduwen en wezen, de mensen die destijds sociaal het meest kwetsbaar waren, brengen ze liever offers en hechten er dan grote waarde aan dat die offers helemaal precies volgens de rituele regels worden voltrokken (vgl. Marcus 7,11). Dat is eenvoudiger: het kost alleen een beetje geld, niet een fatsoenlijke levenshouding. De uitroep van Amos is niet mis te verstaan: 'Laat liever het recht stromen als water, en de gerechtigheid als een altijd voortvloeiende beek.'[80]

Dat is de traditie waarin Jezus gaat staan. Zijn tamelijk gewelddadige optreden was geen driftige emotionele reactie op de chaos in de tempel, geen reactie in verontwaardigde shock – tenslotte was Jezus er al vaak geweest en was hij bekend met de gang van zaken. Het was eerder een goed gecalculeerde symbolische daad van politiek-religieuze aard. Door te verhinderen 'dat iemand iets over het tempelplein droeg' maakte hij ook de offerpraktijk onmogelijk, want daarvoor moesten voortdurend offerdieren, wierookvaten, rituele voorwerpen en alle mogelijke andere zaken heen en weer gedragen worden.

De tempel-aristocratie kon dat niet zomaar laten gebeuren. Ten eerste omdat een onderbreking van het tempelbedrijf natuurlijk zowel religieus als economisch een ramp voor de priesterklasse betekende. Maar ook collaboreerde de aristocratie met de Romeinse bezettingsmacht en moest ze garant staan voor een rustig en ordentelijk verloop van het openbare leven.

En dan gebeurt dit. Oproer in de tempel! Dat konden de Romeinen niet gebruiken, vooral niet op een tijdstip waarop de stad uit haar voegen barstte door de vele pelgrims die voor het feest gekomen waren. Wat deze merkwaardige vrome man van het platteland ook in zijn schild voerde, hij bracht de precaire vrede in de Romeinse provincie in gevaar. Jezus werd gearresteerd, verhoord in het Sanhedrin (de 'hoge raad', de hoogste religieuze en binnenlands-politieke instantie en tegelijk het hoogste joodse gerechtshof) en ten slotte aan de procurator Pontius Pilatus overgedragen. In het bijbelwetenschappelijk onderzoek is omstreden of Pilatus er zelf belang bij had om Jezus als vermeende messias te elimineren, of dat hij hem voor een onschuldige gek hield en met de terdoodveroordeling alleen de joodse elite wilde plezieren. Het resultaat was linksom of rechtsom hetzelfde: Jezus werd vanwege oproer veroordeeld tot de dood aan het kruis.

De kruisiging was de gebruikelijke straf voor opstandige slaven en rebellen, voor de Romeinen waren dat vergelijkbare categorieën. Er stonden talloze kruisen langs alle uitvalswegen in de rijksprovincies. Ook buiten de poorten van Rome zelf, langs de Via Appia, konden de gretige toeschouwers uit de stad altijd weer toekijken hoe veroordeelde rebellen en weggelopen slaven hun doodsstrijd streden terwijl ze, aan de armen opgehangen, vooraf vaak al gruwelijk gefolterd, langzaam stikten omdat hun eigen lichaamsgewicht hun stukje bij beetje de mogelijkheid tot ademen benam.

Een alledaags voorval dus, nauwelijks het noemen waard. De zoveelste rebel die zichzelf had overschat, en door de bezetters snel en efficiënt werd geliquideerd. Misschien was deze terechtstelling een onnodige overreactie, want Jezus had het weliswaar over een rijk Gods, maar zijn volgelingen vormden bepaald geen rebellenleger. Hij scheen het Godsrijk niet met geweld te willen realiseren, maar je kon nooit weten of zo'n verhaal toch niet een massabeweging zou ontketenen die uit de hand zou lopen en in een echte gewapende rebellie zou uitmonden. Juist gedurende de grote pelgrimsfeesten was Jeruzalem een kruitvat, en de bezetters wilden ook de kleinste vonkenregen voorkomen.[81]

Dat was dat. Over tot de orde van de dag.

Maar er gebeurde iets merkwaardigs. Eerst kwamen enkele vrouwen uit de kring van Jezus' leerlingen met de bewering dat Jezus niet dood was. Hij was weliswaar echt gestorven, maar daarna zou hij opgestaan zijn, zijn graf zou leeg zijn, hij zou leven. Al snel maakten ook de mannen van zijn aanhang zich deze bewering eigen. Ze waren na de executie van hun leider aanvankelijk ondergedoken, maar nu kwamen ze publiekelijk naar voren en spraken erover dat God deze Jezus tot leven had gewekt en dat zijn adem of 'geest' bij hen was.

Wat er destijds precies is gebeurd, kan niemand weten. Al gauw raakte de voor de hand liggende verklaring verbreid dat de leerlingen het lijk van Jezus hadden gestolen en dat alles verzonnen was. Door sommige christenen wordt deze verklaring overigens als bewijs gezien voor het feit dat de opstanding een reële historische gebeurtenis moet zijn geweest: de tegenstanders ontkennen immers niet dat het graf leeg was, maar geven er alleen een andere uitleg aan. Toch blijft de conclusie dat met geen mogelijkheid vast te stellen is hoe het in werkelijkheid is gegaan. Eén ding lijkt me echter van belang: ooggetuigen die beweerden dat de Opgestane aan hen was verschenen, namen voor die bewering meer dan eens vervolging, arrestatie, marteling en zelfs de dood op de koop toe. De overlevering kent geen enkel geval waarin iemand onder marteling heeft toegegeven dat het lichaam heimelijk is weggehaald. Integendeel: de aanhangers van Jezus waren zo overtuigd van hun boodschap en spraken er zo overtuigend over, dat er zich al snel een grotere groep vormde die het geloof in de opstanding deelde. Wat de vriendinnen en vrienden van Jezus ook overkomen is, het moet iets zijn geweest met zo'n impact dat mensen bereid waren om ervoor te sterven. Voor mij is dat een duidelijke aanwijzing dat de leerlingen de opstanding niet zomaar hebben verzonnen. Ze waren zelf diep overtuigd van de waarheid van hun verhaal, hoe je dat ook verder wilt verklaren.[82]

In het begin bleef de groep mensen die in de opstanding van Jezus geloofden beperkt tot Jeruzalem. Maar een paar jaar na de gebeurtenis begon dat geloof zich te verbreiden. De farizeeër Saulus van Tarsus, een Grieks opgevoede jood uit de diaspora, speelde daarbij een beslissende rol. Hij beleefde een verschijning waarbij hij door een fel licht werd verblind terwijl hij de stem van de Opgestane hoorde. Saulus veranderde daarop zijn naam in Paulus ('de geringe') en werd lid van de jonge christelijke gemeente. Na enkele jaren ging hij op reis om zelf de boodschap van de opstanding te verspreiden, eerst naar Klein-Azië en later ook in het Europese deel van Griekenland. Langs andere wegen bereikte de boodschap ook Rome, centrum en hoofdstad van de toenmalige westerse wereld. Ze verspreidde zich zo snel en zo grondig dat verschillende vervolgingen – waarvan de eerste onder de Romeinse keizer Nero in 64 of 65 n.Chr. plaatsvond – haar geen halt konden toeroepen. Driehonderd jaar later werd het christendom de officiële staatsreligie van het Romeinse Rijk: een gegeven dat door velen wordt geroemd als een grote doorbraak, maar door vele anderen wordt gehekeld als het begin van het einde van het authentieke christendom. En vandaag is het christendom met 2,3 miljard aanhangers de grootste van de wereldreligies,[83] verdeeld over honderden kerken, confessies, denominaties en andere groepen.

De grote onbekende

Wat voor een mens was dit, dat hij zo'n beweging kon ontketenen? Wat weten we over hem? Merkwaardig genoeg kennen we zo goed als geen historisch verifieerbare feiten over Jezus van Nazaret. Zelf heeft hij niets op schrift nagelaten. Buiten de verhalen van zijn aanhangers die in de Bijbel bijeengebracht zijn,[84] bestaan er slechts een paar kurkdroge verwijzingen naar hem in niet-bijbelse bronnen. Zo noemt de Romeinse geschiedschrijver Tacitus in zijn *Annalen* (116/117 n.Chr.) een zekere 'Chrestus' die onder keizer Tiberius door procurator Pontius Pilatus in Judea ter dood gebracht zou zijn. Tacitus noemt hem omdat keizer Nero zijn aanhangers de schuld gaf voor de brand van Rome. Ook een tijdgenoot van Tacitus, de historicus Suetonius (rond 120 n.Chr.), noemt alleen de naam 'Chrestus'.[85] Wat deze 'Chrestus' (Christus) voor een mens was, wat hij onderwees of hoe hij leefde, daarover vinden we buiten de Bijbel geen woord.

Om erachter te komen wie deze man was, moeten we dus de verhalen in de Bijbel onderzoeken. Voor de BLAUWE bewustzijnsruimte is dat ook afdoende. Daar werden en worden de bijbelse verhalen gezien als authentieke berichtgeving over een historische waarheid. Zoals het in de Bijbel staat, zo is het geweest.

Met zo'n benadering kan het ORANJE bewustzijn geen genoegen nemen. In 1835 publiceerde David Friedrich Strauss, theoloog in Tübingen, zijn boek *Das Leben Jesu, kritisch bearbeitet* (Het leven van Jezus kritisch onderzocht). Dit werk vormt een mijlpaal in het zogenaamde historisch-kritische bijbelonderzoek. Als de Bijbel geen heilige, door God zelf gedicteerde tekst is maar een historisch document, kan ze ook met historische en literair-wetenschappelijke methoden tegen het licht worden gehouden. Men begon dus de evangeliën systematisch te onderzoeken en vond onderling tegenstrijdige beschrijvingen van een en dezelfde gebeurtenis.

Om maar een voorbeeld te noemen: volgens het Marcusevangelie werd op de paasmorgen het lege graf ontdekt door drie vrouwen, namelijk door Maria Magdalena, Maria de moeder van Jacobus en ene Salome. Bij Matteüs gaat het om Maria Magdalena en 'de andere Maria', dus slechts twee vrouwen. Lucas noemt naast Maria Magdalena een Johanna en eveneens Maria de moeder van Jacobus en bovendien nog 'de andere vrouwen'; Johannes ten slotte noemt uitsluitend Maria Magdalena. Volgens Marcus zit in het lege graf 'een jongeman' in wit gewaad die de vrouwen zegt dat Jezus is opgestaan, bij Lucas zijn het 'twee mannen in blinkende gewaden', en Matteüs heeft het zelfs over een aardbeving en een engel die uit de hemel afdaalt, de steen van het graf wegrolt en de vrouwen toespreekt. Johannes geeft nog weer een andere versie: Maria komt alleen bij het graf, treft de steen weggerold aan, vlucht weg en zegt het tegen Petrus en de zogenoemde 'geliefde leerling' (die alleen in het Johannesevangelie voorkomt). Vervolgens haasten de beide mannen zich naar het graf en treffen het leeg aan; ze kunnen daar weinig mee beginnen en gaan weer naar huis. Pas daarna ontmoet Maria Magdalena bij het graf de Opgestane zelf, die ze echter aanvankelijk niet herkent en aanziet voor een tuinman.

Dat is maar een voorbeeld, maar het laat zien dat zelfs bij de gebeurtenis die voor het jonge christelijke geloof absoluut centraal staat, de verhalen op diverse punten sterk van elkaar afwijken. Het ORANJE historische intellect stortte zich met groot genot op zulke verschillen en tegenstrijdigheden en begon het historisch waarschijnlijke te scheiden van het historisch onmogelijke. Want vanuit het gezichtspunt van het ORANJE rationalisme gingen de wonderverhalen en met name de verhalen over de opstanding in tegen elk wetenschappelijk begrip. Ze werden gezien als legenden die de leerlingen na de dood van hun idool in omloop hadden gebracht.

Ruim honderd jaar na David Friedrich Strauss, in 1941, publiceerde Rudolf Bultmann, nieuwtestamenticus in Marburg, zijn essay *Neues Testament und Mythologie* (Nieuwe Testament en mythologie), waarin de programmatische woorden staan die ik eerder heb aangehaald: 'Je kunt niet werken met elektrisch licht en radio en bij ziekte naar moderne medische en klinische middelen grijpen, en tegelijkertijd geloven in de nieuwtestamentische wereld van geesten en wonderen.'[86]

Bultmann stelde dat het Nieuwe Testament 'ontmythologiseerd' moest worden. De 'mythische' elementen werden als vrome verzinsels opgevat, ontsproten aan een oververhitte religieuze fantasie. Wonderen en heldendaden waren 'verzonnen', en de oorspronkelijke overlevering was door redacteurs bewerkt, waarbij ze niet zelden veranderd of 'overgeschilderd' werd, sommigen zeggen zelfs 'vervalst'. De evangeliën zijn pas veertig tot zestig jaar na het openbare optreden van Jezus opgeschreven. Er waren al gemeentes ontstaan met elk hun eigen tradities, en de authentieke overleveringen over Jezus werden aangepast aan de ideeën en politieke behoeften van deze gemeentes. Zo worden bijvoorbeeld in het Johannesevangelie (dat volgens de meeste onderzoekers tussen de jaren 80 en 100 n.Chr. is opgeschreven) de tegenstanders van Jezus dikwijls plompverloren als 'de joden' aangeduid – ongeacht het feit dat Jezus en zijn volgelingen zélf joden waren. 'De joden' willen dat Jezus gekruisigd wordt, terwijl volgens het Johannesevangelie die arme procurator Pontius Pilatus (die in werkelijkheid een wrede bloeddorstige tiran was) Jezus het liefst zou hebben vrijgelaten. In een tijd waarin de eerste christenvervolgingen reeds hebben plaatsgevonden, leek het van belang om niets te doen wat bij de Romeinen irritatie zou oproepen. Daarom wordt in de verhalen over de kruisiging de rol van de Romeinen kleiner gemaakt: het was vooral de heersende priesterklasse die van een religieuze dissident af wilde.

Als je dus precies zou willen weten wat Jezus echt gezegd en gedaan heeft, zou je 'achter' de bestaande bijbeltekst moeten zoeken. Door alles op te sporen en weg te snijden wat niet historisch is, zou je dan misschien de oorspronkelijke Jezus kunnen ontdekken, het religieuze genie, de voorbeeldige mens die je kunt navolgen.

Zo wil het ORANJE bewustzijn te weten komen 'hoe het echt was'. Daarbij doet zich wel een probleem voor: de onderzoekers van het leven van Jezus komen niet tot eensluidende resultaten. De grote theoloog, musicus en arts Albert Schweitzer publiceerde al in 1913 een boek over de geschiedenis van het onderzoek naar de historische Jezus (*Die Geschichte der Leben-Jesu-Forschung*) waarin hij laat zien dat de verschillende onderzoekers niet zozeer de historische Jezus zichtbaar maken, als wel de projectie van hun eigen Jezusbeeld, hun eigen vooropgezette aannames over wie en hoe Jezus zou zijn geweest. En hoewel de theologische en historische wetenschappen sindsdien niet hebben stilgestaan en hun methoden veel verfijnder zijn geworden, zien we dat in feite ook vandaag nog steeds gebeuren. Het lijkt onmogelijk om de 'echte' Jezus op het spoor te komen: in plaats daarvan vinden we talloze interpretaties van zijn persoon. Je vindt boeken met titels als *Jezus de jood* en *Jezus de Christus* maar ook *Jezus de kapitalist*. Jezus wordt voorgesteld als wijsheidsleraar, wonderdoener, magiër, dichter, de eerste nieuwe man, zelfs als zenmeester. De nieuwtestamentische wetenschap ziet hem als radicale reizende prediker, als rebel, guerrillaleider, sjamanistische genezer of rabbijnse leermeester. Er zijn verschillende methoden om te bepalen welke uitspraken in de evangeliën echt op Jezus zelf teruggaan (zijn *ipsissima vox*, zijn hoogsteigen stem) en welke van de daden die verteld worden echt hebben plaatsgevonden. Die verschillende methoden leiden tot verschillende uitkomsten, die altijd weer beïnvloed kunnen zijn door de ideeën over Jezus die de betreffende onderzoeker al van tevoren had.

Het *Jesus Seminar* bijvoorbeeld, opgericht in 1985 in de VS. Deze groep van enkele tientallen befaamde onderzoekers van het Nieuwe Testament, beschouwt slechts ongeveer 15 procent van alle uitspraken van Jezus in de vijf evangeliën[87] als 'echt'. Het betreft onder andere de aanspreektitel 'Vader' voor God, de zin uit de Bergrede 'Heb je vijanden lief', en vijf gelijkenissen. Alle wonderverhalen en de opstandingsverhalen worden als legendes beschouwd. De uitspraken van Jezus waarover alle onderzoekers het eens zijn dat het authentieke Jezuswoorden zijn, passen op één bierviltje.

Met de historisch-kritische methode, hoe belangrijk ze ook was en is, wordt niet het doel bereikt dat het ORANJE bewustzijn voor ogen had. Vandaag is de nieuwtestamentische wetenschap dan ook minder geïnteresseerd in de vraag welke zinnen, zinsdelen of trefwoorden direct uit de mond van Jezus zijn gekomen, zodat je ze met een voice recorder had kunnen opnemen. De vraag naar de *ipsissima vox* is niet meer de belangrijkste. Tegenwoordig wordt veel meer moeite gedaan om de boodschap van Jezus in haar totaliteit te reconstrueren. Daarbij hoort ook de vraag, welke verhalen en uitspraken vanuit het perspectief van ná Pasen het optreden van Jezus weergeven en duiden, en bij welke stukken in de evangeliën het gaat om gemeentetradities waarin de boodschap van Jezus al is 'doorvertaald' naar de context van de toenmalige gemeente. Want ten eerste is het helder dat de woorden van Jezus en de verhalen over zijn persoon pas enkele decennia na zijn dood zijn opgeschreven, en wel door mensen die ervan overtuigd waren dat hij is opgestaan. Ten tweede kun je er nauwelijks omheen dat Jezus opvattingen verkondigde en dingen deed die in zijn tijd heel ongebruikelijk en aanstootgevend waren. Sommige van zijn woorden en daden, zoals bijvoorbeeld zijn opstelling jegens vrouwen, gingen waarschijnlijk ook voor zijn eerste aanhangers te ver; bij de verhalen voegden ze daarom mogelijk hun eigen inperkende commentaar toe.

Toch kunnen we er wel van uitgaan dat de evangeliën de boodschap van de historische Jezus in hoofdlijnen adequaat weergeven, ook als de auteurs de verhalen hebben bewerkt en mogelijkerwijs veranderd. Een voorbeeld: men gaat ervan uit dat de Bergrede (Matteüs 5-7) geen woordelijk verslag is van een preek die echt zo gehouden is. Vermoedelijk hebben verschillende bewerkers ('redacteuren') overgeleverde woorden van Jezus verzameld, bij elkaar gezet, misschien in vorm op elkaar afgestemd – zodat bijvoorbeeld de zogenoemde antithesen ('Jullie hebben gehoord dat tot de ouden gezegd is ... maar ík zeg jullie ...') steeds op dezelfde manier zijn opgebouwd. De evangelisten hebben vervolgens uit deze collectie nog weer een eigen werkstuk gemaakt – dat kun je goed zien als je Matteüs 5-7 vergelijkt met Lucas 6,20-49: hetzelfde materiaal, maar voor een deel verschillend geformuleerd en verschillend geselecteerd. Toch kun je er gerust van uitgaan dat de zaligsprekingen en de antithesen in hun oorspronkelijke vorm op Jezus zelf teruggaan. Wie zou ze immers verzonnen moeten hebben en waarom? Welke meerwaarde zou de hypothese moeten hebben dat een volgeling deze teksten later een keer heeft bedacht? Is het waarschijnlijker dat zulke sterke woorden van Jezus zelf stammen of dat een vroegchristelijke prediker ze heeft bedacht en ze Jezus in de mond heeft gelegd? Waarom en waartoe zou hij dat gedaan moeten hebben? Is het niet waarschijnlijker dat het om authentieke herinneringen gaat die bewaard en doorverteld zijn, natuurlijk niet exact woord voor woord maar over het algemeen toch behoorlijk nauwkeurig. Je moet niet vergeten dat mensen in culturen waar slechts weinigen kunnen lezen en schrijven een veel beter en preciezer geheugen hebben dan wij, hedendaagse internetgebruikers, juist omdat ze niet even snel iets konden opschrijven.

Een portret van Jezus

Hoewel we dus geen geluidsopnamen van de preken van Jezus tot onze beschikking hebben, is in de evangeliën toch heel wat te vinden dat wezenlijk op hem teruggaat. Ik geloof dat daar de leer van Jezus min of meer authentiek wordt weergegeven, als het ware door een niet helemaal scherpgestelde cameralens. Maar ook bij een onscherp ingestelde lens kunnen we herkennen of we een man voor ons hebben of een vrouw, we zien of hij/zij groot of klein is, dik of mager, we herkennen misschien de kleur van de ogen en in ieder geval die van het haar. Dat betekent dat het historisch onderzoek wel degelijk een beeld van Jezus kan schetsen. Met de nodige voorzichtigheid wil ik nu proberen met een paar pennenstreken de man uit Nazaret te portretteren.

Laten we beginnen met zijn uiterlijk. Het is tamelijk zeker dat Jezus er niet zo uitzag als hij wordt voorgesteld in de westerse kunst, vanaf de gotiek tot in de hedendaagse film: zacht, met perfect geknipt haar (tussen bruin en blond in) dat tot op de schouder valt, zorgvuldig getrimde baard, met de ene hand het golvende gewaad tegenhoudend, de andere hand zegenend opgeheven, meer zwevend dan stappend door een idyllisch landschap, en altijd als hij zijn mond opendoet, beginnen de violen te snikken. Jezus zal er eerder oosters hebben uitgezien, met donkere teint, zijn haar eerder warrig en wild door elkaar, en met redelijke zekerheid heeft hij niet alleen zachtjes fluit gespeeld en de hele tijd lammetjes geaaid. Veel van zijn gedrag zou ons vandaag vreemd voorkomen – hij was immers een man uit een arm plattelandsmilieu in het Nabije Oosten, tweeduizend jaar geleden. De godsdienstwetenschapper Reza Aslan heeft in zijn boek *De zeloot* een indringend beeld van zo'n messias uit de oudheid getekend, en de Franse romanschrijver Emmanuel Carrère laat in zijn boek *Het Koninkrijk* in de marge van zijn verhaal een Jezus zien die hedendaagse vrome christenen zou afschrikken – maar toch schat ik in dat wat hij presenteert dichter bij de historische werkelijkheid staat dan veel van onze beelden van Jezus als de gedistingeerde stichter van de westerse cultuur met zijn blonde haar en blauwe ogen.

Niettemin: Jezus wordt als 'rabbi' aangeduid en moet dus tot de schriftgeleerden hebben behoord. Velen denken ook dat hij een farizeeër was en zien zijn twistgesprekken met 'de farizeeërs' in het kader van de gebruikelijke farizese debatten. We kunnen dus veilig aannemen dat Jezus kon lezen en schrijven. De stad Kafarnaüm, waar zijn publieke optreden begon, was een Romeinse garnizoensstad. Het is niet onwaarschijnlijk dat Jezus ook over enige kennis van de Latijnse en Griekse taal beschikte. Intussen was hij ook een eenvoudige arbeider – de gangbare voorstelling van een timmerman met een eigen werkplaats kan nauwelijks kloppen.

Hij werd omgeven door een groep vrouwen en mannen die er al net zo onverzorgd uitzagen en in meerderheid ongeschoold waren. Het ging niet alleen om de twaalf leerlingen die we bij name kennen. De evangeliën maken melding van nog heel wat anderen; ergens is er sprake van dat Jezus zeventig leerlingen uitzendt om hem bij zijn verkondiging te helpen. En vooral: hij had vrouwen in zijn gevolg. Op zich is dat nog niet ongewoon. Maar bij Jezus speelden de vrouwen niet alleen de klassieke 'vrouwelijke' rol, die bestond uit het fysiek en emotioneel zorgen voor de mannen zodat die zich ongestoord aan hun 'mannelijke' activiteiten konden wijden. Jezus schijnt de vrouwen gelijke rechten als de mannen toegekend te hebben.

Neem bijvoorbeeld Maria van Betanië (een ander dan de beroemde Magdalena) die 'zich aan zijn voeten zette':[88] volgens de destijds geldende culturele codes betekent dit dat ze officieel zijn leerling was. Dan is er Magdalena, de eerste getuige van de opstanding, de 'apostel der apostelen' die de tegenstribbelende en ongelovige mannelijke leerlingen als eerste over de opstanding vertelt. Vervolgens zijn er vele andere, in meerderheid naamloze vrouwen die hem volgen. En vast en zeker waren er bij de laatste gemeenschappelijke maaltijd van Jezus, het beroemde 'laatste avondmaal', vrouwen en kinderen aanwezig. Jezus en de mensen die hem omringden waren joden en het laatste avondmaal was een pesachviering (ook wel *passa* of *pascha* genoemd), een echt familiefeest. Kinderen speelden, en spelen ook nu nog, bij Pesach een onmisbare rol in de dramaturgie van die avond: ze stellen de beslissende vragen. Het is niet voorstelbaar dat de jood Jezus zich op deze avond met twaalf andere mannen opgesloten zou hebben en vrouwen en kinderen erbuiten had gelaten. De katholieke opvatting dat alleen mannen de eucharistieviering mogen leiden omdat Jezus bij die bewuste maaltijd alleen mannen om zich heen had, gaat op zijn minst in dat opzicht voorbij aan de historische werkelijkheid.

7 | Jezus' boodschap, een 'grenzeloos' rijk

Het doorslaggevende aan de mens Jezus was zijn boodschap. Die boodschap wordt in het Marcusevangelie in één zin aldus samengevat: 'De tijd is aangebroken, het koninkrijk van God is nabij: kom tot inkeer en geloof dit goede nieuws.'[89] Het rijk van God is nabij – het is zelfs al aangebroken.

Met het beeld van het koninkrijk van God speelt Jezus in op een wijdverbreide verwachting onder zijn tijdgenoten. Vele joden leden onder de vreemde overheersing die nu al eeuwen aanhield: eerst hadden de Babyloniërs het land bezet, toen de Perzen, toen de Grieken en ten slotte de Romeinen. Het land werd als schatplichtige provincie meedogenloos uitgebuit. De tijdgenoten van Jezus wachtten hartstochtelijk op de verwerkelijking van de beloftes van sommige profeten: God zelf zou ingrijpen en de macht op aarde overnemen. Op die 'dag van Jahwe' zouden de verhoudingen eindelijk rechtgezet worden. Degenen die hem, de God van Israël, trouw waren gebleven, zouden beloond worden. Gods vijanden (en daarmee de vijanden van Israël) zouden daarentegen terechtstaan, bestraft en vernietigd worden. In deze context moeten we dus de hoop op de Messias begrijpen, de strijder-koning wiens hand door God geleid zou worden zoals het ooit ook ging bij Mozes, Jozua en David als de leiders van het volk Israël – de Messias zou dus de Romeinen vernietigend verslaan en uit het land verjagen. Dan kon het eindelijk vrede worden, de zwaarden zouden tot ploegscharen omgesmeed worden en de leeuwen zouden vredig grazen zij aan zij met de lammeren; alle volken zouden naar Jeruzalem komen om de ene ware God te aanbidden.

Bij deze voorstellingen en verwachtingen knoopt Jezus aan, maar hij transformeert ze op zijn karakteristieke manier. Het koninkrijk van God komt niet door oorlog en gewelddadige omverwerping, maar zachtjes, bijna onopgemerkt en toch niet te stoppen, zoals de tarwe groeit en groeit of zoals een klein mosterdzaadje een grote struik wordt. Ja, het rijk van God is al aangebroken. 'Als Ik door Gods hand demonen uitdrijf, dan is het koninkrijk van God bij jullie gekomen,'[90] zegt Jezus tegen zijn toehoorders, en: 'De komst van het koninkrijk van God laat zich niet aanwijzen, en men kan niet zeggen: "Kijk, hier is het!" of: "Daar is het!" Maar weet wel: het koninkrijk van God ligt binnen uw bereik.'[91]

Het Lucasevangelie vertelt dat Jezus na zijn doop naar de synagoge in zijn vaderstad Nazaret gaat, deelneemt aan de eredienst en daar gaat voorlezen uit de Bijbel. Hij slaat een passage in het boek Jesaja open en leest. 'De Geest van de HEER rust op mij, want hij heeft mij gezalfd. Om aan armen het goede nieuws te brengen heeft hij mij gezonden, om aan gevangenen hun vrijlating bekend te maken en aan blinden het herstel van hun zicht, om onderdrukten hun vrijheid te geven, om een genadejaar van de HEER uit te roepen.' Dan wordt verteld hoe Jezus de boekrol weglegt en zoals het gebruik was, de tekst uitlegt; maar hij geeft een verrassende wending aan zijn uitleg. Hij zegt tegen de mensen in de synagoge: 'Vandaag is deze schrifttekst in vervulling gegaan en jullie zijn getuigen.'[92] Het rijk van God is aangebroken en het laat zich eenduidig beschrijven: heling, vrijheid, einde aan de armoede.

Er is nog een verhaal dat duidelijk maakt hoe Jezus zich het koninkrijk van God voorstelt. Johannes de Doper, van wie Jezus aanvankelijk misschien wel een leerling was, laat vanuit de gevangenis aan hem vragen: 'Bent u het die komen zou, of moeten we op een ander wachten?' Jezus antwoordt: 'Zeg tegen Johannes wat jullie gezien en gehoord hebben: blinden zien en verlamden lopen, mensen die onrein zijn door een huidziekte worden gereinigd en doven horen, doden worden opgewekt en aan armen wordt het goede nieuws bekendgemaakt.'[93] Dat zieken genezen worden en de armen echt in beeld komen: dat zijn volgens dit verhaal onmiskenbare tekenen dat het rijk van God is aangebroken.

Jezus was zonder twijfel een genezer. Hoe dat er precies aan toeging, kunnen we nu niet meer vaststellen. Maar ook als de berichten over zijn genezingswonderen mogelijk hier en daar verfraaid en aangedikt zijn, kun je alleen al in het licht van wat er overgeleverd is, moeilijk ontkennen dat Jezus op veel mensen een helende uitwerking had, zowel lichamelijk als psychisch en sociaal. Daarbij is zijn genezende gave niets uitzonderlijks. Er zijn veel verhalen over wonderdoende genezers in de oudheid. Ook nu nog komen we zonder meer geloofwaardige meldingen tegen van wonderlijke genezingen, zowel binnen als buiten de kerken.

Daarbij zijn de genezingen niet het centrale gegeven. Jezus wil niet dat zijn aanhangers over de wonderen praten, hij wil niet bekend worden vanwege de genezingen. Het wezenlijke is zijn prediking. Zijn boodschap is radicaal, niet alleen voor toenmalige begrippen: ze is het nog steeds. Ze kan volgens mij in één enkele gedachte als in een brandglas worden gebundeld: in het rijk van God wordt de scheiding tussen binnen en buiten – de dragende pijler van de religie in de BLAUWE bewustzijnsruimte – opgeheven. Een wezenlijk kenmerk van BLAUW is het heldere onderscheid tussen 'ons' en 'hen', tussen rein en onrein, zwart en wit, boven en beneden, tussen zondaars en rechtvaardigen, mannen en vrouwen, eigen mensen en vreemdelingen, kortom: tussen degenen die erbij horen en degenen die er nu eenmaal niet bij horen. Jezus stelt dat onderscheid niet ter discussie, maar hij accepteert niet de *scheiding* die eruit volgt.

Dat kan op diverse terreinen worden geïllustreerd.

Rein en onrein

Het onderscheid tussen rein en onrein is een kernbestanddeel van de joodse religie waarin Jezus zelf thuis was. Reinheid en onreinheid hebben overigens niets met viezigheid of met hygiëne te maken: het gaat hier om cultische reinheid. Wie 'rein' is, mag aan de cultus deelnemen, dus in de nabijheid van God en zijn zegen verkeren – wie 'onrein' is, mag dat niet en leeft dus op afstand van God. Dat laatste betekent ook dat je op zijn minst tijdelijk, maar soms ook definitief, uitgesloten bent van de religieuze gemeenschap. Het was en is dus voor een vrome Jood heel belangrijk om verre te blijven van onreine dingen, personen of handelingen. Wie zich verontreinigd had, mocht het binnenste tempelvoorhof niet betreden en moest bewerkelijke reinigingsrituelen ondergaan. In de tijd van Jezus golden niet alleen de dingen als onrein die we wel kennen als het over koosjer eten gaat, zoals varkensvlees of de combinatie van vlees en zuivelproducten in de keuken (ossenhaaspuntjes in roomsaus zijn absoluut niet koosjer). Bloed gold bijvoorbeeld als onrein, en dus was een vrouw tijdens haar menstruatie onrein. Lijken waren onrein. Buitenlanders en mensen die een andere religie aanhingen dan het geloof in de God van Israël waren onrein. Eigenlijk was bijna de hele wereld onrein: voor het eten moest je je handen wassen, niet uit hygiënische overwegingen maar om je cultisch-religieus te reinigen van het vuil van de wereld.

Hier begint het voor Jezus. Hij bestrijdt niet dat er onreinheid is, maar hij definieert die anders. Als hem eens gevraagd wordt waarom zijn leerlingen hun handen niet wassen voor het eten, zegt hij: 'Niet wat de mond in gaat, maakt een mens (*in Gods ogen*, TH) onrein, maar wat de mond uit komt, dat maakt een mens onrein ... Zien jullie dan niet in dat alles wat de mond in gaat in de maag terechtkomt en in de beerput weer verdwijnt? Wat daarentegen de mond uit gaat komt uit het hart, en die dingen maken een mens onrein. Want uit het hart komen boze gedachten, moord, overspel, ontucht, diefstal, valse getuigenissen en laster. Dát maakt een mens onrein, niet eten met ongewassen handen.'[94]

Veelbetekenend is het verhaal waarin Jezus een vrouw ontmoet die sinds twaalf jaar niet te stelpen bloedingen heeft, daardoor als permanent onrein wordt beschouwd en vrijwel uitgesloten is van het sociale en religieuze leven. In de (PAARSE) hoop om genezen te worden door alleen maar het gewaad van de beroemde genezer aan te raken, raakt ze hem voorzichtig van achteren aan. Eigenlijk zou Jezus nu de vrouw moeten wegjagen en zelf een reinigingsritueel moeten ondergaan. Maar wat doet hij? Hij prijst het vertrouwen van de vrouw: 'Mijn dochter,' zegt hij tegen haar, 'je geloof heeft je gezond gemaakt,'[95] en op slag stoppen haar bloedingen.

Zo koppelt Jezus de vraag wat aan Gods wil beantwoordt (en dus 'rein' is) los van uiterlijk zichtbare gedragingen, van bloedingen en ongewassen handen, en verlegt de kwestie naar binnen, naar de subjectiviteit ('hart') en de intersubjectiviteit oftewel de communicatie: wat uit liefde en vertrouwen wordt gedaan, is 'rein,' wat uit eigenbelang, meedogenloosheid, onverschilligheid of haat jegens andere mensen wordt gedaan, is 'onrein', want het beantwoordt niet aan de wil van God.

Dat moet ook het motief zijn achter de 'tempelreiniging' waarover ik het al eerder heb gehad. Geheel in de traditie van de profeten met hun cultuskritiek eist Jezus overgave, barmhartigheid, oprechtheid, in plaats van de formele inachtneming van cultische reinheid en cultische offerrituelen. En zo kan hij ook met anderen die als 'onrein' gelden aan tafel gaan: met belastinginners ('tollenaars') die voor de Romeinen werken en zich daarom niet alleen politiek onmogelijk maken maar ook in religieuze zin onrein zijn, of met prostituees die (anders dan hun klanten) als 'zondig' en dus ook als cultisch onrein worden beschouwd. Met zulke mensen spreekt, viert en eet hij dikwijls en graag en dat is een gruwel in de ogen van de vromen. Minstens één belastinginner behoorde zelfs tot de nauwste kring van de 'twaalf', de symbolische stamvaders van het nieuwe volk van God dat niet gedefinieerd werd door cultische of etnische zuiverheid maar doordat het bij Jezus hoort, bij zijn boodschap over het rijk van God en de inclusiviteit daarvan.

Vrouwen en mannen

Jezus gedraagt zich tegenover vrouwen heel anders dan gebruikelijk was voor mannen in zijn tijd. Hij behandelt ze als gelijkwaardig en verzamelt een kring van vrouwelijke en mannelijke leerlingen om zich heen. Eén verhaal laat dat heel mooi zien: Jezus is eens te gast bij twee zussen, Marta en Maria. Maria is degene die 'aan zijn voeten zit', dus die zich gedraagt als een leerling, terwijl Marta opgaat in de traditionele vrouwenrol: zij kookt, reddert en regelt alles zodat de mannen lekker op hun gemak zijn en genoeg te eten hebben. Op een bepaald moment wordt het haar te gek en beklaagt ze zich bij Jezus dat haar zuster Maria haar toch, zeg nou zelf, bij de 'vrouwelijke' taken moet komen helpen. Jezus zegt dan: 'Marta, Marta, je bent zo bezorgd en je maakt je druk over zoveel dingen. Er is maar één ding noodzakelijk. Maria heeft het juiste gekozen, en dat zal haar niet worden ontnomen.'[96] Het 'juiste', dat is dat ze haar plaats als leerling kan en moet innemen, gelijkwaardig aan de mannen die Jezus volgen, Jezus keurt wat Marta doet daarmee niet af, maar nodigt haar uit om ook zelf los te komen uit het traditionele rollenpatroon.

Daarmee stond het gedrag van Jezus nogal haaks op de ideeën van zijn tijd. Daarom is het niet zo verbazingwekkend dat deze nieuwe en in de toenmalige verhoudingen ongehoorde rolopvatting al gauw weer verloren ging. Alle vier de evangeliën melden weliswaar dat de eerste ooggetuigen van de opstanding vrouwen waren. Dat is des te opmerkelijker als je weet dat vrouwen destijds in gerechtelijke zaken niet als getuigen mochten optreden: hun woord gold niet als betrouwbaar. De overlevering die Paulus in 1 Korintiërs 15 aanhaalt, laat de vrouwen daarom liever ongenoemd. In de Brief aan de Romeinen laat Paulus wél een zekere Junia groeten die hij als apostel aanduidt.[97] Theoretisch kan de naam Junia ook als Junias worden gelezen, dus als mannennaam. Alleen: de naam Junias voor een man komt in de hele literatuur van de oudheid geen enkele keer voor. Tot aan de dertiende eeuw stond het onder christelijke bijbeluitleggers buiten kijf dat hier een vrouw als apostel werd aangesproken. Later werd van haar alsnog een man Junias gemaakt – en pas de feministische theologie van de twintigste eeuw ontdekte dat bedrog en zette het weer recht.

Dat Paulus de vrouwen het spreken in de eredienst verbiedt[98] laat zien hoe snel zich de traditionele genderrollen weer hebben doorgezet in de jonge gemeentes. Paulus motiveert zijn strenge vermaning door te stellen dat het 'in alle gemeentes' zo geregeld zou zijn en dat het 'een vrouw slecht past in de gemeentebijeenkomst te spreken' – dat maakt zichtbaar hoe sterk ook al in de eerste gemeenten de traditionele sociale en culturele normen doorwerkten.

Des te verbazender en waardevoller is de vrijheid die Jezus toont in de omgang met vrouwen. Naast het genoemde verhaal over Marta en Maria zou ik drie voorvallen kort willen aanstippen. Het eerste is de al genoemde genezing van de 'bloedvloeiende' vrouw, het tweede speelt zich af bij een waterput. Jezus zit daar alleen, er komt een vrouw om water te putten. Het feit dat zij alleen komt en niet in gezelschap van andere vrouwen laat zien dat haar maatschappelijke reputatie waarschijnlijk niet zo best is – ze was, geloof het of niet, vijfmaal getrouwd geweest en leeft nu ongetrouwd met een zesde man samen. Daar komt bij dat ze een Samaritaanse is, lid van een religieuze minderheid. Jezus doet iets totaal onmogelijks: hij spreekt de vreemde vrouw aan en verwikkelt haar in een theologisch gesprek.[99] Dat was tegen alle gebruiken in, maar het toont nog maar eens de vrijheid van Jezus in de omgang met conventionele regels. In het derde verhaal ontmoeten we iemand uit een andere religieuze en etnische groepering, een 'Syro-Fenicische' vrouw. Ook met haar voert Jezus een theologisch gesprek en het verbazende is: hij laat zich door de vrouw overtuigen en wijzigt in de loop van het gesprek zijn mening – een onmiskenbaar teken van een volwassen persoonlijkheid.[100]

De joden en de anderen

Dat Jezus met de Samaritaanse en de Syro-Fenicische spreekt, is ook nog in een ander opzicht betekenisvol. De samenleving waarvan Jezus deel uitmaakte, werd gekenmerkt door een sterk etnisch bewustzijn, zoals elke samenleving waarvan het zwaartepunt qua bewustzijn in BLAUW ligt. Wij tegenover de anderen, Israëlieten aan de ene kant en Samaritanen, Romeinen, Grieken, Feniciërs en vele anderen aan de andere kant. Als vrome jood had je met die anderen niets te maken. De Romeinen waren niet alleen gehaat omdat ze het land bezet hielden en exorbitante belastingen afdwongen, ze golden ook als onrein. En toch geneest Jezus de adjudant van een Romeinse hoofdman, hoewel die heel goed weet dat hij als 'heiden' van een vrome jood eigenlijk niets kan verwachten.[101]

Als 'onrein' golden natuurlijk ook de buren, bijvoorbeeld de vrouw uit Syro-Fenicië, een landstreek ten noordwesten van Galilea in het huidige Libanon. Zij hoorde etnisch en daarmee vrijwel zeker ook religieus tot een andere groep. Het Nieuwe Testament vertelt dat ze bij Jezus komt om hem te vragen haar zieke dochter te genezen. Jezus wijst haar aanvankelijk af met een nogal arrogante uitspraak waarin etnisch ressentiment doorklinkt: 'Het is niet juist om het brood van de kinderen te nemen en het voor de honden neer te gooien' – wat in gewone taal wil zeggen: ik ben jood en help alleen joden (de 'kinderen') en geen buitenlanders (de 'honden'). Maar de vrouw laat zich niet intimideren en werpt tegen: 'De honden onder de tafel eten toch de kruimels op die de kinderen laten vallen.'[102] Daarmee heeft ze Jezus te pakken. De psycholoog Hanna Wolff legt dit verhaal zo uit dat Jezus inderdaad door dit gesprek heeft geleerd om zijn liefdesmissie niet aan de grenzen van zijn eigen volk te laten ophouden. Hij laat zich iets zeggen door een buitenlandse (!) vrouw (!) en verruimt zijn wereldbeeld. In ieder geval sinds deze ontmoeting staat het vast: Jezus is niet geïnteresseerd in nationale en etnische grenzen. Hij heft de scheiding op en geeft een nieuwe definitie van 'erbij horen'.

De Samaritanen geloofden weliswaar in de God van Israël, maar voor hen golden alleen de vijf boeken van Mozes als Heilige Schrift en ze erkenden de tempel in Jeruzalem niet als het centrale heiligdom. Daarmee stonden ze voor godvrezende joden vrijwel gelijk aan heidenen en werd het omgaan met Samaritanen afgewezen. Jezus laat zich door deze traditie niet tegenhouden en behandelt vrouwen en mannen uit Samaria als alle anderen.

Goede en slechte mensen

Jezus gaat nog verder. In verschillende uitspraken in de Bergrede lijkt hij zelfs de scheiding tussen goed en kwaad op te heffen. 'Heb je vijanden lief en bid voor wie jullie vervolgen; alleen dan zijn jullie werkelijk kinderen van je Vader in de hemel. Hij laat zijn zon immers opgaan over goede en slechte mensen en laat het regenen over rechtvaardigen en onrechtvaardigen. ... Wees dus volmaakt, zoals jullie hemelse Vader volmaakt is.'[103] De volmaaktheid van de goddelijke Vader bestaat erin dat hij goede en slechte mensen, rechtvaardigen en onrechtvaardigen gelijk behandelt, ze in gelijke mate de zegen van zon en regen gunt. Omdat alle mensen kinderen zijn van de hemelse Vader, zijn ze onderling zussen en broers. De mensen tegen wie Jezus spreekt, moeten dus *degene die ze tegenover zich hebben* niet beoordelen als goed of kwaad, rechtvaardig of onrechtvaardig – ze moeten *ieder* mens met vriendelijkheid en hulpvaardigheid tegemoet treden.

Onze categorieën van goed en kwaad zijn niet van toepassing omdat God zelf zulk onderscheid niet maakt. Je zou het nog directer kunnen formuleren: uit het gedrag en de woorden van Jezus zou je kunnen opmaken dat moraal voor hem niet veel betekende. Mensen die zichzelf als moreel hoogstaand zien en die het onderscheid tussen goed en kwaad belangrijk vinden, kunnen zich over zo'n houding opwinden. Wie grote waarde aan moraal hecht, loopt wél aldoor het gevaar anderen uit te sluiten of lager aan te slaan. Aan zo'n elitaire houding heeft Jezus een hekel, zoals bijvoorbeeld blijkt uit de gelijkenis over de farizeeër en de tollenaar.[104] Daarin voert Jezus een farizeeër op die zich erop laat voorstaan dat hij alle voorschriften van de Tora in acht neemt en die God dankt dat hij niet is 'zoals die tollenaar', die achter hem op een afstand blijft staan. Daarmee komt hij liefdeloos en arrogant over. De tollenaar slaat zich slechts op de borst en zegt: 'God, wees mij zondaar genadig!' Jezus heeft meer op met het realistische zelfbeeld en de oprechtheid van de tollenaar dan met de formeel-moreel correcte houding van de farizeeër. De tollenaar 'ging naar huis als iemand die rechtvaardig is in de ogen van God, maar die ander niet', zo besluit Jezus zijn gelijkenis, en zo zet hij de categorieën van goed en kwaad, van rechtvaardig en onrechtvaardig op zijn kop.

De liefde

De leerlingen van Jezus worden geacht alle mensen zonder aanzien des persoons, ongeacht nationaliteit, geslacht, reputatie, mate van rechtschapenheid of godsdienstige gezindheid met *liefde* tegemoet te treden, en liefde overwint alle scheiding. Dat is kort samengevat de leer van Jezus. 'Heb de Heer, uw God, lief met heel uw hart en met heel uw ziel en met heel uw verstand. Dat is het grootste en eerste gebod. Het tweede is daaraan gelijk: heb uw naaste lief als uzelf. Deze twee geboden zijn de grondslag van alles wat er in de Wet en de Profeten staat.'[105] Daarmee blijft Jezus aanvankelijk helemaal binnen de grenzen van zijn joodse religie en de Hebreeuwse Bijbel. Pas bij de vraag wat dat concreet betekent: wie dan die naaste is die je moet liefhebben, blijkt hoe radicaal Jezus deze woorden opvat. De naaste: dat is in een traditionele, BLAUW georiënteerde samenleving in ieder geval een volksgenoot, die misschien ook nog bij de eigen religieuze of sociale groepering moet horen. Jezus heft grenzen op, dat typeert hem. Op de vraag 'Wie is dan mijn naaste?' antwoordt hij met de beroemde gelijkenis over de barmhartige Samaritaan. Het komt erop neer dat de naaste degene is die zijn medemens in nood helpt, om het even wie hij is, waar hij vandaan komt, wat hij denkt en voelt en gelooft. Het enige dat telt, is: er is iemand die mijn hulp nodig heeft en ik geef die hulp. Dat is inderdaad een radicale ontgrenzing van de tot dan toe gebruikelijke en aanvaarde ideeën.

Die mens kan zelfs een Romein zijn, een 'vijand' dus. Alle mensen zijn kinderen van God en daarmee zijn ze ook onze zussen en broers. De scheidslijn tussen vriend en vijand is net zo kunstmatig en in strijd met Gods wil als de andere besproken scheidslijnen. Het gebod van de vijandsliefde is daarom slechts de laatste radicale consequentie van de inzet van Jezus om alle scheiding tussen 'binnen' en 'buiten' op te heffen.

Het zogenoemde dubbele gebod van de liefde ('God liefhebben en mijn naaste liefhebben als mijzelf') wordt tegenwoordig ook vaak als driedubbel gebod begrepen. Want als ik mijn naaste moet liefhebben als mijzelf, veronderstelt dat dat ik ook mijzelf liefheb. Alleen wie zichzelf met al zijn goede eigenschappen en al zijn gebreken op waarde schat en aanvaardt, kan echt zijn medemens liefhebben. En alleen wie zijn medemens liefheeft, heeft ook God lief. 'Als iemand zegt: Ik heb God lief, maar hij haat zijn broeder of zuster, is hij een leugenaar. Want iemand kan onmogelijk God, die hij nooit gezien heeft, liefhebben als hij de ander, die hij wel ziet, niet liefheeft,' zo wordt het later geformuleerd in de Eerste Brief van Johannes.[106] Ook hier klinkt weer de cultuskritiek van de profeet Jezus door: de voorgeschreven offers brengen, de handen wassen voor de maaltijd, de tiende afdragen van munt en dille[107], dat is allemaal niet verkeerd, maar het is niets waard als het komt in plaats van de aandacht voor medemensen. Of om het met Paulus nog wat radicaler te zeggen: 'Al sprak ik de talen van alle mensen en die van de engelen – had ik de liefde niet, ik zou niet meer zijn dan een dreunende gong of een schallende cimbaal. Al had ik de gave om te profeteren en doorgrondde ik alle geheimen, al bezat ik alle kennis en had ik het geloof dat bergen kan verplaatsen – had ik de liefde niet, ik zou niets zijn. Al verkocht ik mijn bezittingen omdat ik voedsel aan de armen wilde geven, al gaf ik mijn lichaam prijs om te worden verbrand – had ik de liefde niet, het zou mij niet baten.'[108] Want in de mensen ontmoet God ons. 'Ik verzeker jullie: alles wat jullie gedaan hebben voor een van de geringsten van mijn broeders of zusters, dat hebben jullie voor Mij gedaan.'[109] Daarmee legt Jezus in één zin uit waarom de liefde voor God niet mag worden uitgespeeld tegen de liefde voor de medemens.

8 | De vraag naar de historiciteit

Hierboven gaf ik een kort overzicht van wat we vandaag kunnen zeggen over de historische Jezus en zijn boodschap. Maar wat moeten we met die kennis? Waarom is iets wat tweeduizend jaar geleden gebeurd is, zo belangrijk? Ook op die vraag – hoe kan het ook anders! – geven de verschillende bewustzijnsruimten verschillende antwoorden. Laten we nog een keer de stadia van BLAUW tot GEEL langslopen om te zien welke betekenis de vraag naar de historiciteit daar heeft.

De antwoorden van bewustzijnsruimten BLAUW t/m GEEL

BLAUW: zo is het gebeurd!

Voor veel mensen in de BLAUWE bewustzijnsruimte staat of valt het hele geloof en met name de hele heilszekerheid met de overtuiging dat de Bijbel historische feiten meedeelt. Vooral de dood en opstanding van Jezus moeten echt gebeurd zijn zoals het in het Nieuwe Testament staat. Want volgens de BLAUWE dogmatiek heeft Jezus door zijn dood aan het kruis de zonde van de mensen op zich genomen en verzoend en zo de toorn van God over zijn zondige kinderen gestild. Door Jezus op te wekken heeft God dit bevestigd, de dood de laan uitgestuurd en het eeuwige leven mogelijk gemaakt voor degenen die deze goede boodschap geloven. Als Jezus niet echt zou zijn opgestaan, dat wil zeggen, als hij niet in levenden lijve aan zijn leerlingen zou zijn verschenen, dan zou het geloof in hem geen basis hebben en dus ook geen zin. Zo schrijft Paulus het al in de Eerste Brief aan de Korintiërs: 'als Christus niet is opgewekt, is onze verkondiging zonder inhoud en uw geloof zinloos ... als Christus niet is opgewekt, is uw geloof nutteloos, bent u nog een gevangene van uw zonden.'[110] Voor fundamentalistische gelovigen is het historisch-kritische bijbelonderzoek een ramp en tegelijk ook blasfemie, maar ook meer ruimdenkende mensen die zich in de BLAUWE bewustzijnsruimte bevinden, houden bij alle begrip voor een historisch-kritische visie op de Bijbel toch consequent vast aan de historiciteit van de opstanding.[111]

ORANJE: omdat wat er niet zijn mag, er ook niet kán zijn

ORANJE neemt afscheid van het traditionele dogma en ziet in Jezus het religieuze genie, het grote excellerende individu. Dat is karakteristiek voor het ORANJE bewustzijn, dat immers grote waarde hecht aan prestatie en excellentie. De zoektocht naar de historische Jezus dient om deze bijzondere mens Jezus van Nazareth beter te leren kennen. Latere dogmatische vertekening of vervalsing door 'de kerk' of 'de bisschoppen' moet daarom ontmaskerd en opgehelderd worden. Alles wat niet in overeenstemming is met de algemene ervaring, wat in de menselijke geschiedenis verder niet voorkomt, alles wat in echte of zogenaamde tegenspraak is met de natuurwetten moet als onhistorisch en dus als 'onecht' worden afgewezen. In principe geldt voor deze kijk op Jezus hetzelfde als voor de zoektocht naar (bijvoorbeeld) Socrates van wie ook niemand precies weet of hij wel echt heeft geleefd en zo ja, welke van de woorden die zijn leerling Plato hem in de mond legt ook werkelijk op hemzelf teruggaan.

In de overgang van ORANJE naar GROEN wordt de dieptepsychologische en archetypische uitleg van de Bijbel belangrijker. Als voorbeeld wil ik Hanna Wolff noemen, voor wie Jezus de eerste representant van een volwassen mannelijkheid is,[112] en ook Eugen Drewermann. Hij maakte in de jaren 1990 furore, niet alleen met zijn kritische analyse van de rooms-katholieke geestelijkheid[113] maar ook met zijn beide delen *Dieptepsychologie en exegese*.[114] Daarnaast publiceerde hij een stortvloed aan commentaren* en exegeses, preken en interpretaties bij bijbelboeken en

---

* Noot van de vertaler: Zoals de dieptepsychologische lezing van het Marcusevangelie, *Wegen naar menselijkheid*, een tweedelig commentaar (1400 blz.) dat in 2020 in Nederlandse vertaling werd uitgegeven.

afzonderlijke bijbelteksten. Fel bekritiseert hij de BLAUW georganiseerde kerk, met name de katholieke, die bijvoorbeeld bij hoog en bij laag zou blijven volhouden dat de maagdelijke geboorte fysiek-biologisch moet worden opgevat. In plaats daarvan ziet Drewermann de bijbelse teksten – vooral de genezings- en wonderverhalen – als expressie van archetypische, innerlijke waarheden. Bij de verhalen over de opstanding gaat het niet om Jezus' lichaam dat uit het graf zou zijn verrezen, maar om de betekenis van 'opstanding' voor de mensen hier en nu.

GROEN: hoe je maar wilt

Maar het blijft niet alleen bij de bijbeluitleg. Net zoals Eugen Drewermann niet alleen bijbelse teksten maar ook mythen en sprookjes uitlegt, zo beginnen veel christenen en niet-meer-christenen in andere religies te zoeken naar vitale vormen van spiritualiteit. Die vinden ze ook – er is opeens zoveel te ontdekken! Vooral het boeddhisme met zijn meditatiebeoefening en de diverse vormen van yoga hebben een grote aantrekkingskracht voor GROENE zoekers. Het GROENE bewustzijn vraagt waarom de ene godsdienst, namelijk die van ons, beter zou zijn dan alle andere, en het kan die vraag pas nu stellen, nu de vele andere religies zich in een wereld met steeds meer contact en wisselwerking niet meer 'ergens daarginds in de verte' bevinden, maar vlak voor de eigen huisdeur – en nu de GROENE globetrotters met vakantie naar Varanasi, Kyoto of Chiang Mai vliegen en daar boeddhisme, hindoeïsme en alle mogelijke andere religies *live* kunnen ervaren. In de geglobaliseerde wereld zijn immers niet alleen producten en culinaire specialiteiten uit alle landen en streken beschikbaar, maar ook spirituele praktijken en religieuze leerstelsels. En zo staat Jezus opeens op gelijke voet met Boeddha, Patanjali of Bodhidharma, met Mohammed of Zarathustra. Net als zij wordt hij gezien als een religieus begaafd mens; zijn woorden en de wonderverhalen die van hem zijn overgeleverd, worden als archetypische verhalen gelezen. Daarom hoeft GROEN niet meer zo heel nodig te weten wat wel of niet historisch verifieerbaar is. Tenslotte weten we over het leven van Siddharta Gautama, de Boeddha, ook niet veel wat historisch zeker is, en toch kunnen zijn volgelingen verlichting vinden als ze de weg gaan die hij heeft gewezen.

De valkuil bij deze GROENE openheid voor van alles en nog wat is de willekeur. De uitspraak 'Als alles even waar is, is alles om het even' (*Wenn alles gleich gültig ist, ist alles gleichgültig*) stamt weliswaar uit het BLAUWE bewustzijn, maar ze is hier helemaal van toepassing. Pilatus stelde de beroemd geworden vraag: 'Wat is waarheid?' Voor GROEN is er ten diepste geen waarheid, want om iets als waarheid te aanvaarden zou je al het andere minder waar moeten vinden – en daarmee ook minder waard.

GEEL: de waarheid is concreet – en betrekkelijk

Als we opnieuw naar de waarheid vragen zonder terug te gaan naar de nauwere ruimte van BLAUW, kan het niet langer om een absolute waarheid gaan die datgene wat anderen misschien voor waar houden, als minderwaardig afwijst. Een waarheidsbegrip dat door GROEN is heen gegaan, kan eigenlijk alleen relatief zijn – of beter, relationeel: in relatie tot degene die de vraag stelt. Dit is *mijn* waarheid en deze uitspraak komt het dichtst bij de werkelijkheid zoals ik die zie (of zoals de traditie waarin ik sta, die ziet).

De vraag naar de waarheid kan in de GELE bewustzijnsruimte dus niet beantwoord worden door te verwijzen naar historische feiten of dogmatisch als waar aangemerkte uitspraken. De historische werkelijkheid is immers – afgezien van de schetsmatige hoofdlijnen die ik heb aangegeven – helemaal niet zo eenduidig vast te stellen. GEEL benadert de kwestie anders. In GEEL hoeven we niet meer 'achter' de tekst naar de 'eigenlijke' waarheid te zoeken, naar wat er 'echt' gebeurd is en wat Jezus 'feitelijk' gezegd heeft. We kunnen de tekst als geheel op ons laten inwerken en ons erdoor laten inspireren. Niet omdat we hem (zoals BLAUW doet) historische feitelijkheid toeschrijven, maar omdat de tekst zoals die er is, *gewerkt* heeft. Zoals ze er staan, hebben de verhalen mensen geraakt, veranderd, getroost, vaak genoeg ook kwaad gemaakt, tot wanhoop gedreven en dan vervolgens weer opgetild. De verhalen en de overgeleverde woorden van Jezus hebben archetypische kracht, of meer nog: ze hebben mythische kracht. Als we ze als mythe lezen, krijgen ze een heel nieuwe kwaliteit van waar-zijn. We moeten de Bijbel dus juist niet 'ontmythologiseren', zoals Rudolf Bultmann het tachtig jaar geleden wilde, maar integendeel: als mythe bewijzen de woorden hun waarheid.

Dat moet ik uitleggen.

Een mythe is een verhaal dat niet historisch is gebeurd: neem bijvoorbeeld het verhaal over Adam, Eva en de slang in het paradijs, of over Kaïn en Abel of de zondvloed. Zouden er in prehistorische tijden al videocamera's zijn geweest en mensen om ze te bedienen, dan zou zo'n hobbyfilmer nooit een vrouw in een tuin hebben vastgelegd die aangespoord door een sprekende slang een vrucht van een boom plukt, die eet en ervan aan haar man geeft. Er zou nooit een documentaire gemaakt kunnen zijn over ene Kaïn die zijn broer doodslaat omdat zijn offer door God wordt aangenomen terwijl God dat van Kaïn heeft afgewezen. Want zoals gezegd, een mythe is een verhaal dat historisch niet heeft plaatsgevonden.

Maar het is een verhaal dat dagelijks gebeurt, zowel toen als vandaag, hier en nu.

Hier en nu worden mensen wakker uit hun kinderlijke onwetendheid en onmondigheid en beginnen het verschil tussen goed en kwaad te zien – en daarmee vallen ze uit het paradijs van hun kinderlijke onschuld. Hier en nu ervaren mensen dat ze kennis opdoen maar het nooit echt weten, dat ze hun leven kunnen vormgeven maar toch uiteindelijk ten dode opgeschreven zijn. Hier en nu beleven mensen de tragiek van hun menselijke bestaan omdat ze nu eenmaal mensen zijn. Hier en nu raken broers met elkaar slaags, er ontstaan vetes waarin het soms tot doodslag komt. Hier en nu vinden mensen troost te midden van de stormen van het leven omdat ze erop vertrouwen dat Jezus hen nabij is, gaande over de woelige wateren van de tijd.

Een mythe is dus niet een verhaal dat vertelt hoe het *ooit was*, maar een verhaal dat vertelt hoe het *altijd is*. En zodoende ook hoe het *nu* is. Daarmee heeft de mythe haar eigen waarheid. Je kunt zelfs stellen dat de mythische waarheid niet geringer is dan de historische, maar groter, dieper en omvattender. De historische waarheid is incidenteel en toevallig – de mythische is hier en nu, altijd en overal geldig. Want een mythe wordt niet zomaar verzonnen of uitgedacht. Een mythe is de neerslag van de ervaringen van vele generaties. De mythe heeft kracht en geeft het leven betekenis. Anders zou ze niet telkens zijn doorgegeven.

Wat zouden wij er vandaag aan hebben als destijds een mens letterlijk over het water had gelopen? Interessant, oké. Maar wat heeft dat met ons hier en nu te maken? Wat zou het ons opleveren als destijds een blinde het gezicht teruggekregen had en een lepralijder vrij van symptomen geworden was? En als destijds een dode weer levend was geworden en uit het graf was gewandeld – wat zou dat voor mensen van nu betekenen als we niet hier en nu een ervaring zouden kunnen hebben die we precies zo zouden kunnen beschrijven: dat we in de stormen van het leven hulp kregen, dat ons de ogen geopend werden, dat een medemens die als een melaatse gemeden werd een gemeenschap vond die hem opnam? Dat mensen nieuw leven vinden – geheeld, heel, vervuld leven?

Dat is voor de GELE bewustzijnsruimte het doorslaggevende: dat de verhalen van de Bijbel, de uitspraken die van Jezus overgeleverd zijn, en ook de zinnen die Paulus en anderen in hun brieven hebben geformuleerd – dat die woorden mensen vandaag kunnen raken en hun leven ten goede kunnen veranderen.

En waar dat gebeurt, daar waait de adem van God, daar werkt Gods Geest. In zoverre kun je zeggen dat de Bijbel 'geïnspireerd' is, door de Geest veroorzaakt. En dat is ze voor zover ze met haar mythische kracht jou en mij bereikt, jouw en mijn leven verlicht, onze gemeenschap inhoud geeft en verandert.

9 | Christus, de Zoon van God

Nu volgt een bijzondere wending. De oudste geschriften van het Nieuwe Testament zijn de brieven van Paulus. Ze werden circa twintig tot dertig jaar na het optreden van de man uit Nazaret geschreven. Paulus spreekt bijzonder hooggestemd over Jezus Christus. Alleen al in de Romeinenbrief komt de naam Jezus 34 keer voor. Maar wat gek: over de historische Jezus, zijn daden en zijn verkondiging over het koninkrijk van God is bij Paulus zo goed als niets te lezen. Paulus schijnt zich voor de historische Jezus niet te interesseren: het enige wat hij van Jezus noemt, is zijn kruisiging en opstanding. De eerdergenoemde vroege belijdenis die Paulus in 1 Korintiërs 15 opneemt, luidt: 'Christus is voor onze zonden gestorven, zoals in de Schriften staat, Hij is begraven, Hij is op de derde dag opgewekt, zoals in de Schriften staat, en Hij is verschenen aan Kefas en vervolgens aan de twaalf'[115]. Dat is wat telt: dood en opstanding, en dan 'voor onze zonden'. Over de historische Jezus weet Paulus niets, of het interesseert hem niet.

Er lijken dus twee strengen van overlevering te zijn: enerzijds zijn er de schrijvers van de evangeliën, die woorden en daden van de mens Jezus verzameld en geredigeerd hebben; anderzijds is er Paulus die de mens Jezus praktisch verzwijgt en in plaats daarvan benadrukt dat Christus heel sterk bij God hoort. In zijn Brief aan de Filippenzen schrijft hij dat Christus in alles aan God gelijk was en met hem op gelijke hoogte stond[116], en in de Brief aan de Kolossenzen, die hetzij door Paulus zelf hetzij door een van zijn leerlingen is geschreven, lezen we: Christus is 'beeld van God, de onzichtbare, eerstgeborene van heel de schepping: in hem is alles geschapen, alles in de hemel en alles op aarde, het zichtbare en het onzichtbare, vorsten en heersers, machten en krachten, alles is door hem en voor hem geschapen. Hij bestaat vóór alles en alles bestaat in hem. Hij is het hoofd van het lichaam, de kerk. Oorsprong is hij, eerstgeborene van de doden, om in alles de eerste te zijn: in hem heeft heel de volheid willen wonen en door hem en voor hem alles met zich willen verzoenen, alles op aarde en alles in de hemel.'[117]

De naam Jezus en de eretitel Christus staan dus voor twee verschillende accenten of blikrichtingen. Wij zijn gewend om 'Christus' als de achternaam van Jezus te gebruiken. Maar dan missen we de essentie. Met de naam Jezus en de titel Christus worden twee verschillende theologische zienswijzen samengebracht: hier de mens, de wijsheidsleraar, de prediker van de liefde – daar de goddelijke verlosser die van God komt en weer tot God terugkeert, die 'van goddelijke gestalte' is, of zelfs aan God gelijk is.

Een derde positie, naast Paulus enerzijds en de evangeliën van Matteüs, Marcus en Lucas anderzijds, wordt ingenomen door het Johannesevangelie. Het vertelt weliswaar over de mens Jezus, over de wonderen die hij deed en over zijn woorden, maar dit evangelie ziet Jezus nog sterker dan de andere vanuit het perspectief ná Pasen. Dat wil zeggen: het toont de aardse Jezus steeds als de 'Verhoogde', als de goddelijke Logos. Het Griekse woord *logos* betekent om te beginnen gewoon 'het woord', maar het heeft een veel ruimer spectrum aan betekenissen. Het kan ook 'zin', 'plan' of 'rede' betekenen; en in de tijd waarin de evangeliën zijn ontstaan, wordt met het woord *logos* ook de 'wereldrede' aangeduid, de grote samenhang waarin alles met elkaar verbonden is.

Met deze Logos, door Luther en verreweg de meeste bijbelvertalingen eenvoudig vertaald als 'het Woord', begint het Johannesevangelie. 'In het begin was het Woord, het Woord was bij God en het Woord was God. Het was in het begin bij God. Alles is erdoor ontstaan en zonder dit is niets ontstaan van wat bestaat. In het Woord was leven en het leven was het licht voor de mensen. Het licht schijnt in de duisternis en de duisternis heeft het niet in haar macht gekregen.'[118] Vanaf het begin maakt Johannes helder wie Jezus Christus is: 'En het Woord is vlees geworden en heeft onder ons gewoond, en wij hebben zijn heerlijkheid gezien, een heerlijkheid als van de eniggeboren zoon van de Vader, vol van genade en waarheid.'[119] Het Woord is vlees geworden, dat wil zeggen: deze eeuwige wereldrede die bij God is, of sterker nog: die God is, wordt concreet, historisch, gaat deel uitmaken van de fysieke wereld. Het Latijnse woord voor 'vleeswording' is *incarnatie*. Na de 'eerste incarnatie' van God die volgens Richard Rohr heeft plaatsgevonden met de oerknal (de schepping), volgt nu een tweede, speciale incarnatie: de goddelijke Logos treedt deze wereld binnen als mens, als de mens Jezus uit Nazaret. En zo gedraagt Jezus zich in het Johannesevangelie ook. Als hij bijvoorbeeld zegt: 'Ik ben de weg, de waarheid en het leven, niemand kan bij de Vader komen dan door mij',[120] dan spreekt niet een aards mens, maar de goddelijke Logos. Hetzelfde geldt voor de raadselachtige uitspraak: 'Ik ben van voor de tijd dat Abraham er was.'[121] Uit de mond van een mens is deze uitspraak niet te duiden – vooral omdat we zeker niet kunnen aannemen dat Jezus in reïncarnatie geloofde en dat hij het over een eerder leven had dat hij vóór de tijd van aartsvader Abraham zou hebben geleid. Zijn woorden zijn alleen te begrijpen als de goddelijke Logos, de kosmische Christus aan het woord is.

Alle zeven zogenoemde 'IK-BEN-woorden' (IK BEN het levensbrood, IK BEN het licht der wereld, IK BEN de deur, IK BEN de goede herder, IK BEN de opstanding en het leven, IK BEN de weg, de waarheid en het leven, IK BEN de ware wijnstok) worden door theologen gezien als toespeling op de Naam van God, die zich volgens het boek Exodus als volgt bekend maakt aan Mozes: 'IK BEN die IK BEN.' Het Johannesevangelie presenteert Jezus consequent als de almachtige, eeuwige, mens geworden God.

Tot slot wil ik ook het Thomasevangelie aanhalen. Het is niet in de Bijbel opgenomen hoewel het mogelijk heel oud is, in ieder geval heel oud materiaal bevat. Het is eigenlijk geen evangelie zoals de vier bijbelse evangeliën, want het bevat alleen uitspraken (*logia*) van Jezus, geen verhalen, geen wonderen, ook niets over zijn lijden, dood en opstanding. In plaats daarvan ziet het Jezus consequent vanuit het perspectief ná Pasen. Het begint met de woorden: 'Dit zijn de geheime woorden die Jezus de Levende heeft gesproken.'[122] Dan volgen 114 *logia* (uitspraken) die voor een deel overeenkomen met uitspraken in de bijbelse evangeliën, maar voor een deel ook een totaal andere toon aanslaan. Jezus wordt in enkele van deze uitspraken neergezet als de kosmische Christus, de Logos die te vinden is in alles wat is. Een van de meest bekende is *logion* 77: 'Jezus zei: Ik ben het licht dat op alles schijnt. Ik ben het al, het al is uit mij voortgekomen en het al heeft mij voortgebracht. Splijt een stuk hout, ik ben daar. Til de steen op en jullie zullen mij vinden.' Heel gedecideerd spreekt Jezus in het Thomasevangelie uit dat het rijk van God reeds hier is. *Logion* 51 luidt: 'Zijn leerlingen zeiden tot hem: Op welke dag zullen de doden tot rust komen? En op welke dag komt de nieuwe wereld? Hij zei tot hen: Waar jullie naar uitkijken is reeds gekomen, maar jullie zien het niet.'

Het Thomasevangelie is pas in december 1945 herontdekt. Het laat Jezus zien die – meer dan in de andere evangeliën, meer zelfs dan bij Johannes – de Verhoogde is, de geïncarneerde God. Jezus de mens uit Nazaret verdwijnt bijna achter de Verhoogde. Misschien is dat ook wel de reden waarom het Thomasevangelie niet in de Bijbel is opgenomen. Maar waarschijnlijk is het ook de reden waarom veel mensen in de GROENE bewustzijnsruimte er zo van houden. Persoonlijk beschouw ik het Thomasevangelie als een grote verrijking, maar ik zou de andere evangeliën absoluut niet willen missen – het nuchtere Marcusevangelie, Lucas met zijn voorliefde voor de armen en uitgeslotenen, Matteüs met de grote toespraken (met name de Bergrede), en het Johannesevangelie met de IK-BEN-woorden, het wijnwonder bij de bruiloft te Kana en de fantastische zin: 'Wie van u zonder zonde is, werpe de eerste steen!'[123]

Mens of God?

We hebben in het Nieuwe Testament dus twee verschillende begrippen, twee fundamenteel verschillende voorstellingen van wie of wat Jezus Christus is. De ene benadrukt de menselijkheid, de andere de God-gelijkheid, of zoals al spoedig werd gezegd: de goddelijkheid. Ieder evangelie neemt een positie in tussen die twee polen: Marcus, Matteüs en Lucas bevinden zich eerder aan de kant van de menselijkheid van Jezus, Johannes staat meer open voor de goddelijkheid van de Logos en voor Thomas geldt dat nog sterker. Paulus ten slotte interesseert zich, zoals we gezien hebben, nauwelijks voor de aardse Jezus en legt het sterkst van allen de nadruk op de goddelijkheid van de mens geworden Christus die al van eeuwigheid bij God leeft.

Maar daarmee ontstond een probleem. Jezus zelf was joods en zijn leerlingen waren vanzelfsprekend ook joden. Ook Paulus was jood, ook al bezat hij het Romeinse staatsburgerschap en was hij in een Griekse wereld opgegroeid. De meest elementaire belijdenis van het joodse geloof luidt: 'Hoor Israël: Jahwe is onze God, Jahwe is Eén' (zie boven, blz. 67). In de Babylonische ballingschap was de overtuiging ontstaan dat er maar één God is. Dit geloof onderscheidde de joden van alle andere volken en hun religies, die natuurlijk allemaal meerdere goden hadden. Voor dit geloof waren veel joden bereid te sterven of in opstand te komen. Wie deze overtuiging opgaf, zou de fundamenten van het geloof verraden. Dat hebben we eerder al gezien bij de formulering van de triniteitsleer. Triniteitsleer en christologie (de leer over wat of wie Christus is) kunnen eigenlijk niet van elkaar gescheiden worden behandeld.

Dat Jezus door zijn aanhangers misschien al vóór, maar in ieder geval na de opstanding als 'zoon van God' werd aangeduid, konden zij als joden nog wel rechtvaardigen. Ze konden dat (met Psalm 2) zien als een functionele aanduiding: de 'zoon' is in het antieke oosten dikwijls niet per se een bloedverwant, maar zoiets als een vertegenwoordiger of gevolmachtigde.

Maar nu zeggen Johannes en Paulus dat Christus aan God *gelijk* is, *van goddelijke gestalte*, dat hij al vóór de schepping bij God was, dat de schepping door hem plaatsvond, dat al het geschapene op hem is georiënteerd en aan het eind weer in hem samenkomt. In zulke uitspraken staat Christus duidelijk op gelijke hoogte met God, ze schrijven hem goddelijke natuur toe. En dát was voor het joodse geloof ondenkbaar. Het eerste gevolg was dat de aanhangers van Jezus die in zijn opstanding geloofden uit de joodse gemeente werden geweerd en een nieuwe naam kregen: ze gingen 'christenen' heten,[124] aanhangers van Christus. Als tweede gevolg kwamen er theologische discussies en conflicten op gang die vierhonderd jaar zouden aanhouden. Is Jezus Christus God of mens? Dat waren geen puur academische debatten onder vaktheologen. Er zijn verhalen over knokpartijen op de marktplaats van Byzantium vanwege deze kwestie. Geen wonder, het ging tenslotte om het eeuwige heil bij God.[125]

Is Jezus (een) God? Was hij (slechts) mens? Voor beide standpunten waren er goede argumenten en nu eens had de ene partij de overhand, dan weer de andere. Uiteindelijk werd er een knoop doorgehakt, en het genomen besluit doet net zo paradoxaal aan als de triniteitsleer. In het jaar 451 tijdens het concilie van Chalcedon werd als bindende kerkleer vastgelegd: Christus is waarlijk God *en* waarlijk mens, hij heeft twee naturen, een goddelijke – als de 'tweede persoon' van de triniteit – en een menselijke. Hij is dus tegelijkertijd eeuwig en tijdelijk, onsterfelijk en sterfelijk, oneindig en begrensd. De beide naturen vermengen zich niet met elkaar. Het is ook niet zo dat de goddelijke natuur zich met de verwekking en geboorte van Jezus in de menselijke verandert en met de opstanding weer terug verandert in de goddelijke. Maar beide naturen zijn ook niet van elkaar gescheiden en je kunt ze niet van elkaar losmaken. De theologische formulering luidt: De goddelijke en menselijke natuur van Christus zijn 'onvermengd, onveranderd, ongescheiden en ongedeeld'. Het is veelbetekenend dat de theologen blijkbaar alleen konden zeggen wat Christus *niet* is of hoe de beide naturen van Christus zich *niet* tot elkaar verhouden.

Hier hebben we weer een paradoxale uitspraak. De theologen van de vroege kerk zagen geen andere mogelijkheid dan uitspraken die elkaar logisch tegenspreken, naast elkaar te laten staan. Maar blijkbaar laat de diepste werkelijkheid zich niet anders beschrijven dan met uitspraken die elkaar logisch tegenspreken. Dat geldt al voor de fysica die het licht moet beschrijven als deeltjes *en* als golf, dus hoeveel te meer mag het voor God gelden, die alleen al logisch gezien ons logische denken overstijgt, als en in zoverre hij de wereld en daarmee ook de natuurwetten en de logica heeft geschapen.

In het hoofdstuk over God heb ik de vergelijking gebruikt met het kantelbeeld waarop we een oude of een jonge vrouw zien, afhankelijk van hoe we kijken. Wat ik daar over God en over de werkelijkheid als geheel heb gezegd, geldt ook voor de twee naturen van Christus. De menselijke en goddelijke natuur zijn altijd tegelijkertijd aanwezig, maar we zien altijd slechts een van beiden, afhankelijk van hoe we ernaar kijken.

De goddelijkheid van de mens Jezus

De 'goddelijke natuur' die aan Christus wordt toegeschreven, is dus als het ware de andere kijk op het kantelbeeld waarin we eerst de mens Jezus hebben gezien. Aan deze aardse mens wordt niets toegevoegd of afgedaan, het komt alleen erop aan hoe we kijken. In traditionele bewoordingen zou je kunnen zeggen: voor het historisch-kritisch verlichte oog verschijnt de aardse Jezus en voor het geloofsoog verschijnt de goddelijke natuur van de Christus. Ik denk dat dit vanaf het begin het geval is geweest. Al tijdens zijn leven waren er mensen die in Jezus meer zagen dan een prediker of genezer. Ik geloof dat de mens Jezus een dermate verlichte persoonlijkheid was dat de goddelijke natuur door zijn mens-zijn heen straalde in een mate waarin dat bij andere mensen zelden of nooit, of alleen heel kortstondig voorkomt. Dat betekent ook dat mensen in zijn nabijheid zichzelf ontdekten, hun bestemming vonden, geestelijk en misschien ook lichamelijk gezond werden. Op degenen die zich bij hem aansloten lijkt Jezus van Nazaret een uitgesproken helende en verhelderende uitwerking te hebben gehad. Tegenwoordig zouden we misschien zeggen: hij was een verlichte meester.

De eerste christenen, die een vermoeden hadden van de goddelijke natuur in Jezus en daarom de overleveringen over hem bijeenbrachten, vertelden elkaar onder andere het verhaal over de 'verheerlijking' van Jezus. Jezus besteeg, zo wordt daar verteld, een hoge berg. Dat was ongebruikelijk: bergwandelen voor je plezier is een uitvinding van de moderne, ORANJE bewustzijnsruimte;[126] bergen hadden iets wilds, afschrikwekkends, bedreigends en ze waren een plek van ontmoeting met God, de wilde, ongetemde God. Dat is hoe het wordt verteld over Mozes die op de berg Sinaï de tien geboden ontving, en over Elia aan wie God op de berg Horeb verscheen in een 'stem van verzwevend zwijgen.'[127]

Volgens de evangeliën zocht Jezus geregeld de eenzaamheid op. Al direct na zijn doop door Johannes in de Jordaan, voordat hij publiekelijk ging optreden, ging hij de woestijn in (ook een plek van dreiging én godsontmoeting) om daar veertig dagen helemaal alleen te vasten en bidden; vandaag zou je misschien zeggen: te mediteren. Maar deze keer, als hij de berg op gaat, neemt hij zijn drie meest vertrouwde metgezellen Petrus, Johannes en Jacobus mee. Het Matteüsevangelie vertelt dan heel droog: 'Voor hun ogen veranderde Hij van gedaante, zijn gezicht straalde als de zon en zijn kleren werden wit als het licht.' Overweldigd door de grootsheid van het moment vallen de drie metgezellen op de grond. Dan klinkt een stem uit een 'stralende wolk' (wat een beeld!) die tegen de leerlingen zegt: 'Dit is mijn geliefde zoon, In hem vind ik vreugde. Luister naar hem!'[128]

Zoals ik het begrijp, zegt dit verhaal iets over hoe de leerlingen van Jezus hem zagen: hij was een bron van goddelijk licht, voor hen was hij Zoon van God. De meeste wetenschappelijke bijbeluitleggers gaan ervan uit dat dit verhaal 'van ná Pasen' is. Dan zouden dus de eerste christenen hun ervaring met de opstanding terug geprojecteerd hebben op de aardse Jezus. Het verhaal over de 'verheerlijking' zou Jezus niet alleen neerzetten als de 'nieuwe Mozes' die net als de eerste Mozes op een hoge berg een nieuw verbond met God sluit, het zou ook een manier kunnen zijn om het paasverhaal al vóór Pasen te vertellen.

Zelf zou ik het accent net iets anders willen leggen. Ik geloof dat in dit verhaal een echte herinnering bewaard is, uitgedrukt in mythische beelden. Ik geloof dat de tijdgenoten van de aardse Jezus iets heel bijzonders in hem hebben opgemerkt. Zijn aanhangers zagen in hem de 'verlichte'[129] meester, door God bijzonder begenadigd en vervuld van Gods geestkracht. Ook zijn tegenstanders kregen iets mee van zijn unieke uitstraling, maar zij hadden geen ruimte voor een positieve duiding. Ze verklaarden de bijzondere daden van de mens Jezus door te suggereren dat hij met duistere machten samenspande: 'Dankzij Beëlzebul, de vorst der demonen, kan Hij demonen uitdrijven,' zeggen ze als Jezus een stomme geneest.[130] Ook zij merken dus dat Jezus een heel bijzondere macht heeft, maar ze geven er een andere verklaring voor – zoals ook de tegenstanders van de opstandingsboodschap de berichten over het lege graf niet ontkennen, maar er een andere verklaring voor geven.

Ik geloof dus niet dat het verhaal over de verheerlijking een latere ervaring met de Opgestane terug projecteert op de aardse Jezus. Ik geloof, andersom, dat de mens Jezus zo buitengewoon open en transparant voor de goddelijke natuur was dat zijn leerlingen (en zoals gezegd, ook zijn tegenstanders) dat aanvoelden. En alleen omdat ze dat opmerkten, konden ze de ervaring van de paasmorgen zo interpreteren als ze deden: als opstanding uit de dood.

De paasverhalen zelf laten overduidelijk zien dat deze interpretatie voor de leerlingen niet vanzelfsprekend was. Vooral het oudste paasverhaal, opgetekend in Marcus 16, eindigt nogal merkwaardig. Drie vrouwen gaan naar het graf, treffen het leeg aan en stuiten op een jongeman in wit gewaad die hun zegt dat Jezus is opgestaan. Ze breken niet uit in jubelende paasvreugde, verre van dat: ze vluchten bij het graf weg 'want beven en ontzetting had hen bevangen. En ze zeiden tegen niemand iets, want ze waren bang.'[131] De bijbelwetenschap gaat ervan uit dat het Marcusevangelie oorspronkelijk zelfs met deze onrustbarende zinnen eindigde, zoals de oudste bewaarde handschriften van dit evangelie laten zien. Daar ontbreken de verzen 9-20; die zijn blijkbaar pas later toegevoegd.

Het Johannesevangelie vertelt over Maria Magdalena aan wie Jezus verschijnt bij het lege graf, maar zij herkent hem niet. De beide leerlingen die volgens het Lucasevangelie op de avond van de paasdag naar Emmaüs lopen,[132] herkennen Jezus al evenmin als hij met hen meeloopt – ook niet als hij hun 'de Schrift uitlegt.' Wel vertellen ze dat 'enkele vrouwen uit ons midden' hen hadden 'opgeschrikt' met hun bericht over het lege graf en de engelverschijning. Het paasgebeuren dringt blijkbaar niet zomaar door, het roept vooral angst, schrik en bevreemding op. Pas toen de leerlingen de verhalen over het lege graf en de engelen samenbrachten met hun levendige herinneringen aan Jezus, toen ze zogezegd óver de schok van de kruisiging en de verbijsterende gebeurtenissen daarna heen konden kijken naar de tijd die ze met Jezus hadden doorgebracht, en toen ze zich herinnerden hoe hij vervuld leek met de geestkracht van God – pas toen begonnen ze te begrijpen wat dat allemaal betekende: hij is niet dood, hij leeft. Ze herinnerden zich dat ze in de mens Jezus van Nazaret een heel andere, diepere dimensie van de werkelijkheid hadden waargenomen, een werkelijkheid die zichtbaar werd in momenten zoals dat van de 'verheerlijking,' in zijn helende kracht die door mensen gemaakte grenzen doorbrak, en ook daarin dat hun leven in zijn nabijheid helder en licht werd, dat ze zichzelf konden zijn en tot het besef kwamen dat ze kinderen van God waren.

En ze begrepen: wat hij gedaan heeft, kunnen ook wij doen, want ook in ons is de geestkracht van God, ook wij zijn Gods kinderen, dat heeft hij ons telkens en telkens weer ingeprent.

Paulus de mysticus

Paulus. Voor velen is dat degene wiens schuld het is dat vrouwen in de (katholieke) kerk niets in te brengen hebben. De 'vrouwen moeten gedurende uw samenkomsten zwijgen. Ze mogen niet spreken, maar moeten ondergeschikt blijven, zoals ook in de wet staat.'[133] – het vasthouden aan traditionele opvattingen waarover we het eerder al hadden. Voor anderen, met name in de ORANJE en GROENE bewustzijnsruimte, is hij het die van de goede rabbi Jesjoea die de mensen liefde en vrede leerde, een hellenistische godenzoon maakte. Volgens deze visie heeft Paulus de oorspronkelijke boodschap vervalst, de ethische kracht ervan laten verwateren. Van de goede mens die de weg van de liefde consequent tot in de dood bewandelt, heeft hij de mythische verlosser gemaakt die ons van zonde en dood bevrijdt. Wil je de oorspronkelijke boodschap terugvinden, dan moet je niet naar Paulus luisteren, omdat hij over de aardse Jezus niet alleen (zoals we al zagen) niets zegt, maar daar ook blijkbaar helemaal niets van wil weten.[134]

Ik vraag me dan wel af waarom de boodschap van een goede rabbi van tweeduizend jaar geleden zo belangrijk zou zijn dat we die vandaag nog steeds zouden moeten horen – ook al deed hij een aantal spectaculaire uitspraken, bijvoorbeeld dat je ook je vijanden moet liefhebben. Wat maakt hem anders dan andere wijzen uit de oudheid die ook stierven voor hun waarheid, zoals Socrates en Seneca? Als het bijzondere van Jezus zijn ethisch hoogstaande boodschap was, zie ik geen reden om vandaag nog kerken naar hem te noemen. Want er waren vele mensen die een ethisch hoogstaande boodschap predikten. Daar zijn er vast wel een paar bij van wie de overgeleverde woorden vrij zijn van het aanstootgevende en onbegrijpelijke dat we bij Jezus óók vinden.

Als we Jezus reduceren tot zijn boodschap, reduceren we hem tot zijn menselijke natuur. Daarmee gaat volgens mij het eigenlijke verloren, namelijk dat in Jezus duidelijk is geworden dat het goddelijke en het menselijke elkaar niet uitsluiten maar insluiten. Jezus heeft 'geopenbaard dat alle mensen kinderen van God zijn.'[135] Of meer traditioneel uitgedrukt: in hem heeft de eeuwige, oneindige God zich getoond. Die overtuiging waren de opstellers van de evangeliën al toegedaan, die Jezus wel als mens beschreven, maar dan een mens wiens goddelijke natuur helderder tevoorschijn kwam dan bij andere mensen. En Paulus is een bijzonder felle voorvechter van die opvatting. Dat wordt wel het meest duidelijk in de hymne uit de Brief aan de Filippenzen die ik hier nog eens in zijn eigen samenhang wil citeren:[136]

Laat onder u de gezindheid heersen die Christus Jezus had.
Hij die de gestalte van God had, maakte er geen aanspraak op aan God gelijk te zijn,
maar deed afstand van zijn positie en nam de gestalte aan van een dienaar.
Hij werd gelijk aan de mensen,
en als mens verschenen, heeft hij zich vernederd
en werd gehoorzaam tot in de dood – de dood aan het kruis.
Daarom heeft God hem hoog verheven
en hem de naam geschonken die elke naam te boven gaat,
opdat in de naam van Jezus elke knie zich zal buigen,
in de hemel, op de aarde en onder de aarde,
en elke tong zal belijden: 'Jezus Christus is Heer,'
tot eer van God, de Vader.

Hier wordt heel duidelijk wat incarnatie betekent. De kosmische Christus, aan God gelijk, 'ontledigt zichzelf' en wordt een sterfelijk mens. Hij neemt de dood van de misdadigers en verguisden op zich, en wel 'voor ons' of 'voor onze zonden'[137] en wordt vervolgens weer verhoogd. Deze beweging: afstand doen, vernedering, dood, opstanding, verhoging – is voor Paulus het wezenlijke. Voor al het overige heeft hij geen interesse. We vinden bij hem geen verwijzing naar maagdelijke geboorte, stal en kribbe, geen spoor van genezingen of natuurwonderen, geen gelijkenissen, geen vezeltje zelfs van de Bergrede – afgezien misschien van een kleine vermelding in het dertiende hoofdstuk van de Romeinenbrief waar Paulus stelt: 'Wie de ander liefheeft, heeft de wet vervuld ... dus de wet vindt zijn vervulling in de liefde' (verzen 8 en 10). Maar ook hier geen verwijzing naar het feit dat deze woorden van Jezus stammen; en het is waar, Jezus was ook niet de eerste die zoiets zei. Dat de liefde het hoogste gebod is, staat al in de Hebreeuwse Bijbel waaruit Jezus dan ook citeert als hij zijn dubbele liefdesgebod formuleert.[138] Er waren heel wat tijdgenoten van Jezus en Paulus die predikten dat de liefde de vervulling van de wet is.

Paulus is dus niet geïnteresseerd in de woorden en daden van de aardse Jezus. Hij heeft hem ook niet persoonlijk gekend, ook al heeft hij vrij kort na de kruisiging[139] een verschijning van de opgestane Christus meegemaakt en ziet hij zichzelf vanaf dat moment als apostel voor de niet-joodse wereld. Dat zie je terug in zijn boodschap. De Jeruzalemse oergemeente, dus de groep van allereerste christenen, bestond vooral uit aanhangers van de aardse Jezus die hem nog zelf hadden meegemaakt en zijn stemgeluid hadden gehoord. Dat waren vrome joodse mannen en vrouwen die zich aan de geboden van de joodse religie hielden. Dat wil zeggen: ze leefden koosjer, hielden de sabbat, hielden zich aan de cultische leefregels, ze leefden en dachten nog altijd binnen het systeem van rein en onrein dat Jezus niet had verworpen, ook al brak hij het open. Voor hem hebben rein en onrein niet met uiterlijk waarneembaar gedrag te maken, maar met de houding van het hart.[140] In dit verband laat het Matteüsevangelie Jezus in de Bergrede zelfs zeggen: 'Denk niet dat ik gekomen ben om de Wet of de Profeten af te schaffen. Ik ben niet gekomen om ze af te schaffen, maar om ze tot vervulling te brengen. Ik verzeker jullie: zolang de hemel en de aarde bestaan, blijft elke jota (kleinste letter van het Griekse alfabet), elke tittel (streepje) in de wet van kracht, totdat alles gebeurd zal zijn.'[141] De wet 'vervullen', dat is: de innerlijke, ware betekenis ervan opsporen en in werking laten treden, waarmee een verschuiving optreedt van handeling naar houding.

Paulus gaat een andere weg. Ook voor hem is de wet, dus de Tora met haar cultische en ethische leefregels, 'heilig, rechtvaardig en goed'.[142] Maar geen mens kan zich volledig aan die wet houden. Wie het probeert, kan alleen maar falen. Zodoende is Paulus tot het inzicht gekomen dat wie zich aan de wet houdt, daarmee niet bij God uitkomt, maar bij het eigen falen, de zonde en ten slotte de dood. Maar het is ook helemaal niet nodig om de geboden naar de letter op te volgen. Jezus Christus is immers 'voor onze zonden' gestorven en heeft ons daarmee verlost van de dood. Wie dat gelooft, wie daar vol vertrouwen vanuit gaat, is verlost of gered. In de Romeinenbrief vat Paulus zijn boodschap in één zin samen: '... dat een mens door geloof wordt vrijgesproken, en niet door de wet na te leven'.[143]

In dit verband is het wel erg belangrijk om vast te stellen dat met 'geloof' niet bedoeld wordt dat je een aantal uitspraken over God, wereld en mens *voor waar houdt*. Het idee van de creationisten dat je het als christen *voor waar moet houden* dat God ongeveer 6500 jaar geleden de wereld in zesmaal vierentwintig uur geschapen heeft, heeft niets te maken met het geloof waarover Paulus spreekt. Daarin gaat het veel meer om het *vertrouwen*, om de overtuiging dat ik de nabijheid en liefde van God niet zelf hoef te verdienen door 'vroom' te leven en allerlei regels te volgen. Dat zou me ook nooit lukken. Er is niets anders nodig dan het vertrouwen dat God me altijd al goed gezind is en dat dit samenhangt met het feit dat God en wereld helemaal niet zo los van elkaar zijn als we vaak denken. In Jezus de Christus zien we dat de eeuwige God in het eindige is binnengekomen, al gaat hij er niet in op.

Terug naar Paulus. Het belangrijkste is voor hem de vrijheid, de 'heerlijke vrijheid van de kinderen van God'. In de Brief aan de Galaten staat de zin: 'Christus heeft ons bevrijd opdat wij in vrijheid zouden leven; houd dus stand en laat u niet opnieuw een slavenjuk opleggen!'[144] In de gemeenten in Galatië (het huidige Centraal-Anatolië) die Paulus zelf had gesticht, waren klaarblijkelijk Jezusaanhangers uit de oergemeente van Jeruzalem opgedoken die de boodschap van Paulus tegenspraken. Want van de gemeenten die Paulus had gesticht waren ook 'godvrezenden' lid, dat wil zeggen: niet-joden die met de joodse gemeenschap meeleefden. De delegatie uit Jeruzalem wilde deze mensen ervan overtuigen dat ook zij volgens de joodse wet moesten gaan leven en zich dus moesten laten besnijden. Ze zouden pas echt in de Messias kunnen geloven als ze ook helemaal volgens de Tora zouden leven.

Paulus is ziedend. Hij pleit en vecht voor zijn waarheid. Als de mannelijke 'godvrezenden' zich zouden laten besnijden, dan zouden ze weer in het oude systeem terechtkomen, dan zouden ze de hele wet letterlijk en zonder fouten moeten houden – en daarmee zouden ze verloren zijn, Christus zou dan voor hen niet meer de weg naar het leven zijn. 'Galaten, u hebt uw verstand verloren! Wie heeft u in zijn ban gekregen?', roept hij ontzet uit. 'Bent u werkelijk zo dwaas dat u, terwijl u met de Geest begon, nu weer op eigen kracht het doel wilt bereiken?'[145] Alleen het geloof dat Christus alles voor ons heeft gedaan en wij niets anders hoeven te doen dan het geschenk aan te nemen – alleen dit overtuigde vertrouwen maakt dat mensen voor de God van Abraham en Mozes staande blijven. Meer is er niet nodig, al het meerdere zou eraan afdoen.

In de strijd tussen Paulus en de Jeruzalemse christenen wordt een breuklijn zichtbaar die in de loop van de eeuwen telkens weer opspeelt en die ook nu een belangrijke rol speelt. Zoals gezegd: veel mensen die Jezus 'geweldig vinden' zijn van mening dat Paulus de oorspronkelijke bedoeling van Jezus heeft verdraaid. Van de prediker van liefde en vrede, de consequente en oprechte martelaar voor de goede zaak, heeft hij op hellenistische wijze een goddelijk wezen gemaakt en zo Jezus en zijn boodschap verraden. Maar zo wordt het accent eenzijdig op de mens Jezus gelegd en wordt over het hoofd gezien wat ik écht opwindend vind.

Paulus zet zijn troeven helemaal op de goddelijkheid van Jezus de Christus, dat is waar. Maar hij volgt een lijn die bij de historische Jezus vandaan komt en geeft vorm aan een traditie die al tijdens het leven van Jezus opkwam. Hij radicaliseert de boodschap van Jezus dat we geen uiterlijke reinheidsregels hoeven te volgen, geen 'correcte' offers moeten brengen, om er voor God te mogen zijn. We zijn Gods kinderen[146] en simpelweg dáárom houdt God van ons. Eigenlijk heeft Paulus met deze toespitsing de boodschap van Jezus pas echt geschikt gemaakt voor wereldwijde verspreiding. Een joodse schriftgeleerde en genezer had nog zo scherpzinnig en geneeskrachtig kunnen zijn, buiten de joodse wereld zou er geen haan naar hem gekraaid hebben. Pas met Paulus die de goddelijke oorsprong van de Christus beklemtoonde en zijn verkondiging daarop baseerde, raakte de boodschap van Jezus de Christus verspreid in heel het Middellandse Zeegebied en daarbuiten.

In mijn ogen is het een grote vergissing als mensen denken dat Paulus de 'uitvinder' is van de gedachte dat Jezus goddelijk is en dat hij daarmee het opkomende christendom op een dwaalspoor heeft geleid. Wat Paulus in zijn mystieke visioen heeft ervaren, is niets anders dan wat de leerlingen op de 'berg van de verheerlijking' en met de gebeurtenissen van de paasmorgen hebben beleefd. Paulus verwoordt de boodschap dat de Zoon van God mens werd. Daarmee vervalst hij niet het origineel, maar werkt hij de diepere werkelijkheid ervan uit.

10 | De lijdende God

De eerste twintig, dertig jaren na de kruisiging van Jezus vormden op theologisch gebied de meest productieve periode van heel de kerkgeschiedenis. Het is verbazend wat een theologische prestatie de aanhangers van de Opgestane in zo weinig tijd hebben geleverd. Paulus heeft daarin een groot aandeel gehad, maar dat geldt ook voor alle andere auteurs van het Nieuwe Testament en de gemeenten die zij vertegenwoordigen. Het ging erom de ultieme schande van een misdadigersdood aan het kruis zo te begrijpen dat het een uitdrukking van Gods liefde en betrokkenheid is, de schijnbare nederlaag te interpreteren als overwinning over de dood en alle onheil van de wereld.

Dat was geen geringe onderneming. De regel luidde immers: 'Vervloekt is ieder mens die aan een paal hangt.'[147] Paulus beseft maar al te goed wat hij beweert: 'Maar wij verkondigen een gekruisigde Christus, voor Joden aanstootgevend (hier staat in de Griekse grondtekst het veelbetekenende woord *skandalon*) en voor de andere volken dwaas.'[148] Het is een schandaal en het is gestoord, en, beweert Paulus, het is de diepste spirituele wijsheid. Want hij geeft de kruisiging een nieuwe betekenis: ze is nu de verlossende daad van God. Dat kun je vergelijken met de manier waarop de nederlaag van Israël tegen de Babyloniërs destijds opnieuw werd geduid: toen werd de verwoesting van Jeruzalem en de ballingschap uitgelegd als uitdrukking van de macht van Israëls God. Hij deed niet onder voor de andere goden, hij was onnavolgbaar: de Heer van de geschiedenis die de machtige heerser van Babylon gebruikte als een schaakstuk. De theologische stroming die we onder de naam Deuterojesaja kennen[149] kon haar theologische slag slaan door zich te beroepen op de profeten die het straffend ingrijpen van God hadden voorzegd. Diezelfde Deuterojesaja speelde nu ook bij de nieuwe interpretatie van de kruisiging van Jezus een beslissende rol. In zijn geschriften had hij het personage van de 'lijdende dienaar van God' geïntroduceerd, bezongen in de vier zogenoemde 'liederen van de lijdende dienaar'.[150] Terwijl met die dienaar oorspronkelijk het volk Israël bedoeld werd, gingen de aanhangers van Jezus deze teksten al gauw na de opstandingservaring op Jezus betrekken. Dat gold in het bijzonder voor Jesaja 53, een tekst die in de christelijke verkondiging onder joden waarschijnlijk een grote rol heeft gespeeld. Een aanwijzing daarvoor vinden we in Handelingen 8,26-40. Daar wordt verteld hoe Filippus, een van de twaalf, een Ethiopische beambte tegenkomt die in het jodendom geïnteresseerd is en juist deze tekst uit het boek Jesaja aan het bestuderen is. Filippus legt de tekst uit als een tekst over Jezus, de beambte komt tot geloof in Jezus en laat zich dopen. De Ethiopische kerk, een van de oudste bestaande kerken, ziet dit verhaal nog altijd als haar eigen ontstaansverhaal.

De vermoedelijk beslissende zinnen uit dit lied over de dienaar van God in Jesaja 53 luiden:

> *Onopvallend was zijn uiterlijk, hij miste iedere schoonheid, zijn aanblik kon ons niet bekoren. Hij werd veracht, door mensen gemeden, hij was een man die het lijden kende en met ziekte vertrouwd was, een man die zijn gelaat voor ons verborg, veracht, door ons verguisd en geminacht. Maar hij was het die onze ziekten droeg, die ons lijden op zich nam. Wij echter zagen hem als een verstoteling, door God geslagen en vernederd. Om onze zonden werd hij doorboord, om onze wandaden gebroken. Voor ons welzijn werd hij getuchtigd, zijn striemen brachten ons genezing. Wij dwaalden rond als schapen, ieder zocht zijn eigen weg; maar de wandaden van ons allen liet de HEER op hem neerkomen.*[151]

Dat was dus de geniale zet van de eerste gemeenschappen die Jezus volgden: ze betrokken deze tekst en ook andere teksten uit de profeten en psalmen op Jezus. Nu kon de schandelijke kruisdood worden geduid als plaatsvervangend lijden ter verzoening van de zonden van de mensen: hij is 'om onze zonden gedood'. Jezus werd het 'Lam van God dat de zonde van de wereld wegneemt'.[152] En God heeft dat bekrachtigd door Jezus uit de dood te laten opstaan.

Dat was een grote theologische prestatie, maar even groot is de moeite die veel modern en postmodern denkende mensen vandaag met zulke mythische uitspraken hebben. Dat een mens plaatsvervangend voor een ander mens sterft, kunnen we misschien nog volgen. Denk bijvoorbeeld aan de jezuïetenpater Maximilian Kolbe die in Auschwitz de plek innam van een ter dood veroordeelde huisvader en zich in zijn plaats liet executeren; of eigenlijk net zo dramatisch, aan brandweerlieden of mensen van de reddingsdienst in de bergen die hun leven op het spel zetten en het soms ook verliezen, om andere mensen te redden. Maar hoe zou iemand de zonden van een ander op zich moeten nemen – en dan niet alleen van één ander maar van *alle* mensen of in ieder geval van allen die in hem geloven? Hoe zou de dood van één onschuldige de mensheid van de toorn van God moeten verlossen? Trouwens, hoe kom je erbij om over een toornige God te spreken die bloed wil zien voordat hij zich laat verzoenen? Dat zijn de vragen voor het hoofdstuk 'Zonde en verlossing'. Op dit moment wil ik me beperken tot een poging om na te gaan wat de kruisdood van de mens Jezus en van de kosmische Christus kan betekenen voor mensen die de wereld en hun eigen bestaan niet meer in het traditionele BLAUWE bewustzijn beleven, maar op een modern ORANJE, een postmodern GROENE of een integraal GELE manier.

Laten we nog eens kijken waar we gebleven zijn. We hebben gesteld dat Jezus Christus niet een bijzonder hemels wezen is dat is neergedaald om ons mensen te verlossen. We stellen in plaats daarvan dat in Jezus van Nazaret (en in ons allemaal) de kosmische Christus ter wereld is gekomen. Het bijzondere van Jezus is dat deze mens een zó verlichte persoonlijkheid had dat hij een helder zicht had op zijn (onze) goddelijke natuur. Dit heldere bewustzijn maakt Jezus verschillend van het overgrote deel van de andere mensen. Het stelde hem in staat om met goddelijke volmacht te spreken en te handelen.

In hem is de kosmische Christus zichtbaar geworden. In hem heeft, net als in ieder van ons, het oneindige, onsterflijke, eeuwige goddelijke bewustzijn zich geïncarneerd, dat wil zeggen: binnen de beperkingen van ruimte en tijd een bestaan aangenomen. Dat impliceert al direct de bereidheid om ook de dood te aanvaarden. Want wat bestaat in de tijd, heeft een begin en een einde. Wat geboren wordt, zal ook sterven.

Dat betekent dat God kan lijden, dat God moet lijden. Want een menselijk leven zonder lijden is niet mogelijk. De God die Jezus dicht bij ons heeft gebracht, verschilt fundamenteel van de 'god van de filosofen'. Want die god, zoals bijvoorbeeld Aristoteles hem beschrijft, kent geen lijden. Integendeel, de *a-patheia*, het niet-kunnen-lijden behoort tot de meest prominente eigenschappen van deze filosofische godheid. Daarom typeert Paulus de verkondiging over de gekruisigde Christus als 'dwaasheid' voor de Grieken. Over een god die lijdt kunnen de filosofisch ontwikkelde tijdgenoten van Paulus hoogstens vermoeid glimlachen. Zulke mensvormige eigenschappen – gevoelens als toorn en jaloezie, genegenheid en hartstocht – hoorden immers bij de oude mythische goden die op de Olympus woonden. De god van de filosofen heeft niets gemeen met de geile en grillige Zeus die voortdurend op avontuurtjes met mooie vrouwelijke stervelingen uit is, of met de ongenaakbare, trotse en daarbij o zo lichtgeraakte Athene. De god van de filosofen is veel meer een principe – de onbewogen beweger, de eerste oorzaak.

God zoals we hem via Jezus hebben leren kennen, is natuurlijk ook geen Zeus vol emoties die bliksems slingert. Maar ook geen zielloos abstract principe. God is in alles wat bestaat. En vooral: in ieder mens komt God ons tegemoet in de gedaante van de kosmische Christus. En deze kosmische Christus gaat het lijden niet uit de weg en blijft niet overal buiten. Hij gaat er vol in: in de rotzooi en ellende van deze wereld, met bloed, zweet en tranen. Maar waarom dan? Daarover kunnen we natuurlijk alleen speculeren en in beelden spreken. Dat ga ik dus proberen.

Zou het kunnen zijn dat het voor de drie-enige ('driene') God niet genoeg was om in eeuwige goddelijke liefde alleen van zichzelf te houden? Zou het kunnen zijn dat de goddelijke triniteit de noodzaak heeft gevoeld om een wereld te scheppen waarin niet alles harmonisch en gelukzalig is, om daarin een andere kwaliteit van liefde te ervaren? Natuurlijk zijn deze zinnen geformuleerd met mythische taal. In God die niet aan tijd en ruimte onderworpen is, is er geen sprake van 'voor' en 'na' en dus ook niet van een besluit dat iets 'nieuws' in de wereld brengt. Ik moet opnieuw benadrukken dat we, als we over God spreken, alleen over onze godsbeelden kunnen spreken. Wat voor ons een 'besluit' van God lijkt te zijn, is een wending in ons bewustzijn, een nieuw beeld van hoe God en zijn verhouding tot de geschapen wereld zou kunnen zijn.

Laten we nog even bij de mythische wijze van spreken blijven: een oude legende zegt dat het gezang van de verloste mensen in de hemel mooier zal zijn dan het gezang van de engelen. Want de mensen hebben geleden, allemaal, en dat voegt aan hun gezang tonen en harmonieën toe die de engelen niet kennen. Want de engelen kennen geen verdriet. Zou het kunnen zijn dat pas de disharmonie de harmonie compleet maakt? Kan het zijn dat God in zijn zalige triniteit weliswaar volkomen is maar niet compleet? Kan het zijn dat het lijden er noodzakelijkerwijs bij hoort – bij de goddelijke dans, de volledigheid van het Grote Geheel? Kan het zijn dat de onsterfelijke God pas echt God is als hij het allermeest menselijke in zichzelf integreert: de dood? En dan nog wel de schandelijke dood aan het kruis?

Aan dit schijnbaar zo ongoddelijke gebeuren, de dood van Jezus aan het kruis, wordt duidelijk zichtbaar dat God zich er niet buiten laat. Integendeel: God is erbij midden in alle narigheid, verschrikking en pijn die mensen moeten doormaken. Er is geen plek op de wereld – zelfs niet de hel als die er is[153] – waar God niet te vinden zou zijn. Daarmee wordt de verschrikking niet minder verschrikkelijk, de zwarigheid niet minder zwaar, de pijn niet minder pijnlijk. Het blijft verschrikkelijk, zwaar en pijnlijk. En toch: in alle leed en alle verschrikking is hij, de ware mens, aan onze zijde en diep in ons hart. Hij gaat met ons mee, of we dat nu weten, geloven of merken, of niet. Hij verlost ons maar al te vaak niet van het lijden, maar hij is bij ons *in* het lijden. Daarom kunnen we God werkelijk *in alles* aantreffen, niet alleen in het goede, schone en ware maar ook in het kwade en in wat lelijk en leugenachtig is. Niet dat God zelf kwaad, lelijk of leugenachtig zou zijn. God lijdt eronder. Jezus kruisigt geen anderen, hij laat zichzelf kruisigen. Hij is slachtoffer, geen dader. En toch gebeurt er niets in de wereld zonder Gods 'ja'. Het leed, de zwarigheid en de pijn in de wereld is geen toeval, geen ongeval, maar tegelijkertijd kunnen we niet zeggen dat het gepland en door God gewild is. Dat is een schier onverdraaglijke paradox: is God de allesbepalende werkelijkheid, dan is hij ook de oorsprong van alle leed – wie zou het anders moeten zijn? Anders zouden we een tegengoddelijk principe moeten aannemen, een duivel die het kwaad, de verschrikking en de pijn in de wereld heeft gebracht. Of we schuiven alle schuld op de mensen die met hun zondigheid en hun als-God-willen-zijn alles hebben bedorven. Daarmee zouden we aan de duivel en de mensen wel veel macht toekennen, misschien wel meer macht dan God zelf heeft. Nee, als we God echt God willen laten zijn, moeten we erkennen dat hij op een of andere, voor ons niet te begrijpen manier ook verantwoordelijk is voor alles wat schijnbaar niets met God te maken heeft – dat is ook wat de mystici van alle tijden beweren. Het lijden hoort bij de wereld, en in Jezus Christus lijdt God zelf met en aan de wereld. De ervaring van de mystici zegt overigens ook dat in goddelijk perspectief het leed geen leed is. Ons gewone bewustzijn komt tegen die gedachte in opstand en dat is in zekere zin terecht. Want zelfs als we aannemen dat het leed in de wereld niet zonder Gods 'ja' plaatsvindt, moeten we er toch in godsnaam alles aan doen om het leed te laten ophouden.

Graag wil ik je uitnodigen voor een gedachte-experiment. Als je wilt en kunt, probeer dan eens om de herinnering op te roepen aan een situatie in je leven die echt érg was. Een geleden verlies, pijn, een scheiding – iets wat voor jou op het randje was van wat je kon verdragen. Vraag je vervolgens af: als datgene wat ik toen heb doorgemaakt echt heeft bijgedragen aan wat voor mij het beste is, wat betekent dat voor mijn leven, voor deze wereld, voor God? En als het niet alleen heeft bijgedragen aan wat voor mijzelf het beste is, maar ook voor alle betrokkenen, voor de loop van de wereldgeschiedenis en voor het Grote Geheel, als het inderdaad niet door een blind of kwaadwillend lot is veroorzaakt maar door een grote allesomvattende Liefde: wat zeg je dan? Wat voor God zou dat zijn? Als het uit Gods liefde en barmhartigheid is voortgekomen, wat is liefde dan ten diepste en wat betekent dan barmhartigheid?

'Voor wie God liefhebben, draagt alles bij aan het goede,' schrijft Paulus aan de Romeinen.[154] Als iemand tot zo'n zienswijze in staat is, kun je wel zeggen dat zij of hij echt in God gelooft. Maar niet in een God die in de hemel zit en die geluk en leed willekeurig onder de mensen verdeelt. De God die incarneert is een God die lijdt aan het lijden van de wereld – om welke reden dan ook, daar zullen we in dit leven met ons verstand niet bij kunnen. Maar misschien vangt ons hart er een glimp van op, een vermoeden van de betekenis van het kruis waaraan de kosmische Christus is gestorven.

In het kruis doorsnijden de verticale en horizontale lijn elkaar. Deze symboliek wordt dikwijls aangehaald om de incarnatie van God te begrijpen: de verticale lijn verwijst naar God die traditioneel 'boven' gelokaliseerd wordt en die langs deze lijn 'naar beneden' in de wereld komt. De horizontale lijn komt overeen met het aardoppervlak waarop de mensen leven, liefhebben en lijden. Op het snijpunt waar de beweging van God en die van de mensen elkaar snijden, vindt incarnatie plaats. Daar is het lijden. En daar wordt duidelijk dat de verlossing allang heeft plaatsgevonden – of zelfs nooit nodig is geweest.

In mijn werk in het crisispastoraat is het een paar keer gebeurd dat ik – en vraag me niet hoe – plotseling wist, *zag*, dat Christus tegenover me zat. In de mens daar op die stoel in die kleine spreekkamer in de binnenstad van München. Dat waren altijd overbelaste, vaak psychisch zieke, arme mensen in achterstandsituaties, mensen waar niets heiligs aan was. Nee, ik wil niet de ellende romantiseren of systematiseren. Het was nauwelijks een ervaring, eerder een vermoeden, maar wel met een onomstotelijke zekerheid. Het waren korte ogenblikken waarin de geheimenis van de wereld zich in een glimp vertoonde.

Begrijpen kun je dat niet echt. Het kruis is en blijft een mysterie. Wie beweert het begrepen te hebben, heeft niets begrepen. De grootste theologen en de meest diepzinnige mystici kunnen over deze geheimenis alleen stamelen. En toch is het waar. Het is de diepste waarheid van het geloof in de God die zich uit liefde begeeft in een onvolmaakte, verschrikkelijke, wonderschone wereld.

DE MENS, ZICHZELF EEN RAADSEL

11 | De mens: diersoort en Gods evenbeeld

Het sprekende zoogdier

Wat is de mens? Die vraag komen we al in de Bijbel tegen[155] en ze is sindsdien door talloze denkers, filosofen en spirituele zoekers gesteld. Je zou dus om te beginnen kunnen zeggen dat de mens een wezen is dat vragen over zichzelf kan stellen, een wezen dat zichzelf een raadsel is.

Wetenschappelijk gezien is de mens een relatief hoogontwikkeld zoogdier, een resultaat van de evolutie, in de loop van miljoenen jaren ontstaan door mutatie en selectie, nakomeling van een diersoort waaruit ook de andere primaten zijn voortgekomen zoals de chimpansee, de gorilla en de orang-oetan. Toen Charles Darwin in 1859 de grondslagen van deze theorie presenteerde in zijn baanbrekende boek *Het ontstaan van soorten*, klonk er vanuit de kerken luid protest, dat hier en daar nog steeds niet is verstomd. De evolutietheorie is de favoriete vijand van creationisten en fundamentalistische gelovigen, maar een groot deel van de theologen heeft het gevecht tegen de evolutietheorie allang gestaakt omdat het een zinloze strijd is. Het gaat er niet meer om, de 'kosmische knutselaar' te verdedigen die de wereld heeft gemaakt zoals de pottenbakker een pot boetseert. Als we God zien als het mysterie van de wereld, de diepte van het Zijn, dan is God ook het mysterie en de diepte van de evolutie. Dan komt de werkzaamheid van God niet tot uiting in losse scheppingsdaden waarmee hij bijvoorbeeld nieuwe soorten zou hebben geschapen, maar in het totale proces van kosmische wording en daarmee ook in het proces van het leven en de ontwikkeling daarvan.

De mens is dus onderdeel van het evolutieproces van het leven dat de eencelligen tot en met de primaten en miljoenen andere soorten omvat. De bijbelse traditie ziet dat overigens binnen haar eigen wereldbeeld ongeveer net zo. In de Bijbel zijn de mensen net als al het andere in de wereld schepsel van God. Volgens de eerste, jongere scheppingsmythe (Genesis 1) worden de mensen en de landdieren op dezelfde dag geschapen –niet alleen de zoogdieren, maar ook de insecten en reptielen, in de Bijbel aangeduid als 'wat rondkruipt'.

Tegelijkertijd onderscheidt de mens zich van alle andere soorten. Volgens Genesis 1 heeft God de mens geschapen als zijn en haar evenbeeld: 'Laten Wij mensen maken die ons evenbeeld zijn, die op Ons lijken' (vers 26). Zo gezegd, zo gedaan: 'God schiep de mens als zijn evenbeeld, als evenbeeld van God schiep Hij hem, mannelijk en vrouwelijk schiep Hij de mens' (vers 27). Vervolgens zegent God zijn schepselen en dan staat er ten slotte: 'God zag alles wat Hij had gemaakt: het was zeer goed' (vers 31).

Er is wel iets wat de mensen niet goed hebben begrepen. 'Bevolk de aarde en breng haar onder je gezag: heers over de vissen van de zee, over de vogels van de hemel en over alle dieren die op de aarde rondkruipen,' had God gezegd. En de mens ging ertegenaan. Hij heeft de aarde inderdaad onder zijn gezag gebracht. Vandaag beseffen we dat dit op een manier is gebeurd die steeds vaker moorddadig blijkt te zijn – en ook suïcidaal. De mens heeft alle andere soorten aan zich onderworpen, er vele uitgeroeid, hij heeft zijn oorspronkelijke natuurlijke leefomgeving zo grondig verbouwd dat ook de fundamenten van zijn eigen leven aangetast worden.

In zijn bestseller *Sapiens* stelt de Israëlische historicus Yuval Noah Harari dat dit twijfelachtige succes van de mens voortvloeit uit een vaardigheid die hem inderdaad van alle andere dieren onderscheidt: de vaardigheid om abstracte, in Harari's woorden 'fictieve' taal te hanteren. Ook andere dieren hebben een taal. Dat kan de kwispeldans van de bijen zijn waarmee ze de andere leden van hun grote familie over een goede voedselbron inlichten, of de alarmroep van de groene meerkat die onderscheid maakt tussen bedreiging van boven (roofvogel) of van onder (roofkat). Olifanten, walvissen en dolfijnen hebben nog veel sterker gedifferentieerde taalsystemen. Het onderscheid met de menselijke talen bestaat erin dat dieren (voor zover wij weten) alleen dingen en situaties ter sprake brengen die 'er zijn': voedselbronnen, gevaren, dominantie of onderwerping en ook gevoelens als rouw en vreugde. Daartegenover is de menselijke taal er één waarmee we ons dingen kunnen voorstellen en dingen kunnen beschrijven die er in de fysieke realiteit helemaal niet zijn. Deze dingen 'bestaan niet uit atomen of proteïnen, maar uit verhalen.'[156] Verhalen zijn er alleen in onze verbeelding, in onze geest.

Met de geest, dat wil zeggen met de taal en zodoende met ons denken en onze verbeelding kunnen we ons losmaken van wat 'er is', zelfs van ruimte en tijd. Ons denken en onze verbeelding worden weliswaar bepaald door ruimte en tijd, maar onze geest kan ruimte en tijd overstijgen of die zelfs helemaal laten oplossen. In onze herinnering kunnen we jaren en decennia ver teruggaan en in onze fantasie kunnen we niet alleen andere bestaande werelddelen bezoeken, maar ook landen, planeten of sterrenstelsels die 'in werkelijkheid', dus in de fysieke realiteit, niet bestaan. Onze geest kan van alles scheppen: eenhoorns en draken, ruimteschepen die de lichtsnelheid doorbreken en door harige *Wookiees* worden bestuurd, dwergen en elfen, Dementors en een perron 9¾, supernova's (die wel bestaan maar die geen mens ooit van dichtbij heeft gezien of zal zien), leptonen, bosonen en gluonen, die we eigenlijk alleen kennen uit berekeningen en omineuze sporen in de nevelkamers van deeltjesversnellers, of ook dat die leuke Suzy van hiernaast me haar liefde verklaart, dat er zombies uit de graven komen, dat het kikkers regent – ja, onze geest kan zich zelfs dingen voorstellen die je je niet kunt voorstellen: bijvoorbeeld elf dimensies die 'ingerold' zijn in subatomaire deeltjes (dat is geen science fiction maar stamt uit de snaartheorie van Stephen Hawking), of zoiets onvoorstelbaars als de oneindigheid. Onze geest kan zich beduidend meer voorstellen dan alles wat er is. En alles wat de geest zich voorstelt, is in de geest 'voorhanden'. Onze geest bevat een ware kosmos, of meerdere – tenslotte kun je zelfs een oneindig aantal universums bedenken (al kun je je die nauwelijks voorstellen).

Gods evenbeeld

Vrij zijn van ruimte en tijd en beschikken over schier oneindige creativiteit, dat zijn eigenschappen die gewoonlijk aan God worden toegeschreven. Misschien komt dat eenvoudigweg doordat wij mensen geneigd zijn om onze eigenschappen op God te projecteren. God wordt antropomorf (mensvormig) beschreven en dat gebeurt in alle bewustzijnsruimten. Maar de analogie tussen ons spreken over God en het spreken over de menselijke geest zou ook kunnen wijzen op een fundamentele overeenkomst. Ik geloof inderdaad dat onze geest een minuscuul holografisch fractaal van God is. God is ons diepste wezen, ons ware zijn, en de sporen daarvan zijn fantasie en creativiteit en het feit dat we in staat zijn nieuwe dingen te denken en te maken, maar ook dat onze geest ruimte en tijd kan overwinnen. Zo zou ik het begrip 'Gods evenbeeld' in de scheppingsmythe kunnen opvatten.

Wij mensen kunnen dingen scheppen die er eerder niet waren. Ook dieren maken dingen, maar een zwaluwnest of een termietenbouwwerk is geen creatieve prestatie. Hoe ze gebouwd worden, ligt vast in het genetisch gecodeerde gedragspatroon van de dieren, en in principe zijn alle zwaluwnesten en termietenbouwsels op dezelfde manier gebouwd. Mensen daarentegen kunnen echt nieuwe dingen maken die er nog niet waren. Dat behoort tot ons wezen, en ook als we van die mogelijkheid maar al te vaak misbruik maken, verandert dat er niets aan dat we in dit opzicht evenbeeld van God zijn.

Een evenbeeld is iets anders dan een afbeelding. Een foto en een geschilderd portret zijn afbeeldingen. Een afbeelding en dat wat afgebeeld wordt, verschillen fundamenteel van elkaar. Een mens is een levend, ademend, denkend en voelend wezen. De fotografische afbeelding van een mens is een stuk papier met een dunne lichtgevoelige laag of een aantal virtuele pixels op de geheugenchip van mijn camera. Een evenbeeld daarentegen is veel meer dan een afbeelding. Godenbeelden bijvoorbeeld werden in de oudheid niet zomaar als afbeeldingen beschouwd. In het beeld was de godheid zelf present. Dat idee zit ook in het bijbelse begrip 'evenbeeld' (Hebreeuws: *tsèlèm*)[157]: de mensen representeren Gods presentie in de aardse realiteit. Die voorstelling was in de oud-oosterse omgeving op zichzelf niets nieuws. De Egyptische farao's werden als 'evenbeelden' van de goden beschouwd en dat betekende dat ze de betreffende god op aarde representeerden. Toch laat de bijbelse scheppingsmythe een fundamenteel verschil zien met andere oud-oosterse verhalen. Want de Bijbel kwalificeert *alle* mensen als evenbeeld van God. Niet alleen een paar machthebbers, nee: wij allen brengen Gods aanwezigheid op de wereld. Dan is het niet ver meer naar de gedachte dat God in ons allen present is als ons eigenlijke, diepste, ware wezen.

Ook in het Nieuwe Testament komen we sporen tegen van de opvatting dat de mensen een goddelijke natuur hebben. Om te beginnen is er bij herhaling sprake van dat we kinderen van God zijn. Jezus noemt God zijn Vader – dat is een van de weinige uitspraken die ook door de kritische onderzoekers als authentiek worden beschouwd. En hij heeft zijn leerlingen uitdrukkelijk aangemoedigd om hem dat na te doen. Als zijn leerlingen hem vragen om hun te leren bidden, antwoordt Jezus: 'Bidt als volgt: Onze Vader in de hemel…'[158] Dit gebed, het Onze Vader, is veruit de meest gebeden tekst in de geschiedenis van het christendom wereldwijd.

Natuurlijk kan het zuiver figuurlijk of metaforisch bedoeld zijn als we God als 'Vader' aanspreken. Maar wat als datgene wat we eerder over de Christus hebben gezegd, niet alleen geldt voor deze ene mens Jezus van Nazaret? Wat als ook wij niet slechts figuurlijk kinderen van God zijn, maar (zoals christenen over Jezus Christus beweren) zelf in wezen goddelijk zijn? Wat als de bewering dat Christus twee naturen heeft, een goddelijke en een menselijke, niet alleen op Jezus Christus van toepassing zou zijn maar ook op jou en mij?

Ik zie deze gedachte ook duidelijk terug in het dogma van de vroege kerk. Want zoals gezegd zijn de beide naturen van Christus niet van elkaar te scheiden. Beide horen zowel bij de tweede persoon van de triniteit: Christus, de Zoon van God, als bij het mensenkind Jezus van Nazaret. Onafscheidelijk, onlosmakelijk. Daarmee is de menselijke natuur op een goddelijk plan getild, een 'ingrediënt' van God zelf. Anders zou de kosmische Christus de goddelijke natuur van Jezus Christus vertegenwoordigen terwijl de mens Jezus van Nazaret voor de menselijke natuur zou staan. Maar dat wordt nu juist door de triniteitsleer uitgesloten. Zoals de aardse Jezus (óók) van goddelijke aard was, zo is de kosmische Christus (óók) van menselijke aard. Beiden, de kosmische Christus en de mens Jezus van Nazaret, zijn goddelijk en menselijk tegelijk, ze zijn één, niet te onderscheiden, 'ongedeeld en ongescheiden' zoals de oude theologen het formuleerden tijdens het concilie van Chalcedon. Bij Jezus de Christus is het goddelijke aspect niet van het menselijke aspect te scheiden. Zoals bij het kantelbeeld zijn beide naturen altijd tegelijkertijd aanwezig. Als je erover doordenkt, betekent dit dat het menselijke – dat wat jou en mij en de mens Jezus van Nazaret verbindt – in God is opgeheven*. Of om het in theologisch jargon te zeggen: door de menselijke natuur van de tweede persoon van de triniteit is ook ónze menselijke natuur opgeheven en present gemaakt in God. Dat geeft aan de tweenaturenleer een geheel nieuwe dimensie.

Zoals Jezus Christus twee naturen heeft, een goddelijke en een menselijke, zo hebben ook wij twee naturen, een goddelijke en een menselijke. Wij allen zijn kinderen van God en als zodanig in ons diepste wezen onsterfelijk, eeuwig, goddelijk. Tegelijk zijn we stuk voor stuk sterfelijke, eindige mensen. Die paradox geldt niet alleen voor de 'eniggeboren Zoon' maar voor alle kinderen van God. Jezus van Nazaret, de Christus, is dan niet de unieke Godmens die ons van zonde, dood en duivel heeft verlost. We kunnen hem dan eerder zien als oerbeeld, prototype of blauwdruk voor ons mens-zijn. Ik moet daar altijd wel direct bij zeggen dat dit betrekking heeft op ons diepste wezen, niet voor onze persoonlijkheid met haar eigenaardigheden, neuroses, ijdelheden en stoornissen. Maar in onze binnenste kern, in ons ware wezen zijn we van goddelijke natuur.

Wat mij persoonlijk zo fascineert: de gedachte dat wij mensen in God opgeheven zijn en in ons diepste wezen van goddelijke natuur zijn, is geen postmoderne esoterische flauwekul. Je kunt de sporen ervan al terugvinden in de oudste leeruitspraken van de christenheid. Hoewel de meeste vroegchristelijke theologen het niet op die manier zouden hebben geformuleerd, hebben ze wél met hun denken de voorwaarden ervoor geschapen. En christelijke mystici zoals met name Meister Eckhart hebben daarop voortgebouwd: 'Het oog waarmee God mij ziet, is het oog waarmee ik Hem zie; mijn oog en zijn oog zijn één,' zegt Eckhart, waarna hij stelt dat de menselijke ziel van nature 'godvormig' is. Een van de achtentwintig uitspraken waarvoor hij van ketterij werd beschuldigd, luidt: 'Alles wat God de Vader zijn eniggeboren Zoon in de menselijke natuur heeft meegegeven, heeft

* Noot van de vertaler: met 'opgeheven' wordt hier bedoeld: opgetild tot een hogere status. De dubbele betekenis van het woord 'opheffen' wordt in de theologie vaker opzettelijk op deze manier gebruikt.

Hij ook aan mij gegeven: daarvan zonder ik niets uit, de vereniging niet en ook niet de heiligheid; *Hij heeft alles net zo aan mij gegeven als aan Hem*.'[159]

Incarnatie: God wordt wereld

De tweenaturenleer biedt ons een kans om nóg dieper te begrijpen wat 'incarnatie' wil zeggen. Zouden God en wereld twee volslagen verschillende domeinen zijn, zouden ze zich tot elkaar verhouden als de pottenbakker en de pot die hij gemaakt heeft, dan zou het idee van God die in de wereld komt en deel van de wereld wordt, onzinnig zijn. Hoe zou de pottenbakker aardewerk kunnen worden? Je zou kunnen antwoorden: 'Dat is nu juist het goddelijke wonder, je kunt het niet begrijpen, je moet het gewoon geloven!' Zo'n antwoord is niet bevredigend voor een verstand dat door de ORANJE bewustzijnsruimte is heengegaan. Maar het is helemaal niet nodig om het menselijke intellect op deze manier te beledigen. De tweenaturenleer wijst erop dat God en wereld *niet* fundamenteel verschillend zijn: de menselijke natuur is opgeheven tot in God en de goddelijke natuur is niet van de menselijke te scheiden. Dit gaat ook de lineaire logica te boven. Maar de vergelijking met het kantelbeeld en de analogie met het golf-deeltjefenomeen laten zien dat er geen prerationeel 'simpelweg geloven' van ons gevraagd wordt. Wél een transrationeel aanvaarden van het feit dat er dingen zijn die ons voorstellingsvermogen te boven gaan en die toch echt zijn.

De incarnatie betreft niet alleen het menselijk bestaan. Eerder in dit boek kwamen we uit bij het panentheïsme: God is in alles en alles is in God. Dat kunnen we nu toepassen op het thema 'incarnatie'. God heeft zich eerst geïncarneerd in de gebeurtenis die we als de oerknal aanduiden. Deze geïncarneerde God die het universum doorwaait en doorweeft, is de Logos, de kosmische Christus, de tweede persoon van de éne God die we als triniteit opvatten.[160] God zelf omvat de hele diversiteit van de schepping en daarmee ook de diversiteit aan menselijk leven. Dat betekent niet dat God, zoals het filosofische godsbegrip het wil, simpelweg onveranderlijk en perfect is. God is ook in het veranderlijke en onvolkomene, en het veranderlijke en onvolkomene is in God. Waar zou het anders moeten zijn!

Dat is de diepste betekenis van het incarnatiebegrip. Die zin uit de proloog van het Johannesevangelie 'En het woord is vlees geworden'[161] (Latijn: *incarnatus est*) wordt door christenen gewoonlijk opgevat als een uitspraak over de geboorte van de goddelijke Logos in het mensenkind Jezus in de stal van Betlehem. Het Griekse begrip 'vlees' (*sarx*) gaat echter veel verder. *Sarx* duidt het vergankelijke aan, dat wat aan tijd en ruimte onderworpen is, om het te onderscheiden van 'geest', dat wat onvergankelijk en vrij van ruimte en tijd is.

Zo bezien kun je de incarnatie ook zien als de primaire beweging van God, een beweging naar de wereld toe. Zo is in dat éne woord een kerngedachte van het christelijk geloof in de GELE bewustzijnsruimte samengevat: God is niet te vinden aan een gelukzalige 'gene zijde' waar tijd, ruimte en materie hem niet raken, verheven boven het lot van het universum staat, hemelhoog verheven boven ons, kleine mensjes. Nee, God laat zich juist hier vinden, midden in het 'aards gewoel'. Daarom is er ook geen verschil tussen heilige plekken en wereldse plekken. Daarom kan er geen priesterklasse bestaan – mensen (mannen!) die dichter bij God zouden staan dan anderen. Daarom is er ten diepste geen onderscheid tussen binnen en buiten, hemel en aarde, God en wereld – precies zoals Jezus het heeft gepredikt en voorgeleefd. 'Kloof het hout, en ik ben daar. Til een steen op: daar zul je me vinden,' zegt hij volgens *logion* 77 in het Thomasevangelie. Er is in deze wereld geen plek waar God niet te vinden zou zijn. Geen wezen dat niet zou leven op Gods adem. Geen menselijk lot dat God vreemd zou zijn, geen nood waarin God niet te vinden zou zijn. Dat is volgens mij allemaal gegeven met het begrip incarnatie.

Theosis: de mens wordt God

De omgekeerde beweging bestaat ook. Van de kerkvader Ireneüs van Lyon, die van circa 135 tot 200 na Christus leefde, stamt de uitspraak: 'God werd mens opdat de mensen goddelijk kunnen worden.' Andere theologen hebben deze uitspraak wel overgenomen, maar de gedachte is in de hoofdstroom van de westerse katholieke en protestantse kerk nooit verder uitgewerkt. In de oosters-orthodoxe kerk daarentegen speelt het idee van de *theosis*, de vergoddelijking of Godwording van de mens ook vandaag nog een belangrijke rol.

Maar wat wil dat dan zeggen? Hoe kunnen mensen 'vergoddelijkt' worden? Of nog meer toegespitst: hoe kan een mens God worden? Een mens kan bakker worden of rockster, of moeder of vader. Maar hoe kan een mens God worden?

In de oudheid leefde dit idee bij de Grieken en Romeinen. Sommige mensen kregen van de goden een plek op de Olympus aan de sterrenhemel. Ze golden dan als halfgoden. Maar in onze joods-christelijke wereld zijn er geen halfgoden. Je bent God of mens, maar God is enig in zijn soort. Hoe kan ik dan als sterfelijk, begrensd en feilbaar mens God worden – onsterflijk, oneindig, zonder gebrek? Dat gaat niet werken. Het moet dus om iets anders gaan. Ik zie het zo: God werd mens opdat wij mensen kunnen inzien dat we in ons diepste innerlijke wezen goddelijk van aard *zijn*. We kunnen God niet *worden*, we *zijn* al God. Het is nu zaak om in onze goddelijke natuur te groeien, zodat het niet alleen bij een bewering blijft, maar ook telkens weer ervaarbare werkelijkheid wordt.

12 | Wie spreekt er als ik zeg 'Ik ben'?

Er is nóg een spoor dat naar de goddelijke natuur van ons diepste innerlijke wezen voert. Dat is het gegeven dat wij mensen 'ik' kunnen zeggen. In de Hebreeuwse Bijbel stelt God zich aan de schaapherder Mozes voor met de naam 'Ik ben'.[162] Afhankelijk van de vertaling kan er ook staan: 'Ik ben die ik ben', 'Ik ben degene die ik zal blijken te zijn', of 'Ik ben er'. Hoe je de woorden ook precies duidt, twee dingen zijn helder: hier spreekt iemand die zich van zichzelf bewust is, en die communiceert van persoon tot persoon.

Dat is vermoedelijk ook een verschil tussen mens en dier: wij mensen kunnen 'ik' zeggen. Ergens tussen de tweede en derde verjaardag komt het grote moment waarop een klein kind over zichzelf niet meer in de derde persoon spreekt ('Sofie moe!') maar trots en zelfbewust zegt: '*Ik ben*'.

Dit ik-kunnen-zeggen is ons zo vertrouwd en spreekt zo vanzelf, dat we ons er meestal helemaal niet van bewust zijn hoe fenomenaal het is. Wie 'ik' kan zeggen, onderscheidt zich van de rest van de wereld, en wat echt verbazend is: zij of hij legt een relatie met zichzelf. In een simpele zin als 'Ik kleed me aan' of 'Ik kam mijn haar' ben ikzelf zowel onderwerp als lijdend voorwerp. Wie is het die 'mij' aankleedt? We kunnen ook met onszelf communiceren. 'Ik vraag mij af...', 'Ik zei tegen mezelf...' Wie stelt de vraag, aan wie wordt de vraag gesteld? Allebei ikzelf. Wie zegt iets, tegen wie? En wist het 'ik' dat aangesproken wordt al van tevoren wat het 'ik' dat spreekt zou gaan zeggen? En soms staan we onszelf in de weg. Wie staat er dan stil en wie is onderweg?

De vraag naar de verhouding tussen 'ik' en 'zelf' behoort tot de fundamentele filosofische problemen die de denkers onder ons al millennia lang bezighouden. Ook in veel spirituele tradities speelt deze vraag een centrale rol. Het is de vraag naar het zelfbewustzijn, of meer algemeen: de vraag naar het *bewustzijn*. Wat betekent het dat wij als mensen bewustzijn hebben? Dat we de wereld, onze medemensen en ook onszelf bewust waarnemen, bewust op alle mogelijke vragen kunnen reflecteren, zelfs op de vraag hoe bewustzijn mogelijk is? Hoe komt het dat in dit lichaam een geest leeft, of dat dit in ieder geval zo schijnt te zijn?

Op het eerste gezicht lijkt het evident dat die geest er is. Sterker nog, de waarneming dat 'ik ben' lijkt het enige te zijn waarvan ik zonder enige twijfel zeker kan zijn. Dat is althans wat René Descartes (1596-1650) stelt met zijn beroemde uitspraak *cogito ergo sum*: ik denk, dus ik ben. Descartes was op zoek naar datgene waaraan absoluut niet getwijfeld kan worden, wat onmiddellijk en onvoorwaardelijk wáár is. Alleen op zoiets wilde hij zijn filosofie bouwen. Hij deed daartoe een gedachte-experiment: alles waarover hij ook maar de geringste twijfel kon hebben, verwierp hij binnen het experiment als onwaar. Daar hoorde bijvoorbeeld alles bij wat we met de zintuigen waarnemen, want wie heeft er nooit een zinsbegoocheling ervaren? Ook wiskundige bewijzen verklaarde hij in het experiment ongeldig, want in de wiskunde kun je foute berekeningen maken (zoals menigeen zich zal kunnen herinneren). Ten slotte sloot Descartes ook alle gedachten uit die we hebben als we wakker zijn. Want in de droom kunnen we het gedroomde als volkomen reëel ervaren, ook als we veel daarvan als illusoir aanmerken zodra we wakker zijn. En uiteindelijk weten we niet of we nu (om een beroemd Chinees verhaal aan te halen) 'mensen zijn die dromen dat we vlinders zijn, of vlinders zijn die dromen dat we mensen zijn.'[163]

Uiteindelijk blijft er maar één ding over: dat er iemand is die denkt. Of preciezer: iets wat denkt. Dat is de enige waarneming die niet te betwijfelen valt. Postmoderne denkers hebben wel kritiek op de formulering van Descartes: 'ik *denk* dus ik ben'. Want uit deze formulering volgt de scherpe scheiding tussen geest en materie (*res cogitans* en *res extensa*, dat wat denkt en dat wat ruimtelijk is) die uiteindelijk geleid heeft tot de meedogenloze uitbuiting van de niet-denkende, dus 'zielloze' natuur in de ORANJE bewustzijnsruimte.

Ook feitelijk is de formulering niet helemaal correct. Niet het denken is de allerlaatste, onbetwijfelbare grond van het bestaan, maar de *waarneming* dat we denken. Dit dimensieloze, inhoudsloze punt van waaruit de waarneming van het denken gebeurt, kan niet verder betwijfeld worden. Descartes zelf heeft het zo geformuleerd: 'Maar onmiddellijk merkte ik dat, terwijl ik denken wilde dat alles onjuist was, ik die dat dacht toch noodzakelijkerwijs iets moest zijn.'[164] *

Onbewust bewust

Maar wat is dat voor *iets* dat waarneemt, dat mijn denken en doen en beleven observeert en dat aanvoelt als het centrum van mijzelf?

Allereerst moeten we vaststellen dat dit centrum lang niet altijd aanwezig lijkt te zijn. We zijn niet altijd bewust aanwezig. Vaak verliezen we ons in gepieker of dagdromen; innerlijk zijn we dan helemaal niet op de plek waar we ons bevinden, noch in de tegenwoordige tijd waarin we leven. We dwalen door verleden en toekomst, voeren gesprekken met mensen die niet aanwezig zijn, ergeren ons aan dingen waar allang niets meer aan te doen is, of zijn bang voor iets wat nog in de toekomst ligt: een niet-bestaand iets. Gesprekken voeren, gevoelens hebben, plannen smeden of spijt hebben over gedane zaken – dat zijn onbetwijfeld activiteiten waarvoor bewustzijn vereist is, maar we zijn ons vaak helemaal niet bewust van wat we doen. Blijkbaar kunnen we bewustzijnshandelingen voltrekken zonder ons daarvan bewust te zijn. Als we autorijden, voeren we talloze handelingen uit die bewustzijn veronderstellen. Niet alleen het geautomatiseerde koppelen en schakelen: we letten op het verkeer, kijken in de achteruitkijkspiegel, geven richting aan als we een gaatje in de verkeersstroom zien, sturen opzij en geven gas om in te halen – terwijl we daar vaak helemaal niet bewust bij zijn. Alleen als zich plotseling een gevaarlijke situatie voordoet, worden we wakker. Dan onderbreken we onze mijmeringen, innerlijke dialogen en dagdromen en zijn 'er helemaal bij'.

---

* Frans origineel: 'Mais aussitôt après je pris garde que, pendant que je voulois ainsi penser que tout étoit faux, il falloit nécessairement que moi qui le pensois fusse quelque chose.' Geciteerd naar https://www.gutenberg.org/cache/epub/13846/pg13846-images.html (geraadpleegd 17 november 2021), eerste alinea van de Quatrième Partie.

Als we dan gearriveerd zijn, stappen we uit en ontmoeten misschien iemand die we oppervlakkig kennen. Opeens zijn we innerlijk aanwezig. We overleggen innerlijk waarover we met die bekende spreken, welke informatie we hem kunnen toevertrouwen en welke niet, we luisteren zorgvuldig, al onze opmerkzaamheid is paraat in het nu. Of we houden een voordracht en concentreren onze aandacht om geen fouten te maken.

Er lijken dus verschillende gradaties van bewustzijn te bestaan. Je hebt eerst het onbewuste handelen dat een groot deel van onze tijd vult. De komiek Karl Valentin heeft die toestand spitsvondig aangeduid met zijn uitspraak: 'Vandaag ga ik eens bij mezelf op bezoek; ik ben benieuwd of ik thuis ben.' We mogen aannemen dat dieren (op zijn minst de 'hogere' dieren) ook over zo'n soort onbewust bewustzijn beschikken. Een dier neemt waar, het neemt beslissingen, het voelt. Maar voor zover wij weten, *weet* het dier niet dat het waarneemt, beslist of voelt. Je zou kunnen zeggen: de waarneming vindt plaats, er vallen beslissingen, er zijn gewaarwordingen van gevoel, maar er is geen ik dat waarneming, beslissing of gevoel op zichzelf betrekt.

Op de momenten dat we ons van onszelf bewust zijn, zijn we in zekere zin bij onszelf aanwezig, 'thuis' bij onszelf. Dat vereist een bepaalde inspanning: we breken weg uit het automatisme van het onbewuste functioneren en komen tot gerichte aandacht. Deze toestand van wakkere aandacht voor wat er op dit moment is, kan geoefend worden. Ik kan mijn aandacht focussen en met waakzame zintuigen en wakker verstand over de situatie nadenken. Dan neem ik waar dat ik waarneem. Dan weet ik dat ik weet. Ik neem een metaperspectief in (van het Griekse *meta*: na, achter, voorbij). Er is iets voorbij het denken, voorbij het voelen en willen en beleven, iets wat 'van bovenaf' kijkt naar dat wat mij overkomt en wat zich in mij afspeelt. Op zulke momenten ben ik bewust: ik ben me ervan bewust dat ik bewust ben en een bewustzijn heb.

Ten slotte zijn er ook momenten waarop ik zo toegewijd ben aan een bepaalde activiteit dat ik er helemaal mee versmelt, zodat mijn ik als het ware weer verdwijnt. Dat zijn toestanden van 'flow'[165], waarin ik opga in mijn handelen en daarmee één word. Dat kan gebeuren bij een goed en intensief gesprek waarin ik, helemaal alert, volledig bij mijn gesprekspartner en bij het gesprek ben, zonder afleidende gedachten;

het kan ook bij het musiceren zijn of als ik al dansend mezelf vergeet. De uitdrukking ‘zelfvergetelheid’ is veelzeggend: ik ben er zelf maar ik ben mezelf vergeten omdat ik opga in iets groters. Ook op zulke momenten ben ik me niet in de gebruikelijke betekenis van mezelf bewust. Maar ik ben niet onderbewust aanwezig zoals bij het automatisch handelen, bij gemijmer of dagdromen. Ik ben in zekere zin bovenbewust aanwezig: een toestand die ook ontstaat in diepe meditatie.

Het ik is weliswaar permanent aanwezig, het organiseert de waarnemingen en is het centrum van gevoelens en gedachten, maar vaak leidt het een verborgen bestaan: vóórbewust in de alledaagse automatismen, bovenbewust in momenten van flow en diep geluk en eenheidservaring. Opnieuw is de vraag: dat ‘ik’ dat bewust aanwezig is, in het voorbewuste sluimert of zichzelf in het bovenbewuste opheft – wie of wat is dat?

Met hoevelen ben je?

Het wordt allemaal nog ingewikkelder als we iets in ogenschouw nemen wat de meeste mensen zich maar zelden realiseren: dat de menselijke psyche (ons ik) geen monolithisch blok is. Goethe wist het al: ‘Helaas, *twee* zielen wonen in mijn borst.’ Een ander bekend voorbeeld uit de literatuur is *De Steppenwolf* van Hermann Hesse. In deze roman heeft de schrijver een personage geconstrueerd dat heel duidelijk maakt hoe in een mens verschillende deel-ikken kunnen leven. De hoofdpersoon Harry Haller heeft namelijk naast een menselijke, burgerlijk-aangepaste kant ook een onaangepaste, wilde, kritische kant: de eenzame steppenwolf. En er duiken in het boek nog andere deelpersoonlijkheden op, zoals in de persoon van de geheimzinnige Hermine (de vrouwelijke vorm van Hermann, dus misschien wel een vrouwelijke kant van de auteur) of in de toverbeelden van het magische theater.

Wetenschappelijk en therapeutisch wordt dit gegeven tegenwoordig beschreven met een aantal verschillende maar onderling verwante theorieën. Zo is er de theorie van het ‘innerlijke team’, bekend geworden door de communicatiewetenschapper Friedemann Schulz von Thun,[166] er zijn de *Ego States*[167] en je hebt de *Voice Dialogue*. Op dat laatste wil ik hier dieper ingaan. *Voice Dialogue* is ontwikkeld door het Amerikaanse psychologen- en therapeutenechtpaar Hal en Sidra Stone in de jaren zeventig van de afgelopen eeuw.[168] Volgens hun psychologische theorie bestaan er in een mens verschillende deel-ikken, dus delen van de persoonlijkheid die onderling zeer van elkaar verschillen. Er zijn innerlijke kinderen, er zijn gangmakers, er is de Don Juan of de nymf, maar ook de asceet en de boeteling.

Het Duitse therapeutenechtpaar Veeta en Artho Wittemann heeft deze methode verder verfijnd en gesystematiseerd.[169] Zij hebben de deel-ikken geordend in categorieën ('continenten'): man, vrouw, kind, dier en god. Dat wil zeggen dat iedere vrouw ook mannelijke deel-ikken heeft en omgekeerd. Ieder volwassen mens heeft meerdere kinderen in zich; we dragen wilde, ongetemde en soms agressieve deelpersoonlijkheden met ons mee (continent 'dier') en ten slotte heeft ieder mens ook toegang tot spirituele bronnen (continent 'god'), of je dat nu beseft of niet.

Meestal staat het 'bewuste ik' op de voorgrond. Dat is ons eigen bewuste zelfbeeld, dat min of meer functioneert als onze sociale persoonlijkheid: de kalme rationele zakenvrouw die vooral actief is als we op kantoor of in vergadering zijn, of de goede vader die geeft om alles wat zwak en kwetsbaar is. Wat niet overeenkomt met dit zelfbeeld, wordt verdrongen in het onbewuste: de schaduw. Soms komt iets daarvan onverwachts tevoorschijn; dan wordt dr. Jekyll opeens mr. Hyde.* Soms komt uit de aangepaste huisvrouw de wilde avonturier tevoorschijn. Op zulke momenten treedt als het ware een andere deelpersoonlijkheid naar voren en neemt de controle en de communicatie naar de buitenwereld over – maar ook naar de binnenwereld. Dat gebeurt meestal volstrekt onbewust. Op sommige ogenblikken neemt het angstige, beschadigde kind het over van het vrolijke speelse kind, soms de amazone en soms de onderdanige, en dat gaat zo ver dat de lichaamshouding mee verandert; ook de mimiek, de gebaren en de stem kunnen sterk veranderen afhankelijk van de deelpersoonlijkheid die op dat moment actief is.

---

* Hier wordt verwezen naar de roman uit 1886 van R.L. Stevenson, *De zonderlinge geschiedenis van dr. Jekyll en Mr. Hyde* (Nederlandse vertaling: Bijleveld 2015), over iemand met een gespleten persoonlijkheid.

Het werken met deelpersoonlijkheden heeft als doel om het 'bewuste ik' te ontwikkelen of te versterken. Hoe beter we de delen kennen die in de schaduw leven, des te gemakkelijker kunnen we ze bewust inzetten als de situatie daarom vraagt en des te minder worden we zelf overrompeld doordat ze onverhoeds tevoorschijn komen.

Dus wie ben ik? Volgens deze theorie is de psyche samengesteld uit vele delen. Er is sprake van een bewust ik dat verder ontwikkeld en versterkt kan worden. Ik vind dit een boeiende theorie en ik vind de methode *Voice Dialogue* erg de moeite waard; we komen er later nog op terug. Maar ook deze theorie maakt het niet echt eenvoudiger om een antwoord op onze vraag te vinden: wie of wat is toch dat 'ik'?

Ben ik echt?

Niet alleen psychologen, ook neurowetenschappers proberen een antwoord op deze vraag te vinden. Tot voor kort waren de natuurwetenschappers de overtuiging toegedaan dat zij met hun instrumenten het bewustzijn niet konden verklaren. Want het voorwerp van de wetenschap is altijd iets 'buiten' de onderzoeker: die richt haar geest op een voorwerp dat zij voor zich heeft en met haar instrumenten en methodes te lijf kan gaan. Maar hoe moet dat als subject en object van onderzoek een en dezelfde zijn?[170] Met welke wetenschappelijke methodes en met welk technisch instrumentarium kan een natuurwetenschapper *zichzelf* onderzoeken? Dat lijkt nog wel te kunnen als het over het lichaam gaat: lichaamsdelen zijn voorwerpen, die zijn dus 'objectief' op te meten en te analyseren. Maar de geest? Hoe kan de geest op wetenschappelijke wijze kennis over zichzelf opdoen? Dat gold lang als onmogelijk.

Toch doen neurowetenschappers sinds de laatste eeuwwisseling steeds vaker pogingen het bewustzijn met hersenscanners op het spoor te komen.[171] Het resultaat kan schokkend overkomen: volgens dit onderzoek bestaat er niet zoiets als een 'ik'. Zo schrijven Werner Siefer en Christian Weber al in het voorwoord van hun boek *Ich. Wie wir uns selbst erfinden* (Ik. Hoe wij onszelf verzinnen): 'U bent niemand. Geen ik te bekennen, nergens. U verzint uzelf, nu, op dit moment terwijl u deze tekst leest. Achter uw ogen bevindt zich een niets.'[172] De Amerikaanse neurowetenschapper Michael Gazzaniga formuleert de deterministische wetenschappelijke opvatting als volgt: 'Uiteindelijk zijn wij slechts een soort machines die functioneren als automatische en *geestloze* vehikels van fysisch bepaalde krachten van het universum – krachten die sterker zijn dan wij.'[173]

Dankzij methodes om hersenprocessen zichtbaar te maken, kunnen onderzoekers inmiddels tamelijk precies beschrijven wat er zich in de hersenen afspeelt als er bijvoorbeeld een gedachte in het bewustzijn opkomt of als iemand over een bepaalde vraag nadenkt. Welke hersengebieden zijn er actief? Welke neuronen geven signalen af en hoe sterk zijn die? De biologische, chemische en biofysische processen worden met steeds grotere precisie gevolgd en het brein wordt steeds nauwkeuriger in kaart gebracht. Ooit zullen we misschien met een hersenscanner concrete gedachten kunnen uitlezen; nu al zijn er experimenten waarbij iemand een robot aanstuurt, of een prothese die een geamputeerde arm vervangt, met behulp van een apparaat dat de hersengolven in een computer inleest. De neurofysiologie kan exact voorspellen welke gewaarwordingen ontstaan als een bepaalde regio van het brein elektrisch wordt geprikkeld. Zo zijn er proeven waarbij de proefpersonen diepgaande spirituele ervaringen rapporteren nadat een bepaalde regio van hun temporaalkwab gestimuleerd werd,[174] en andere proeven waarbij heel concrete en voorspelbare gewaarwordingen van bepaalde kleuren worden geproduceerd. Mogelijk zal de neurowetenschap op een dag in staat zijn om een menselijk brein na te maken of elektronisch te simuleren, een brein dat kan denken en misschien zelfs voelen.

Deze stand van zaken leidt bij veel neurowetenschappers tot de veronderstelling dat de menselijke geest, het ik, niets anders is dan een functie van vurende* hersencellen, en dus pure illusie. Zo lijken bijvoorbeeld de experimenten van de Amerikaanse fysioloog Benjamin Libet aan te tonen dat de veronderstelling dat wij bewuste beslissingen zouden nemen, een misvatting is. In het jaar 1979 deed hij een serie proeven waarbij de proefpersonen een hand moesten bewegen op een door henzelf vrij te kiezen tijdstip. Het resultaat kwam er, om het sterk

* Hersencellen 'vuren' als ze een elektrische impuls doorgeven aan andere cellen; dat is de manier waarop binnen het brein de communicatie plaatsvindt.

vereenvoudigd te zeggen, op neer dat meting van de hersengolven uitwees dat de hersenen al een derde van een seconde vóór de bewuste beslissing de handbeweging hadden ingeleid. Voordat de beslissing in het bewustzijn valt of kan worden waargenomen, is het lichaam al aan de handeling begonnen. Dergelijke proeven lijken te bewijzen dat er helemaal geen ik is dat besluiten neemt en handelingen aanstuurt, geen ik dat liefheeft en lijdt, plannen maakt en schept. Dat alles zou een puur bijproduct zijn van de elektrochemische activiteit van onze synapsen, een toevallige en allerminst noodzakelijke functie van de fysieke, materiële processen in onze neuronen. Al weerspreekt het onze subjectieve beleving, volgens deze voorstelling van zaken bestaat er geen ik en geen vrije wil.

De vraag *waartoe* dan die subjectieve ik-beleving er zou zijn blijft dus bestaan. Maar belangrijker is dat we geen steek verder komen door het ik een illusie te noemen. Want *wie* heeft die illusie? *Wie* wordt erdoor gefopt? *Van wie* zijn die ogen waarachter zich volgens Werner Siefer en Christian Weber 'een niets' bevindt? Deze auteurs erkennen het probleem. Ze schrijven: 'Filosofisch geschoolde lezers zullen zich storen aan het begrip "illusie" en het bezwaar inbrengen dat alleen een ik illusies kan hebben; is er geen ik, dan ook geen illusies. Dus is het begrip hier niet op zijn plaats. *Dit bezwaar is steekhoudend.* Maar omdat de beschreven toestand met het woord "illusie" heel beeldend en aanschouwelijk wordt beschreven, willen we onszelf deze begrippelijke onnauwkeurigheid toestaan.'[175] Maar kun je een zo fundamentele filosofische kwestie afdoen als 'begrippelijke onnauwkeurigheid'? Als er achter mijn en uw ogen een niets huist, wie schrijft dan deze zinnen en wie leest ze? Ik ben zelf ook niet van mening dat er in onze hersenen een klein mannetje (of vrouwtje) zit dat 'ik' zegt.[176] Maar wat dan wél? Wat is het bewustzijn en hoe komt het tot stand?

Maken hersenen de ziel?

De strikt materialistisch en empirisch ingestelde wetenschap probeert het bewustzijn te verklaren vanuit het brein. Maar niemand heeft tot nu toe echt kunnen verklaren hoe dat dan werkt. Voor de Australische filosoof Davis Chalmers is dit het nog onopgeloste *hard problem* van het bewustzijnsonderzoek: de vraag hoe geest uit materie kan ontstaan. Toch beweert bijvoorbeeld de neurobioloog Gerhard Roth dat de ziel een product is van de neurobiologische processen in het brein. Een van zijn meest recente boeken draagt de provocerende titel *Hoe het brein de ziel maakt.*[177]

Welnu, maakt het brein de ziel?

Mijn antwoord is, misschien verrassend: ja.

Ja – als tenminste met 'ziel' de psyche bedoeld is, dus de psychische processen en inhouden. De inhoud van het bewustzijn (de psyche) is inderdaad afhankelijk van biologische processen: dat blijkt uit het feit dat ze kan worden beïnvloed door verwonding en ziekte, door drugs en medicijnen of elektrische stimulatie. In boeken als die van Oliver Sacks[178] of Vilayanur Ramachandran[179] kun je een schat aan verhalen vinden over de merkwaardige, soms bizarre en soms ook beangstigende psychische effecten die kunnen worden opgeroepen door verwondingen, storingen of andere afwijkingen in het menselijk brein. Zoals ik al vaker heb benadrukt: we weten nog niet of (en zo ja, hoe) het brein het zelfbewustzijn creëert, de zekerheid dat 'ik ben'; maar het is zeer waarschijnlijk dat het brein de *inhouden* van het bewustzijn produceert.

Deze aanname heeft overigens geen dwingend karakter. Ik wil dat met een analogie duidelijk maken: een televisietoestel produceert het beeld op het scherm. Daartoe moet de techniek onberispelijk functioneren en alle onderdelen moeten perfect op elkaar zijn aangesloten. Vele duizenden piepkleine vloeibare kristallen worden elektrisch aangestuurd, lichten op en doven weer uit, er ontstaat een beeld uit miljoenen pixels. Door technische manipulatie (door op de knoppen van de afstandsbediening te drukken) veranderen kleuren, contrast en volume. Ieder technisch defect geeft storing op beeld of geluid. Valt de stroom uit of gaat een belangrijk onderdeel stuk, dan gaat het scherm op zwart. Toch ontstaat het programma niet in het televisietoestel. Als er niet ergens in een studio een film of talkshow geproduceerd wordt die via de kabel of de satelliet uitgezonden wordt, kan het toestel niets vertonen. Het apparaat maakt het programma alleen maar zichtbaar en hoorbaar; het programma zelf komt van elders. Analoog daaraan zou je kunnen beweren (ik benadruk: *zou kunnen*) dat het brein er alleen toe dient om de geest die 'van elders' stamt, af te beelden en 'in de wereld' te representeren; dan zou het brein een instrument zijn waarmee de immateriële geest zichzelf in de materiële wereld kan manifesteren. En zoals een kapotte tv het beeld vervormt, zou een gewond of ziek brein de gedachten of gevoelens van de betreffende persoon vervormen. Valt het brein uit, dan dooft de geest uit, of nauwkeuriger: de representatie ervan in dit lichaam.

Strikt logisch gezien is deze theorie net zo waarschijnlijk als de theorie dat het brein het bewustzijn schept. Want het hersenonderzoek kan alleen correlaties vaststellen, oftewel gelijktijdigheid. Bij prikkeling van bepaalde hersengebieden treedt een bepaalde ervaring op en omgekeerd: als iemand bepaalde ervaringen heeft, stelt de hersenscan activiteit vast in bepaalde gebieden van het brein. Correlatie is nog geen causaliteit, of anders gezegd: de causaliteit kan ook omgekeerd zijn, zodanig dat de geest het primaire (de oorzaak) is en zichzelf via de materie binnen de materiële wereld tot uitdrukking brengt (het gevolg).

Deze overweging werpt ook licht op de experimenten met mediterende proefpersonen. Bij mensen in diepe meditatie laat de MRI-scan zien dat de neuronen afvuren in bepaalde gebieden van de temporaalkwab. Worden deze gebieden van buitenaf geprikkeld, dan ontstaat bij de proefpersoon een oceanisch eenheidsgevoel zoals dat ook in diepe meditatie kan worden ervaren. Positivistische neurowetenschappers zeggen dan: wat in diepe meditatie wordt ervaren, heeft geen echte inhoud, het is slechts het gevolg van bepaalde processen in het brein. 'Er is een theorie dat veel mensen met diepe religieuze ervaringen ... (dus mogelijkerwijs ook sommige stichters van godsdiensten) simpelweg temporaalkwab-epilepsie hebben,' schrijft de filosoof Thomas Metzinger[180], hoewel hij er ook op wijst dat die theorie het helemaal mis zou kunnen hebben. Het gedachtenexperiment met de omgekeerde causaliteit laat de mogelijkheid open dat de prikkeling van de temporaalkwab de eenheidservaring niet *schept*, maar slechts de 'poorten van de waarneming'[181] opent zodat de proefpersonen iets bewust kunnen beleven wat er de hele tijd al is, maar wat in de alledaagse werkelijkheid meestal niet wordt ervaren. Strikt logisch is deze mogelijkheid even waarschijnlijk als de mogelijkheid dat religieuze ervaring pure illusie is die door prikkeling van binnen of van buitenaf tot stand komt.

Hoe het voelt om iemand te zijn

We keren nog eens terug naar de vergelijking met het televisietoestel. Ik ben het niet eens met de dualistische of idealistische scheiding van lichaam/brein enerzijds en geest/bewustzijn anderzijds die uit deze vergelijking spreekt. Ik heb de analogie alleen aangehaald om te laten zien dat de materialistische verklaring (dat het bewustzijn 'niets anders' is dan een product van de materiële cellenklontering die we brein noemen) niet de enig mogelijke is, ook wanneer je de onderzoeksresultaten van de neurobiologie volledig serieus neemt.

Wat de neurowetenschappen namelijk niet kunnen verklaren, is hoe uit materiële, fysische feitelijkheden *subjectieve ervaringsinhouden* ontstaan. Als we bijvoorbeeld de blauwe hemel zien, worden lichtstralen, dus fotonenstromen, via het oog naar de oogzenuw geleid die ze als elektrische impulsen naar het brein doorstuurt. Daar beginnen bepaalde exact te identificeren neuronen te vuren, en de ervaring van blauw ontstaat. Dat is allemaal grondig onderzocht. Maar hoe en waar wordt de fysische realiteit omgezet in de subjectief ervaren werkelijkheid 'blauw'?

Geen wetenschap ter wereld is in staat te verklaren hoe 'blauw' *aanvoelt*, of meer algemeen: *hoe het voelt om iemand te zijn*. De Amerikaanse filosoof Thomas Nagel heeft in 1974 een baanbrekend artikel gepubliceerd met de veelzeggende titel 'What is it like to be a bat?' – 'Hoe is het om een vleermuis te zijn?'[182] Nagel legt uit dat de wetenschap exact kan beschrijven wat er zich afspeelt in het brein van een vleermuis als ze haar ultrasonische kreten uitstoot en uit de echo daarvan vervolgens een beeld van de omgeving construeert dat zo precies is, dat ze een mot in de vlucht kan herkennen en vangen. Biologen en neurofysiologen kunnen, zoals dat in vaktaal heet, het *neurologische correlaat* van de waarneming van een vleermuis analyseren. Maar ze kunnen niet nagaan hoe het aanvoelt (*what it is like*) om met de oren te 'zien'.

Om deze gedachte verder uit te diepen, hoeven we ons echt niet in de exotische waarneming van vleermuizen te begeven. Stel je voor: je ziet dat iemand zijn hoofd stoot. Uit zijn van pijn vertrokken gezicht en uit je eigen herinnering van hoe het is om je hoofd te stoten, kun je afleiden dat die persoon pijn ervaart. Maar je kunt de pijn van de andere persoon niet *voelen*. Je kunt je *invoelen*, de pijn *navoelen*, maar niet de werkelijke pijn van de ander ervaren. Zo is het met alle innerlijke ervaringen. Ik kan niet weten hoe het voelt om jou te zijn, en jij kunt niet voelen hoe het is om mij te zijn. Want ieder van ons heeft haar of zijn eigen 'perspectief van de eerste persoon' dat alleen deze ene persoon toebehoort. Niemand kan in andermans hoofd kruipen en door diens ogen naar buiten kijken. Zelfs als het hersenonderzoek op een dag zo ver zou komen dat we uit de hersengolven een beeld kunnen reconstrueren van wat een proefpersoon op dat moment ziet, dan zal het resultaat een beeld op een computerscherm zijn en niet het beeld dat die persoon zelf in haar of zijn bewustzijn voor zich (in zich) heeft.

De wetenschap kan de *inhouden* van het bewustzijn registreren en ook manipuleren (met medicijnen, verdovende middelen of elektroden). Ze kan dat wat zich in een mens afspeelt van buitenaf beschrijven: de neurologische correlaten, de functies, de biofysische processen. Wat ze niet kan, is het vastleggen van de zogenaamde *qualia*: 'hoe het voelt'. Qualia is het meervoud van het Latijnse *quale*, in het Nederlands: 'hoedanig', en wordt gebruikt voor het 'subjectieve belevingsgehalte van mentale toestanden',[183] dat wat een mens in zijn binnenste beleeft. De qualia-basisregel luidt 'dat de subjectieve, kwalitatieve aspecten van bewustzijn *een strikt persoonlijk karakter* hebben en zodoende ook niet kunnen worden vastgelegd door een wetenschappelijke theorie, die immers in essentie openbaar en intersubjectief is'.[184] In de neurowetenschappen gaat het om het beschrijven van 'de noodzakelijke en toereikende voorwaarden voor bewustzijn'. Daarvoor geldt: 'Het te beschrijven [is] iets anders ... dan het te ervaren.'[185]

Geen ik te bekennen

Als ik de uitkomsten van het wetenschappelijk onderzoek over het menselijk bewustzijn tot nu toe goed heb begrepen, blijft het subjectieve individuele binnenperspectief van een mens buiten bereik van de natuurwetenschappen. Om dat nader te onderbouwen, grijp ik terug op het schema van de kwadranten zoals ik dat in het eerste hoofdstuk heb gepresenteerd. De kwadranten aan de linkerkant beschrijven het perspectief van binnen, die aan de rechterkant het perspectief van buiten. De qualia hebben hun thuis in het kwadrant linksboven, het wetenschappelijk onderzoek hoort rechts, zowel boven als onder. Rechtsboven kan bijvoorbeeld exact geanalyseerd worden wat er zich afspeelt in het lichaam en het brein van een mens die verliefd is geworden: bloeddruk, hartslag, hormoonhuishouding, dat kan allemaal wetenschappelijk worden onderzocht. Maar 'hoe het is' om verliefd te zijn, dat kan een wetenschapper alleen begrijpen naar analogie van de ervaringen die zij-/hijzelf in het eigen kwadrant linksboven heeft opgedaan. Als de wetenschapper zelf nooit verliefd is geweest, zal hij nauwelijks kunnen navoelen waarom de proefpersoon zo van de leg is.

Wat er zich in de kwadranten links afspeelt, kan alleen in de linker kwadranten zelf worden gekend en onderzocht. Maar omdat ze zich op grond van hun subjectiviteit aan de greep van de wetenschap onttrekken, filtert de ORANJE georiënteerde natuurwetenschap ze weg en doet alsof ze niet bestaan. Daarom is het niet verrassend dat neurowetenschappers en materialistisch georiënteerde filosofen geen ik kunnen vinden. Het ik is per definitie subjectief, het is de belichaming van de subjectiviteit, en de wetenschap is vanuit haar grondslagen objectief georiënteerd. De wetenschap kan de *inhouden* van het bewustzijn in beeld brengen en analyseren, maar niet het bewustzijn zelf in haar subjectieve hoedanigheid.

Pogingen om de linker kwadranten vanuit rechts te begrijpen en te gebruiken, leiden soms tot grotesk aandoende ideeën. Zo stelt het onderzoek naar kunstmatige intelligentie zich ten doel om neuronale netwerken te maken die structureel en functioneel lijken op het menselijke brein. Het schijnt dat een aantal miljardairs van deze wereld speculeert op zulke netwerken waarin ze de inhoud van hun bewustzijn kunnen uploaden, in de hoop op die manier onsterfelijk te worden. De hoop is dus dat het bewustzijn blijft bestaan zolang de supercomputer functioneert waarin dat bewustzijn is geüpload. Ik ben ervan overtuigd dat zoiets niet gaat werken. Misschien is het op een dag mogelijk om de complete inhoud van een menselijk brein technisch te kopiëren en naar een supercomputer te uploaden. Maar hoe zou het ik, het subjectieve binnenkantperspectief, van de biologische mens naar de computer moeten worden overgebracht? Afgezien van het feit dat ik het niet heel aanlokkelijk zou vinden om te wonen in een technische structuur van chips en kabels in plaats van een lichaam, geloof ik niet dat het kan. Dat punt zonder dimensies of eigenschappen van waaruit onze waarneming, gevoelens en gedachten georganiseerd (of misschien alleen maar ervaren) worden – dat punt waar we op God lijken – kan volgens mij nooit gedigitaliseerd en naar een technisch apparaat overgezet worden.

Toegegeven, ik ben niet helemaal onbevooroordeeld. Voor mij staat het zó buiten kijf dat het menselijk bewustzijn een centrum heeft dat constant blijft door alle verandering en ontwikkeling van psychische inhouden en overtuigingen heen en zelfs door psychische catastrofes heen, dat ik niet begrijp hoe iemand daaraan kan twijfelen. Ik vraag me af wat een filosoof (die toch leeft van het denken) ertoe brengt om het ik dat zijn denken aandrijft, weg te verklaren. Dus hoe een filosoof als Daniel Dennett ertoe komt om het bewustzijn dat het mogelijk maakt dat hij zijn beroep uitoefent, als non-existent aan te merken. Want ik ben ervan overtuigd dat pas een bewustzijn dat 'ik' kan zeggen, in staat is om naar zichzelf te vragen en zichzelf vervolgens ter discussie te stellen. Maar misschien ben ik te zeer een leek om de complexe wetenschappelijke gedachtegangen op dit punt te volgen.

Ik vermoed dat het ligt aan een zeker (onbewust) dualisme dat stiekem rondspookt in de hoofden van de onderzoekers en filosofen die het bestaan van het ik als illusoir bestempelen. Het lijkt erop dat ze zich een bewust ik niet anders kunnen voorstellen dan als een 'geest in de machine', als een mannetje in je hoofd dat van binnen naar buiten kijkt en dat de instantie vormt die 'ik' zegt. Van zo'n mannetje kan natuurlijk geen sprake zijn. Toch lijkt die voorstelling onbewust bij velen een rol te spelen, en dan moeten ze die bestrijden omdat ze strijdig is met het natuurwetenschappelijke, materialistische monisme.

Maar daarmee is het probleem niet opgelost. Luister nog een keer hoe we 'mijn brein' en 'mijn bewustzijn' zeggen. Bij mij komt dan onontkoombaar de vraag op: wie is de eigenaar van dat brein en aan wie behoort dat bewustzijn toe? Het ik komt telkens weer onverwachts binnensluipen, juist op de momenten waarop we het willen wegverklaren.[186]

Panpsychisme

In een TED-talk in 2014 onder de titel 'How do you explain consciousness?' (Hoe valt bewustzijn te verklaren?)[187] stelt de Australische filosoof David Chalmers de vraag hoe de subjectieve ervaring van bijvoorbeeld een kleur tot stand komt. Waar komt die *inner movie* vandaan, waarom speelt die zich in ons hoofd af en waar dient het toe? Voor het functioneren van ons organisme zou het niet nodig zijn; veel van wat we doen, doen we immers volslagen onbewust. Maar als we uit ons hoofd twee getallen bij elkaar optellen, doen we dat bewust en we ervaren daarbij een innerlijk, subjectief beeld. Een rekenmachine kan zonder zo'n innerlijk beeld diezelfde optelling maken, en dan ook nog sneller en meer trefzeker. Dus waarom en waartoe dat bewustzijn? En hoe ontstaat het uit fysische fenomenen zoals meetbare hersengolven? Dat is het *hard problem* van het bewustzijnsonderzoek.

Chalmers noemt zichzelf een materialistisch filosoof en probeert het *hard problem* op te lossen in het kader van het materialistische natuurwetenschappelijk wereldbeeld. Binnen dit wereldbeeld zou het bewustzijn 'een anomalie'* zijn 'die we in ons wetenschappelijke wereldbeeld moeten integreren. Maar we weten nog niet hoe.'[188] Vervolgens zegt hij: 'Als je met een dergelijke anomalie geconfronteerd wordt, heb je misschien radicale ideeën nodig.' Hij formuleert twee van zulke radicale ideeën die hij verderop zelf *crazy ideas* noemt. Het eerste gekke idee: bewustzijn zou een fundamentele grootheid kunnen zijn zoals ruimte, tijd en massa of Newtons wetten van de mechanica: grootheden die we eenvoudig als gegeven moeten aanvaarden en waarvan we het bestaan niet uit andere grootheden kunnen afleiden. Volgens Chalmers is het al eerder nodig geweest om het lijstje van fundamentele grootheden uit te breiden, namelijk toen James Clerk Maxwell de elektrische lading beschreef. Het gekke idee zou dus zijn om bewustzijn als 'fundamentele bouwsteen van de werkelijkheid' te beschouwen. Dat zou betekenen dat het bewustzijn een gegeven is en niet uit andere grootheden, elementen of processen kan worden afgeleid.

---

* Een anomalie is iets wat eigenlijk niet zou moeten kunnen, maar wat zich desondanks voordoet.

Het tweede, nog radicalere gekke idee is dat bewustzijn *universeel* is. Dat betekent dat het niet pas ontstaat door schakelprocessen van vele neuronen, maar dat het vanaf het begin overal voorhanden is. Dat zou betekenen dat alles in het universum bewustzijn heeft: van mensen, zoogdieren, amfibieën, insecten en microben, tot en met elementaire deeltjes. Het idee zou daarbij niet zijn dat fotonen intelligent zouden zijn. Fotonen zouden wél 'mogelijkerwijs een bepaalde ruwe vorm van subjectieve ervaring hebben, een primitief voorstadium van bewustzijn.'[189]

Ik vind dat gekke idee heel spannend. Het past bij het filosofische idee van het panpsychisme: de voorstelling dat alles (Grieks: *pan*) een ziel (Grieks: *psyche*) zou hebben, waarbij je 'ziel' niet moet opvatten in de zin van een (eventueel onsterfelijke) ziel die vaak aan mensen toegeschreven wordt, maar in de zin van bewustzijn of bewustheid. Bewustzijn zou dan een breed spectrum omvatten van de meest simpele elementaire voorstadia tot en met het complexe, gedifferentieerde bewustzijn van de mens.

Bewustzijn, geest of ziel zou dan niet iets zijn wat (materialistisch) uit de materie opkomt of waaruit (idealistisch) de materie ontstaat, en ook niet iets wat (dualistisch) naast de materie bestaat. Bewustzijn of geest zou zoiets zijn als de 'andere kant' van de materie, altijd voorhanden en altijd ervaarbaar zodra je, zoals bij het kantelbeeld, anders kijkt.

Dit idee past precies bij het begrip van de werkelijkheid zoals ik het eerder in het hoofdstuk over de triniteit heb beschreven. Geest en materie zouden dan net als God en wereld twee kanten van dezelfde medaille zijn, 'onvermengd en onveranderd, ongedeeld en ongescheiden,' zoals het concilie van Chalcedon het formuleerde over de goddelijke en menselijke natuur van Jezus Christus. De verhouding tussen materie en geest heeft dan geen dualistisch en ook geen monistisch (materialistisch of idealistisch) karakter maar een duaal karakter, of om de traditionele christelijke begrippen hier een nieuwe inhoud te geven: een trinitarisch of nog beter, een incarnatiekarakter. Dat kan ook bijna niet anders als er iets klopt van het idee dat God zichzelf in de kosmische Christus met de oerknal in de wereld heeft geïncarneerd. Panpsychisme en panentheïsme gaan hand in hand. God, pure Geest of puur bewustzijn, is altijd al, sinds haar/zijn eerste incarnatie, de 'keerzijde' van de wereld, en daarom is alles bezield of met geest doordesemd zonder dat ziel of geest daarmee een apart tweede element zou zijn.

Zo kunnen we dus toch volhouden dat er een bewust ik is, een centrum van de persoon waarin al onze waarnemingen, gevoelens en gedachten samenkomen. Niet als dualistische geest in de machine of als mannetje in het brein, maar zoals ik zojuist heb geschetst: als geïncarneerde totaliteit. De hele mens, de hele eenheid van lichaam, gedachten, emoties en zelftwijfel heeft een andere kant, of kan zoals het kantelbeeld in een ander perspectief worden gezien. Dat perspectief kan, als je wilt, met het begrip 'innerlijk' worden getypeerd. Maar het gaat niet om iets dat zich in de mens bevindt, het gaat om zijn binnenkant. Zoals de binnenkant van een holle bol niet iets in de bol is, zo is de binnenkant van de mens en de wereld niet iets in de mens of in de wereld, maar simpelweg de andere kant ten opzichte van het oppervlak. Door deze binnenkant, in dat perspectief, heeft de mens deel aan God, het Grote Bewustzijn, het ultieme 'Ik ben'.[190] Daar ligt het archimedisch punt waarop alle waarneming en denken en voelen gericht en betrokken is. Voor een materialistische filosoof of wetenschapper is dat misschien geen overtuigende verklaring, maar in een trinitarisch perspectief wordt zo helder hoe bewustzijn en het ik tot stand komen. Allebei zijn ze er altijd geweest, en allebei krijgen ze op dit moment expressie in deze historisch unieke persoon die mijn of jouw naam draagt.

ZONDE EN VERLOSSING

13 | Een kosmisch drama in meerdere bedrijven

Wij mensen zijn Gods evenbeeld, kinderen van God. We hebben net als Jezus Christus een tweevoudige natuur: een goddelijke en een menselijke. Dat draagt ons door leven en dood heen. Nu is van onze goddelijke natuur vaak niet zo veel te merken of te zien. Onze persoonlijkheid, ons gedrag, ons denken en handelen is vaak allesbehalve goddelijk. Als we durven zeggen dat we in ons diepste, meest innerlijke wezen een goddelijke natuur hebben, moeten we er direct bij zeggen dat dit meest innerlijke, diepste wezen zich helaas maar zelden laat zien. Hoe komt het dat in ons leven en handelen maar zo weinig van de goddelijke liefde te merken is? Er lijkt iets te zijn dat de goedheid en goddelijkheid van ons wezen verduistert of bedekt. De christelijke traditie ontvouwt rond dit thema een compleet kosmisch drama. Dit drama met de titel 'zonde en verlossing' is een van de redenen waarom veel modern en postmodern denkende mensen zich van kerk en christendom afkeren. Het is net zoals met het scheppingsverhaal: als dit letterlijk wordt opgevat, als wetenschappelijke verklaring voor het ontstaan van de wereld, kan geen modern of postmodern denkend mens het serieus nemen. Zo is het ook met het drama van zonde en verlossing. Alleen die woorden al! Bij het begrip 'verlossing' maar vooral ook bij het begrip 'zonde' komt je een muffe schimmellucht tegemoet als uit een oude folterkelder. Dat komt doordat het drama in een andere tijd is geformuleerd, met een ander wereldbeeld, in een andere bewustzijnsruimte: versie 4.0.

Besturingssysteem en toepassingen

Om weer even op te halen hoe het zat met de 'versienummers', wil ik nog een keer een vergelijking maken. Iedere computer werkt met een besturingssysteem dat de basisfuncties van het apparaat aanstuurt, zodat er bijvoorbeeld een letter verschijnt als ik een bepaalde toets indruk. Boven op dat besturingssysteem liggen de diverse programma's of apps waarmee bepaalde taken kunnen worden uitgevoerd: tekstverwerking, berekeningen maken in spreadsheets, surfen op het internet enzovoorts. Het besturingssysteem wordt van tijd tot tijd geactualiseerd en biedt dan naast de oude vertrouwde functies ook weer veel nieuwe mogelijkheden die er in eerdere versies nog niet waren. Microsoft is tegenwoordig (2023) bij versie Windows 11, Apple is bij iOS 15. Om de apps en gebruikersprogramma's optimaal te laten werken en volledig gebruik te kunnen maken van alle mogelijkheden van het nieuwste besturingssysteem, moeten dan natuurlijk ook de programma's een update krijgen. Oude apps werken weliswaar nog op het nieuwe systeem, maar passen er niet echt meer bij. Zo weigert mijn computer om teksten te openen die in Word 1997 of zelfs nog in WinWord zijn opgesteld. Wie wat meer verstand van computers heeft, kan de veiligheidsinstellingen van het apparaat zo aanpassen dat ook oude WinWordbestanden geopend kunnen worden. Op ongeveer dezelfde manier kun je met wat theologie en dogmageschiedenis de dogma's 4.0 naar het heden ophalen en verstaanbaar maken. Dat is wat ik in dit hoofdstuk wil doen.

De bewustzijnsruimte waarin we ons bewegen is als het besturingssysteem, en bepaalde leerstellingen zijn de apps of gebruikersprogramma's uit ons voorbeeld: denk aan de leeruitspraak dat Christus voor ons gestorven is om ons van onze zonden te bevrijden. Die leer is in de BLAUWE bewustzijnsruimte ontstaan: je zou deze app 'Zonde en verlossing 4.0' kunnen noemen. Ze doet het uitstekend op het BLAUWE besturingssysteem 4.0. In ORANJE (5.0) gaat het rammelen, GROEN (6.0) heeft het er behoorlijk moeilijk mee. Het GELE besturingssysteem ten slotte (versie 7.0) kan wel begrijpen hoe het ooit bedoeld was – dat is immers de nieuwe vaardigheid van de tweede rang (zie blz. 30); maar zelf zal het deze leer niet overnemen, net zomin als het de doodstraf overneemt of de voorstelling van de aarde als platte schijf.

Als het bewustzijn verandert, het besturingssysteem dat telkens geactualiseerd wordt, dan moeten ook de apps mee-ontwikkelen, anders komt het op enig moment tot een crash waarbij het hele systeem platgaat. Ik vermoed dat deze discrepantie tussen het moderne besturingssysteem en de niet-bijgewerkte apps een van de oorzaken is van het feit dat de christelijke leer vandaag zo weinig gehoor vindt in de sterk ORANJE en GROEN gekleurde westerse samenlevingen.[191] Toch maakt het drama van schuld en verlossing, zoals het in verhaalvorm helemaal aan het begin van de Bijbel is overgeleverd, deel uit van de culturele achtergrond van de zogenoemde joods-christelijke westerse cultuur. Dat geldt ook nog nu er nauwelijks christenen meer zijn die de plot ervan met al zijn vertakkingen goed kunnen navertellen. Het verhaal werkt tot op de dag van vandaag door in de diepe lagen van ons bewustzijn, en daarom vind ik het heel belangrijk om het van dichterbij te bekijken. Hier volgt dan ook een korte schets van dit drama.

Eerste bedrijf: Geschapen naar Gods beeld

Volgens de Bijbel zijn wij mensen schepselen van God. God heeft de mensen uit liefde geschapen als zijn/haar evenbeeld. In de eerste, jongere scheppingsmythe in Genesis 1 zegt God het zo: 'Laten Wij mensen maken die ons evenbeeld zijn' (vers 26). Zo gezegd, zo gedaan: 'God schiep de mens als zijn evenbeeld, als evenbeeld van God schiep Hij hem, mannelijk en vrouwelijk schiep Hij de mensen' (vers 27). Vervolgens zegent God zijn schepselen, en ten slotte staat er: 'God zag alles wat Hij had gemaakt: het was zeer goed' (vers 31). De tweede, oudere scheppingsmythe in Genesis 2 vertelt hoe God de mens uit leem vormt en hem vervolgens zijn adem of geest (in het Hebreeuws is dat hetzelfde woord) in de neus blaast, heel concreet en beeldend. Wij mensen zijn dus met Gods adem vervulde wezens die door God met een 'zeer goed' zijn beoordeeld.

Zeer goed. God heeft ons mensen zeer goed gemaakt.

Hoe komt het dan dat we ons niet 'zeer goed' gedragen? Als het originele model, het prototype een 10 heeft gekregen, waarom is er dan in de serieproductie zoveel falen, zoveel pech, zoveel geweld? Waarom zijn er dan oorlog, haat, moord, roddel, verkrachting, verraad, lafheid, leugen, hebzucht, wraakzucht en jaloezie? Waarom gaan er zulke morele afgronden open zodra we ons afvragen hoe het zit met de menselijke natuur?

Het traditionele BLAUWE christendom heeft op deze vragen een helder antwoord: de zonde. De zonde is ertussen gekomen. Zelfs als de mens door God goed geschapen is, kan het toch zijn dat hij niet goed is omdat hij aan de zonde onderworpen is. Er wordt dan zelfs over erfzonde gesproken – maar dat komt straks.

Tweede bedrijf: De 'zondeval'

In de Bijbel wordt al heel snel verteld hoe de oorspronkelijke eenheid, de goede orde van de goddelijke schepping wordt verstoord. Op de beide scheppingsverhalen volgt onmiddellijk het verhaal over de verboden vrucht waarvan Eva eet. De meeste mensen in ons cultuurgebied hebben op zijn minst een vaag idee van dit verhaal, maar meestal klopt dit idee niet echt – seks speelt er in ieder geval geen rol in. Ik zal het verhaal eerst vertellen met alle (volgens mij) onterechte accenten zoals het tot op de dag van vandaag meestal wordt verteld. Verderop in dit hoofdstuk zal ik daar mijn correcties op aanbrengen.

In het begin, als God de eerste mensen Adam en Eva heeft gemaakt, is alles goed en volmaakt harmonieus. Ze wonen in de tuin van Eden, het paradijs. Maar in dit paradijs staat een boom waarvan de mensen niet mogen eten. God heeft dat verboden. Dan komt de duivel in de vorm van een slang en verleidt Eva om ondanks Gods verbod een appel te eten. Zij doet dat en geeft haar man er ook iets van. De mensen zijn ongehoorzaam aan God, ze wantrouwen hem. Sterker: ze willen zelf als God zijn! De mensen negeren dus al direct aan het begin het hemelsbrede verschil tussen henzelf en God. Deze hoogmoed is de eerste zonde, de oerzonde ten voeten uit. God komt er natuurlijk achter en verdrijft hen beiden uit het paradijs, omdat ze zijn verbod hebben overtreden. God vervloekt de mensen zodat hun leven voortaan hard en pijnlijk zal zijn, als straf voor hun ongehoorzaamheid. Voortaan wordt het leven van de mensen bepaald door de zonde, en daarom wordt deze vertelling het verhaal van de 'zondeval' genoemd. De eerste zonde maakt dat ook de nakomelingen van de eerste mensen (wij allemaal dus) vanaf het begin onderworpen zijn aan de zonde. Want als de zonde eenmaal in de wereld is, kom je er niet meer vanaf. Het is een beetje als met tandpasta: is het eenmaal uit de tube, dan krijg je het er niet meer in terug.

In het volgende hoofdstuk vertelt de Bijbel dan al direct over de eerste moord in het verhaal van de mensheid, de broedermoord waarin Kaïn Abel doodt. Vanaf dan krijgt het onheil zijn beloop: de Bijbel, vooral de Hebreeuwse Bijbel, geeft een diepe inkijk in kwaad en lijden. Alle angels en voetklemmen van het menselijke leven worden nuchter en zonder illusies verteld. De klassieke BLAUWE theologie gebruikt het verhaal van de zondeval als bewijs voor de uitspraak dat de mens zondig is, moreel ontaard en reddeloos verloren – tenminste, als de verlossing niet op het toneel zou verschijnen.

Derde bedrijf: De verlossing

De klassieke BLAUWE verlossingsleer zegt dat de dood van Jezus aan het kruis ons verlost doordat ze ons reinigt van de zonde en redt van de eeuwige dood. 'Christus is voor onze zonden gestorven,'[192] schrijft Paulus in de vroegchristelijke belijdenis die we al eerder hebben aangehaald, en een hele reeks van andere uitspraken in de nieuwtestamentische brieven stemt hiermee in: Christus is 'voor ons' gestorven.

Bij mensen van nu wekt dat vooral bevreemding. Hoe kan iemand voor een ander mens sterven, en dan nog wel voor zijn 'zonden'? Wie geen christelijk geloofsonderricht heeft gehad en ook verder vrij van christelijke geloofsvoorstellingen is opgegroeid en dan zulke uitspraken hoort, zal waarschijnlijk verbaasd het hoofd schudden. Daar hebben we een basisprobleem van de kerkelijke prediking te pakken. Zolang we als kerk deze bevreemding niet serieus nemen, dus zolang we het drama 'Zonde en verlossing' in versie 4.0 blijven uitvoeren, vrees ik dat maar heel weinig tijdgenoten nog iets kunnen aanvangen met kerk en christendom.

De inhoud van het drama (of de app) 'Zonde en verlossing 4.0' is op klassieke wijze voor besturingssysteem 4.0 geprogrammeerd door Anselmus van Canterbury. Anselmus leefde van circa 1033 tot 1109 en wordt beschouwd als de grondlegger van de scholastiek, de middeleeuwse theologische wetenschap. Zijn beslissende boek heet *Cur Deus Homo*, in het Nederlands: 'Waarom God mens (werd)'. Dit boek mag dan bijna duizend jaar oud zijn, het vormt tot op de dag van vandaag het christelijke denken en spreken over verlossing, en ook het zingen, bidden en vieren in de meeste kerkdiensten. Hoe beantwoordt Anselmus van Canterbury dan de vraag waarom God mens werd? Wat is de rol van Jezus, de Christus, en waarom was zijn dood aan het kruis nodig om de mens te verlossen van zonde, dood en duivel?

Anselmus zegt het volgende: God is de hoofdpersoon, en dat is natuurlijk zoals het BLAUW betaamt de theïstische God, het volmaakte hoogste wezen. God is de absolute regent, de hoogste koning, de heerser over hemel en aarde en de wetgever wiens voorschriften door al zijn schepselen opgevolgd moeten worden. Hij is absoluut heilig, zijn majesteit is oneindig groot. Alles wat God doet en zegt, komt voort uit die oneindige majesteit en is daarom absoluut geldend. Omdat de waardigheid van God grenzeloos is, vormt elke zonde, ook het kleinste overtredinkje tegen een van zijn geboden, een oneindig groot geval van majesteitsschennis. Op elke schending van zijn voorschriften staat een letterlijk oneindige straf. Het pikante daaraan is dat God (volgens Anselmus) niet anders kán, zelfs als hij zou willen. Het is een macaber mechanisme. God straft de mensen die tegen zijn geboden zondigen niet willekeurig, uit wraakzucht of meedogenloosheid: vanwege zijn grootheid, zijn oneindige majesteit, kán hij niet anders.

Nu kan de overtreding van een gebod (volgens het feodale rechtsgevoel van de BLAUWE bewustzijnsruimte) vaak door *boetedoening* goedgemaakt worden. Wie iets gestolen heeft, kan dat herstellen door het gestolene terug te geven en daar nog iets bovenop te doen. Dan is de ontstane onbalans in evenwicht gebracht en is alles weer in orde. Maar welke boetedoening zou afdoende zijn om een *oneindige* inbreuk recht te trekken? Een mens, eindig als hij per definitie is, kan dat met de beste wil van de wereld niet. Zelfs de dood van een eindig wezen is als boete voor een oneindige belediging niet afdoende. Zo roept de arme zondaar naast de doodstraf (want op majesteitsschennis staat in BLAUW vanzelfsprekend de doodstraf) ook nog de eeuwige verdoemenis over zich af, want hij kan de schuld in eeuwigheid niet vereffenen.

Maar in dit kosmische drama is God niet alleen de beledigde instantie die in zijn majesteit is aangetast. God is immers ook barmhartig en houdt van zijn schepselen. In zijn majesteit moet hij hen straffen, ook als hij dat eigenlijk helemaal niet wil; in zijn liefde en barmhartigheid wil hij hen redden van zijn eigen toorn.

Er is maar één uitweg: God moet zelf ingrijpen. Want alleen God is oneindig en is in staat tot een oneindige boetedoening voor de oneindige schuld. Maar God de Vader kan dat natuurlijk niet doen, want hij is de benadeelde partij. Dus moet de Zoon van God het doen. Hij is zelf net zo oneindig als de Vader, dus hij kan adequaat boeten voor de oneindig grote heiligschennis. Daar moet hij dan wel mens voor worden, want het zijn de mensen die zich schuldig hebben gemaakt. Daarom 'vernedert' de Zoon van God zich, hij aanvaardt een leven als mens, neemt een eindige gestalte aan en ondergaat de dood – plaatsvervangend voor zijn menselijke zusters en broeders. Aangezien hij als Zoon van God zelf nooit heeft gezondigd, hoeft hij zijn dood niet als boetedoening voor zichzelf te laten tellen, maar kan hij die aan de gewone stervelingen toerekenen. En omdat het zoenoffer dat hij brengt oneindig groot is (want het is de oneindige Zoon van God die zich opoffert), kan het voor alle mensen gelden. Want tweemaal oneindig is oneindig, miljoenen keren oneindig is ook oneindig, en oneindig gedeeld door zo- en zoveel miljarden is nog altijd oneindig. Eén enkel oneindig zoenoffer kan dus de zonden van de complete mensheid vereffenen. En wie door de sacramenten van de heilige kerk deelheeft aan die oneindige hersteloperatie*, is gered.

Op zich is dit denkmodel van Anselmus plausibel. Als je de uitgangspunten accepteert, bijvoorbeeld dat God in zijn oneindige grootheid beledigd kan zijn, bestaat de rest van het verhaal uit logische gevolgtrekkingen. Zo functioneert het tot op de dag van vandaag in de liturgie, in de kerkliederen,[193] in de *Matthäuspassion* van Johann Sebastian Bach en in ons collectieve culturele geheugen. En hoewel onze samenleving, de wetenschappelijke theologie en ook allerlei activiteiten van kerkelijke gemeenschappen gekenmerkt worden door een ORANJE en GROEN bewustzijn, houdt in de krochten ervan deze diepBLAUWE leer hardnekkig stand.

---

* In het Duits wordt hier de term *Wiedergutmachung* gebruikt, die de herinnering oproept aan de financiële regelingen waarmee Duitsland na de Tweede Wereldoorlog de overlevenden van de Holocaust tegemoetkwam.

Anselmus en de Bergrede

Wie het godsbeeld van versie 5.0 of verder bereikt heeft, kan niet meer blij worden van dit kosmische drama. Wat is dat voor een God die zo gevangen zit in zijn majesteit dat hij niet meer de vrijheid heeft om zijn kinderen lief te hebben, te bevrijden en te beschermen tegen zijn eigen toorn? Wat is dat voor een God die pas van zijn mateloze toorn kan afzien als het bloed van een onschuldige vloeit? Als we uitgaan van het eerder beschreven trinitarische godsbeeld, doet de leer van Anselmus ronduit absurd aan. Als God door Christus in jou en in mij en in alle mensen leeft, zou hij uiteindelijk zichzelf de doodstraf moeten opleggen, om zichzelf vervolgens van die doodstraf te redden door zijn eigen leven op te offeren.

De leer van Anselmus staat bovendien in schril contrast met de leer van Jezus.[194] Kijk maar wat Jezus zijn mensen aanbeveelt in de Bergrede: 'Heb je vijanden lief en bid voor wie jullie vervolgen; alleen dan zijn jullie werkelijk kinderen van je Vader in de hemel. Hij laat zijn zon immers opgaan over goede en slechte mensen en laat het regenen over rechtvaardigen en onrechtvaardigen. Is het een verdienste als je liefhebt wie jou liefheeft? Doen de tollenaars niet net zo? En als jullie alleen je broeders en zusters vriendelijk bejegenen, wat voor uitzonderlijks doe je dan? Doen de heidenen niet net zo? Wees dus volmaakt, zoals jullie hemelse Vader volmaakt is.'[195]

De volmaaktheid van de hemelse Vader bestaat er nu juist in dat hij zijn zegeningen schenkt aan goede en slechte mensen. Daar past de straf van de eeuwige verdoemenis niet bij. En al was dat wél zo – ik kan niet ontkennen dat ook in de Bergrede soms sprake is van het eeuwige hellevuur[196] – dan zou ik me toch afvragen: kan Jezus iets van ons verlangen waartoe God zelf niet bereid is? Concreet: kan Jezus van ons verlangen dat we onze vijanden liefhebben als God zonder met zijn ogen te knipperen zijn kinderen in het eeuwige vuur stort?

Voor mij is er maar één conclusie mogelijk: als wij onze vijanden moeten liefhebben, hoeveel te meer zou God dan ons, zijn domme, egoïstische, ongehoorzame kinderen moeten liefhebben? Als wij ons al niet op onze vijanden mogen wreken, hoe zou God dan als genadeloze wreker kunnen optreden? Als wij mensen er in zekere mate al toe in staat zijn onze kinderen onvoorwaardelijk lief te hebben, en als we hen blijven liefhebben ondanks hun vlagen van koppigheid, agressiviteit of vernielzucht – zou God die de liefde zelf is, dan niet in staat zijn om ons met al ons egocentrisme, ons kwaad, onze gemeenheid en liefdeloosheid lief te hebben?

Zouden wij mensen moreel hoogstaander zijn dan God?

Dat zou net zo absurd zijn als het klinkt. Daarom citeer ik liever nogmaals uit de Bergrede: 'Is er iemand onder jullie die zijn kind, als het om brood vraagt, een steen zou geven? Of een slang, als het om vis vraagt? Als jullie dus, slecht als jullie zijn, je kinderen al goede gaven kunnen schenken, hoeveel te meer zal jullie Vader in de hemel dan niet het goede geven aan wie Hem daarom vragen!'[197]

Het zogenaamde kwaad

Met het begin van de twintigste eeuw veranderde ons mensbeeld radicaal. In het jaar 1900 verscheen het baanbrekende werk van Sigmund Freud *De droomduiding*, waarin hij de basis legde voor de psychoanalyse en voor het eerst een systematische beschrijving van het onbewuste gaf. Als we het eerder nog niet wisten, werd het vanaf nu duidelijk dat de grens tussen goed en kwaad niet tussen de mensen door loopt: hier de goeden, daar de slechten. Nee, die grens loopt dwars door ieder individu, door iedereen. Vaak is het helemaal niet helder wat eigenlijk goed is en wat kwaad. Mensen kunnen met de beste bedoelingen de grootste misdaden begaan of uit onzuivere en foute motieven goede dingen doen en vele andere mensen helpen.

In de moderne rechtsgang geeft men er zich ook rekenschap van dat goed en kwaad vaak niet heel eenduidig van elkaar te onderscheiden zijn. Daar wordt ook rekening mee gehouden door het moderne strafsysteem dat niet meer volgens het vergeldingsprincipe werkt (althans in theorie), maar streeft naar het resocialiseren van de dader. Daarom hebben de meeste moderne staten op ethische gronden de doodstraf afgeschaft. Ik vraag het nog eens: zou God in moreel opzicht onderdoen voor ons mensen? Zou God met zijn liefde in de middeleeuwen gevangen zitten en eeuwige hellestraffen uitdelen terwijl wij mensen (naar ik aanneem geleid door de Heilige Geest) inmiddels zaken als resocialisering en dader-slachtofferbemiddeling hebben ontwikkeld?

Zou God voor de motieven van mensen die nooit alleen maar kwaadwillend zijn, minder begrip hebben dan een doorsnee wereldburger in de eenentwintigste eeuw?

Klinkt dat je ketters of zelfs godslasterlijk in de oren? Bedenk dan dat we gezegd hebben dat we nooit over God zelf spreken als we over God spreken, maar altijd slechts over de beelden die we van God hebben. We kunnen nu eenmaal niet anders. Ons beeld van God is – Goddank! – sinds de tijd van Anselmus duidelijk veranderd. Maar dan moeten met het godsbeeld mee ook onze denkbeelden over zonde en verlossing veranderen. Waar dat niet gebeurt, dus waar de kerken vasthouden aan de middeleeuwse denkbeelden over Gods toorn, over straf en vergelding en eeuwig hellevuur, daar worden mensen die ORANJE, GROEN of GEEL denken en voelen op afstand gezet. Tenzij die mensen voor God en geloof een aparte afdeling in hun psyche reserveren waar antieke of middeleeuwse wetten gelden. Dat kan op den duur niet goed gaan: de krimp in de ledentallen van onze kerken spreekt duidelijke taal.

14 | Upgrade naar Zonde en verlossing 7.0

Laten we eens kijken naar wat verlorenheid, zonde en verlossing in de GELE bewustzijnsruimte 7.0 kunnen betekenen. Om dit te doen keren we nog eens terug naar het verhaal over Adam en Eva in de tuin van Eden zoals de Bijbel het vertelt. Overigens: Adam betekent in het Nederlands gewoonweg 'mens' en Eva 'leven'. Adam en Eva zijn dus eigenlijk geen eigennamen. Dat alleen al wijst erop dat het hier niet om een historisch verslag gaat dat vertelt hoe het destijds was, maar om een mythe die vertelt hoe het altijd is.

De mythe is te vinden in hoofdstuk 3 van het boek Genesis, en het loont de moeite om dat hoofdstuk eens helemaal door te lezen. Dan doen we namelijk een ontdekking: in het hele verhaal zoals het in de Bijbel staat, komt het woord zonde niet voor, en ook niet het woord straf, en van de duivel is ook geen sprake. En de mensen worden niet vervloekt, integendeel: God betoont zich een zorgzame vader, want als de mensen plotseling beseffen dat ze naakt zijn, naait hij kleren van huid en trekt hen die aan.

Hoe zit het met dit verhaal? Waarover gaat het eigenlijk?

Laten we er zorgvuldig naar kijken. God zegt tegen de mensen: 'Van alle bomen in de tuin mag je eten, maar niet van de boom van de kennis van goed en kwaad; wanneer je daarvan eet, zul je onherroepelijk sterven.'[198] Het gaat dus niet om zomaar een willekeurige boom, maar om de *boom van de kennis van goed en kwaad*. De mens in zijn natuurstaat zoals God hem heeft geschapen, kan blijkbaar geen onderscheid maken tussen goed en kwaad. Hij leeft in een toestand van 'paradijselijke onschuld', wat ook wil zeggen dat hij in volledige onbewustheid leeft, als een heel klein kind. Zolang de mensen zich aan het verbod houden, blijven ze in die onbewuste staat. Zou dat werkelijk zijn wat God wil?

Dan komt er een slang op het toneel. Daar is niets duivels aan, ze is eenvoudig het listigste of slimste dier, 'het sluwst van alle in het wild levende dieren'. De slang staat dus voor intelligentie, sluwheid, en daarmee voor bewustheid. Ik ben van mening dat deze mythe het moment toont waarop de mensen beginnen over zichzelf na te denken, het moment dus waarop ze een bewustzijn over zichzelf gaan ontwikkelen. En zoals dat in een mythe gaat, wordt dit gebeuren gepresenteerd als interactie tussen personages. De slang (het opkomende intelligente bewust-zijn) spreekt heldere taal: 'Jullie zullen helemaal niet sterven, integendeel: God weet dat jullie de ogen zullen opengaan zodra je daarvan eet, en dat jullie dan als God zullen zijn en kennis zullen hebben van goed en kwaad.'

De vrouw vindt dat een bijzonder aantrekkelijk idee. Slim worden, ja, dat wil ze wel. Het is déze eigenschap van God die ze ambieert, niet per se zijn almacht, ook niet zijn alwetendheid, dat is niet wat er wordt gezegd. Ze vindt de boom 'een lust voor het oog, en ze vond het aanlokkelijk dat de boom haar wijsheid zou schenken.'[199] In de loop van eeuwen veranderde het accent waarmee het verhaal werd verteld. Dat de mens als God wilde zijn, ging betekenen dat hij zichzelf in Gods plaats wilde stellen. Dat zou dan de oerzonde zijn: de regelrechte opstand tegen God. Maar zo staat het niet in de Bijbel. In de Bijbel staat, als je goed leest, niet dat Eva de plek van God wil innemen, maar dat ze wijs wil worden. Is dat verwerpelijk? Zou God er werkelijk belang bij hebben dat zijn evenbeelden voor eeuwig on-bewust blijven, dat ze het onderscheid tussen goed en kwaad niet leren? Dat ze de basisbegrippen van de moraal niet kennen? Dat kan ik me niet voorstellen. Ik kan me trouwens ook niet voorstellen dat God niet zou weten dat iets pas echt interessant wordt als het verboden is.

Dus de vrouw plukt een van de vruchten (dat het om een appel zou gaan, staat ook al niet in de Bijbel; in de Europese middeleeuwen werd de appel nu eenmaal als dé paradijselijke vrucht gezien) en eet ervan. Daarmee overtreedt ze het verbod. Maar ook hier is het de moeite waard om beter te kijken. God kondigt niet zomaar een autoritair verbod af. Hij spreekt een waarschuwing uit: 'Van de boom van de kennis van goed en kwaad mag je niet eten; op de dag* dat je daarvan eet, zul je zeker sterven.' Het is dus een gebod uit zorgzaamheid, een verbod zoals wanneer ouders hun kinderen verbieden om op de straat te lopen of de hete kachel aan te raken.

En, sterven ze nu? Helemaal niet. De slang krijgt gelijk. Die had gezegd: 'Jullie zullen helemaal niet sterven, integendeel: God weet dat jullie de ogen zullen opengaan zodra je daarvan eet, en dat jullie dan als God zullen zijn en kennis zullen hebben van goed en kwaad.' De slang heeft dus de zuivere waarheid gesproken. De mensen sterven niet maar hun ogen gaan open. Om te beginnen zien ze dat ze naakt zijn. Niet dat naakt-zijn iets slechts of verwerpelijks zou zijn. Het is eenvoudig een beeld dat zegt dat ze zich van zichzelf bewust worden. Zo ontstaat de schaamte. Een dier kent geen schaamte, evenmin als een heel klein kind. Schaamte is volgens de meeste onderzoekers weliswaar aangeboren, maar je merkt het pas en het wordt pas werkzaam als een mensenkind onderscheid kan maken tussen zichzelf en zijn omgeving.[200]

Bij het zelfbewustzijn hoort ook het besef van de eigen sterfelijkheid. Alleen wie 'ik' kan zeggen, kan weten dat dit ik niet eeuwig blijft. Dieren en heel jonge kinderen kunnen geen ik zeggen en weten niet dat ze op een dag zullen sterven: ze hebben daarvan geen begrip. Op dat punt moeten we Gods waarschuwing preciseren: 'Op de dag dat je daarvan eet, zul je gaan beseffen dat je moet sterven.'

Het is niet alleen maar mooi en aangenaam om intelligent en bewust te zijn en het verschil tussen goed en kwaad te kennen. Er komt een hele lawine in beweging. Daar komt de schaamte, de doodsangst, het geweten, het sléchte geweten in dit geval. Dat brengt de mensen ertoe de schuld door te schuiven: de man schuift de schuld door naar de vrouw en de vrouw schuift ze door naar de slang.

Dan volgt meteen de straf. De vloek van God. Of toch niet? Opnieuw moeten we zorgvuldig kijken en luisteren. God vervloekt de mensen, de 'slechte zondaars', helemaal niet. Ook van straf is geen sprake, het hele woord komt niet in het verhaal voor. God vervloekt de slang. Dat heeft waarschijnlijk een diepe godsdiensthistorische

---

* De NBV21-vertaling laat de zinsnede 'op de dag dat' weg, maar die staat wel in de Hebreeuwse tekst.

achtergrond: de slang gold in vele godsdiensten als heilig en zelfs als goddelijk. Welnu, zoals in het scheppingsverhaal de Babylonische hemelgoden (zon en maan) tot lampen gereduceerd worden die door de God van Israël aan de hemel worden gemonteerd, wordt de slang gereduceerd tot een kruipende, in het stof bijtende diersoort. Iets duivels heeft ze daarmee nog lang niet, integendeel. Ze wordt tot iets waarop je kunt neerkijken.

Uiteindelijk vervloekt God de akker: die zal distels en doornen voortbrengen, en de mens zal in het zweet zijns aanschijns moeten ploeteren voor zijn dagelijks brood. En aan de vrouw deelt God mee dat ze in pijn zal moeten baren. Zo gaat dat nu eenmaal als je volwassen wordt. Dan worden vrouwen zwanger, en een kind baren is geen kinderspel, net zomin als het werk op het land. Moeite en leed zijn een consequentie van het bewust-worden. Zolang de mensen net als de dieren gewoon eten wat ze aantreffen, zolang ze ingebed zijn in de natuur, zolang ze zich niet van zichzelf bewust zijn, ervaren ze weliswaar ook pijn. Pijnprikkels komen al bij de zogenoemde lagere dieren voor: ze dienen om gevaarlijke situaties te herkennen en te vermijden. Pijn is een signaal, levende wezens vluchten weg bij de bron ervan omdat de gewaarwording onaangenaam is. Pijn wordt pas lijden als er een bewuste herinnering is aan een vorige toestand waarin er geen pijn was, en als er hoop is op een pijnvrije toekomst.

'Omdat je dat gedaan hebt...' – hier wordt geen straf aangezegd maar een consequentie. Stel je een moeder voor die tegen haar kind zegt: 'Raak de hete kachel niet aan!' Als het kind het toch doet en brandblaren oploopt, dan is dat geen straf maar een consequentie van wat het heeft gedaan, van zijn nieuwsgierigheid en zijn onderzoekende geest, om het eens positief te zeggen.

God straft niet, ook niet in dit verhaal. Integendeel. De mensen die uit het paradijs vallen door hun ontwaken uit de droom van kinderlijke onschuld, krijgen van God kleren van vellen aangemeten om het 'buiten' in de wereld niet zo koud te hebben. Daarna moeten de mensen inderdaad wel het paradijs uit, en voor de ingang plaatst God wachtengelen met vurige zwaarden. Het verlies van de kinderlijke onschuld is niet terug te draaien. Wie eenmaal bewust is geworden, kan dat niet meer vergeten. Als je eenmaal geleerd hebt 'ik' te zeggen, heb je het onderscheid geleerd: niet alleen tussen goed en kwaad maar ook tussen ik en niet-ik, tussen subject en object. Het ik gaat zichzelf belangrijk vinden, het zoekt zijn eigen voordeel, desnoods op andermans kosten. De volgende hoofdstukken schilderen die beweging: daar ontvouwt zich de zwakheid, slechtheid en ik-gerichtheid van de mens, te beginnen bij het verhaal over Kaïn en Abel.

En zo zijn we toch weer bij de zonde terechtgekomen.

Maar pas op!

Het woord 'zonde' duidt in het huidige spraakgebruik in de verste verte niet meer datgene aan waarom het eigenlijk ging. Het liefst zou ik het woord helemaal niet meer gebruiken, maar helaas kan ik er niet omheen. Want het speelt in de kerk (en ook in andere godsdiensten) altijd nog een grote rol. Vandaar mijn verzoek: alsjeblieft, vergeet zoveel mogelijk alles wat je bij het begrip zonde denkt. Ik weet dat dat niet echt kan, want woorden uit je moedertaal staan diep in het bewustzijn en nog dieper in het onbewuste gegrift. Maar toch: probeer je telkens weer te binnen te brengen dat het bij zonde *niet* gaat om de volgende zaken:

- Seks
- Foutparkeren
- Calorieën
- Moraal

Inderdaad, zonde heeft niets met moraal te maken. Moreel verkeerd gedrag is op z'n best een *gevolg* van de zonde. Zonde is ook niet datgene wat verboden is maar *eigenlijk* het leven de moeite waard of opwindend maakt, zoals wellicht een groot stuk slagroomgebak of een slippertje. Als je 'zondigen' verbindt met eten of gedrag in het verkeer, raakt de eigenlijke betekenis van dat woord volkomen uit het zicht.

Zonde is om te beginnen niet iets wat nu eenmaal zo af en toe gebeurt. Zonde is iets wat ons menszijn vanaf de eerste ademtocht bepaalt. Dat is geen moreel oordeel, geen verwijt, geen zurige misantropische aanval op de waarde van het menselijke. Het is gewoon een beschrijving.

Want zonde is niets anders dan tweeheid.

Geboren in de tweeheid

Zonde is tweeheid. Vaak wordt ook gezegd: zonde is scheiding. Maar zelfs dat vind ik nog te veel een waardeoordeel. Het woord zonde, opgevat als tweeheid, duidt op het feit dat wij mensen niet in de oorspronkelijke eenheid leven, tenminste zolang we in deze wereld zijn. Dat is geen morele tekortkoming. Wat zou er immoreel zijn aan het feit dat we in- en uitademen, dat we een linker- en rechterhand hebben, een rechter- en linkerhersenhelft? Wat zou er immoreel zijn aan het feit dat er hoog en laag bestaat, warm en koud, mannelijk en vrouwelijk, voor en achter, prettig en onprettig, levend en dood, en ja: goed en kwaad?

God is het Grote Geheel, het Zijn zelf. God is de volstrekte Eenheid of eigenlijk de 'drienheid'. Het dynamische drie-in-één van God kent geen scheiding. In God is er geen tweeheid, geen of-of. Wij mensen daarentegen leven niet in de eenheid, dat kúnnen we ook helemaal niet omdat we in ruimte en tijd leven. De ruimte wordt nu eenmaal gekenmerkt door boven en onder, links en rechts en voor en achter, de drie dimensies. En de tijd wordt gekenmerkt door voor en na. Zolang we in de wereld zijn, zolang we bestaan onder de voorwaarden van tijd en ruimte, leven we noodgedwongen in de tweeheid, de dualiteit.

Je kunt de mythe uit het derde hoofdstuk van de Bijbel vast en zeker ook anders lezen, maar voor mij is dit de belangrijkste boodschap ervan: de mensen eten van de boom van kennis van goed en kwaad en stappen daarmee uit de oorspronkelijke, onschuldige eenheid waarin de dieren en de engelen leven. Ze leren onderscheid te maken en daarmee begint het lijden. Dat is echter geen straf voor ongehoorzaamheid, maar gewoon het gevolg van het feit dat ons 'de ogen opengegaan'[201] zijn. Nu leven ze onder de omstandigheden van de tweeheid en dat is niet altijd aangenaam. En vooral: tweeheid wordt nu ook ervaren als scheiding. De mensen zijn van God gescheiden en ook van elkaar. Daarom is het beslissende bij Jezus dat hij in zijn woorden en zijn gedrag de scheidingen opheft, zie blz. 101 bovenaan.

Deze scheiding bepaalt ons totale zijn. Op zijn laatst bij onze geboorte worden we in de tweeheid geworpen – ik vind het veelbetekenend dat voor het geboorteproces ook het woord 'uitdrijving' wordt gebruikt. De foetus wordt verdreven uit de paradijselijke eenheid van de baarmoeder, en de eerste tweeheid is die van binnen en buiten. Direct daarop volgt de tweede tweeheid: inademen, uitademen. En de tweeheid aangenaam/onaangenaam. (Ik besef dat een foetus in de baarmoeder ook al tweeheid ervaart, zoals die van samentrekking en ontspanning van de hartspier, en ze heeft ook al zintuiglijke waarnemingen van geluid en beweging. De tweeheid begint in wezen al met de vereniging van *twee* cellen, eicel en zaadcel.)

De mens die naar zijn wezen bij de Eenheid hoort, 'valt' met zijn intrede in de wereld van ruimte en tijd uit de eenheid, dat kan niet anders. In die zin kan ik zelfs die vreselijke theologische term 'erfzonde' een nieuwe betekenis geven. In de BLAUWE traditie heeft dat begrip natuurlijk een heel andere betekenis. Voor de kerkvader Augustinus (354-430 n.Chr.) op wie deze voorstelling in essentie teruggaat, speelt de begeerte de schurkenrol in het drama van het menselijk leven, want zij zet ons aan tot zonde. En voor de BLAUWE bewustzijnsruimte waarin Augustinus leeft, heeft zonde veel te maken met moreel verwerpelijk gedrag. Vooral in de seksualiteit is begeerte de drijvende kracht. Zo wordt in de geslachtsdaad waar zij toe aanzet de zonde overgedragen op het mensenkind dat erin verwekt wordt: de zonde wordt heel letterlijk, als het ware genetisch, overgeërfd.

Als we de zonde als tweeheid zien (dus niet als een moreel of immoreel gegeven), dan wordt ze weliswaar niet met de verwekking overgeërfd, maar behoort ze wél onafscheidelijk bij de menselijke situatie, de *condition humaine*. Het gehele aardse bestaan van elk menselijk wezen dat ooit op deze aarde heeft rondgelopen, wordt door de tweeheid gekenmerkt.

En toch: als waar is wat ik in dit boek beweer, namelijk dat wij mensen twee naturen hebben, een menselijke en een goddelijke, net als Jezus Christus, dan kunnen we nooit helemaal uit de Eenheid gevallen zijn. We zijn wel in de tweeheid gevallen, maar de Eenheid nemen we in zekere zin mee. Ons diepste wezen, onze goddelijke natuur, kan verduisterd zijn, maar ze gaat niet verloren. Nooit, onder geen enkele omstandigheid, bij niemand.

Liefde of angst

Wij zijn wezens die uit de Eenheid komen en de Eenheid in ons dragen. Maar de tweeheid bepaalt de omstandigheden waaronder we leven. De Eenheid die we in ons dragen, is in ons leven herkenbaar en ervaarbaar als liefde. Liefde is de kracht die naar vereniging streeft, die de tweeheid wil overwinnen – zowel in de vereniging van de lichamelijke liefde als in alle pogingen om kloven te overbruggen en samen te brengen wat gescheiden is. De zonde, zoals ik die begrijp, voegt er als het ware een tweede element aan toe: ze is immers niets anders dan de opsplitsing van het Ene in de tweeheid of de veelheid.

Onder de omstandigheden van de tweeheid stuit de liefde op een sterke tegenpool, zoals er in de geïncarneerde wereld niets zonder een tegendeel kan bestaan. Maar wat is het tegendeel van liefde? Veel mensen zouden op die vraag spontaan zeggen: haat. Maar dat antwoord gaat me niet diep genoeg. Haat is maar een van de vele mogelijke expressies van datgene wat het echte tegendeel van de liefde is: de angst.

Liefde is de expressie van de oorspronkelijke Eenheid, van de Christus in ons, onze Christusnatuur. Door het verlies van de Eenheid wordt de angst gewekt, de angst die in de mythe over de tuin van Eden de eerste mensen ertoe bracht zich voor God te verstoppen. Met de kennis van goed en kwaad komt immers ook de wetenschap dat wij mensen sterfelijk zijn. Nu is er niet meer alleen het leven, maar ook de tegenpool ervan, de dood. En de dood jaagt ons mensen angst aan. Zo is angst een onmiddellijk gevolg van het feit dat we uit de Eenheid zijn gevallen, dat we niet meer alleen door liefde worden bepaald. Ze is het tegendeel van liefde.

Wel moet ik direct een misverstand voorkomen. Uit de bewering dat angst het tegendeel van liefde is, volgt niet dat angst verboden zou moeten zijn als je een liefdevol leven wilt leiden. Integendeel. Angst is een gevoel, een fysieke reactie op een situatie die als bedreigend wordt ervaren; en een gevoel kun je niet verbieden of uitschakelen. Vaak genoeg is angst ook terecht. Maar er zijn ook veel angsten die niet met concrete gevaren te maken hebben. Dikwijls zijn ze als het ware geconserveerd, stammen ze uit situaties van vroeger, heel vaak uit de kindertijd. Als een bedreigende situatie in het verleden niet op een goede manier is opgelost, als het kind zich hulpeloos en machteloos heeft gevoeld en er niemand was die bescherming of troost bood, dan wordt de angst opgeslagen en komt ze later vaak op de meest ongelegen momenten tevoorschijn. En beangstigende situaties zijn er te over. Vanaf zijn eerste ademtocht doet een klein mens de ervaring op dat niet alles waardoor het omgeven is, goed en voedzaam is. Een zuigeling valt nog helemaal samen met alles wat zij voelt. Voelt ze honger, dan is de kleine een en al honger, en het kind mist nog de zekerheid dat die honger spoedig gestild zal worden. Een zuigeling heeft nog geen begrip van 'spoedig'. Honger en alleen gelaten worden: dat zijn situaties die ze beleeft als onmiddellijk levensbedreigend. Ze heeft angst. Maar ook later, als de kleine mens geleerd heeft dat zijn behoeften bevredigd worden en dat goede mensen voor hem zorgen, zijn er nog genoeg situaties die angst oproepen. Niet al die angsten worden helemaal opgelost. Zo heeft ieder mens een reservoir aan angst, zelfs als de ouders of verzorgers hun uiterste best hebben gedaan om hem goed groot te brengen.

Zulke angst overvalt ons bijvoorbeeld dikwijls als ons iets vreemds, iets onbekends overkomt. Angst maakt je benauwd, het brengt je ertoe je terug te trekken, je klein te maken en te verstarren, je als het ware op te rollen en stekels op te zetten als een egel.

Liefde daarentegen opent zich. Ze breidt de armen uit, ze toont zich, ze gaat zonder bescherming de ontmoeting aan. Als een zuigeling door een vriendelijk iemand op de arm genomen en behoedzaam of vrolijk toegesproken wordt, ontspant hij zich en heel zijn lichaam rolt open. Iemand die de ervaring heeft opgedaan dat deze ontspanning en opening met liefde wordt beantwoord, zal in de regel met meer vertrouwen en minder angst door het leven gaan dan iemand die er ooit bedrogen mee is uitgekomen doordat er misbruik van haar of zijn openheid is gemaakt. Maar geen enkel mens is vrij van angst en geen mens is zonder liefde. Beide zijn als basisbeweging in ieder van ons aanwezig. We verlangen naar liefde, openheid en vertrouwen en we bloeien op als er ruimte voor is. En we ervaren angst, sluiten ons toe af voor de vreemdeling die we bedreigend vinden, we leggen de wapens klaar om niet weerloos te zijn.

Zo maakt de angst niet alleen ons eigen leven benauwd en moeilijk, maar ook dat van de mensen met wie we te maken hebben. Vaak is die angst onbewust, we merken het zelf niet eens. We ervaren wel de gevolgen ervan: wantrouwen, agressie tegen het andere en vreemde, tot aan haat toe. Egocentrisme en hebzucht, opschepperij en jaloezie, de behoefte om je te onderscheiden en wat van jou is voor jezelf te houden, kwaad zijn op degenen met wie het (vermeend of werkelijk) beter gaat, onverschilligheid of verachting voor anderen in nood – al deze destructieve gevoelens en gedragingen zijn terug te voeren op de angst om tekort te komen. Dat gaat ten diepste terug op de angst om te verhongeren, alleen gelaten te worden en ten onder te gaan. Deze angst omhult ons als een pantser, ze hindert ons en maakt dat we ons ware wezen vergeten dat uiteindelijk pure liefde is.

Maar dan zijn er die kostbare ogenblikken waarin het pantser van de angst van ons afvalt, waarin we opengaan en stralen en licht worden van liefde. Dan is het alsof we ons de oneindige liefde herinneren waaruit we zijn voortgekomen. Het is alsof er in het pantser om ons innerlijke, ware zelf een barst is gevallen waar het oorspronkelijke licht doorheen schijnt. Om te variëren op een bekende versregel van Leonard Cohen: *There is a crack in everyone, that's how the light gets out* (In ieder mens zit een barst, zo komt het licht naar buiten).[202]

Liefde en angst, die tweeheid beheerst ons leven. Het lastige is dat we ons van de angst meestal niet bewust zijn. Zo zorgen we vaak voor strijd terwijl we naar liefde verlangen. We kijken neer op degenen die onze minderen lijken en vrezen degenen die sterker zijn dan wij, en als we iemand afwijzen, zoeken we de oorzaak daarvoor bij die ander die we niet zo aardig vinden; intussen ligt de oorzaak bij onszelf, in onze angst en alle destructieve emoties die daar het gevolg van zijn. Trouwens, ook met de beste bedoelingen bereiken we vaak niet het goede dat we eigenlijk willen.

Doel gemist

Deze laatste gedachte werkt Paulus uit in zijn Brief aan de Romeinen. In hoofdstuk 7 schrijft hij: 'Ik begrijp zelf niet wat ik doe, want ik doe niet wat ik wil, ik doe juist wat ik haat. ... Maar wanneer mijn daden in strijd zijn met mijn wil, ben ik daar niet meer zelf de oorzaak van, maar de zonde die in mij woont.'[203]

Voor Paulus is de zonde (enkelvoud) zoiets als een toestand waarin de mensen gevangen zitten, bijna als een macht die over de mensen komt en hen bezit als een demon. Uit die toestand komen vervolgens de zonden (meervoud) voort. Het Griekse woord voor 'zonde' is *hamartia,* wat oorspronkelijk zoveel betekent als het doel missen (bij het boogschieten).

Er zijn twee basismanieren om met angst om te gaan: op veilig spelen, of vertrouwen oefenen. Vertrouwen is dat je de sprong waagt in de zekerheid dat iemand je opvangt, en dat overwint de afgrond die door de angst wordt geopend. Maar dat is voor de meeste mensen in de meeste situaties veel te bedreigend. We spelen liever op veilig. We proberen situaties te vermijden die ons angstig maken. We trekken muren op en graven greppels. Als mensen die in de tweeheid zijn geboren, vinden we dat we ons tegen het leven moeten verzekeren en beschermen. We missen het vertrouwen en rollen ons op als een bedreigde egel, in plaats van verbinding te maken met onze medemensen en de gemeenschap.

Tegen de zonde, tegen de tweeheid en de angst die de tegenpool van de liefde is, helpt alleen geloof: dat is het vertrouwen op God en op het leven. Voor Paulus komt dat vertrouwen voort uit het luisteren naar de boodschap van Jezus' opstanding uit de dood. We zullen zo dadelijk zien of die boodschap kan helpen het leven menselijker te maken.

Maar eerst kijken we nog een keer naar dat nare woord 'zonde'. Wie er een concordantie op naslaat (dat is een register van alle woorden die in de Bijbel voorkomen met alle plekken waar ze te vinden zijn) zal misschien verrast zijn. Vrijwel alle teksten waar sprake is van 'zonde' of 'zonden' gaan over de *vergeving* van de zonde of over het gegeven dat Jezus voor onze zonde gestorven is, dus over de verzoening. Dat geldt, schat ik, voor ongeveer vijfennegentig procent van alle zinnen waarin het woord 'zonde' voorkomt. Het Nieuwe Testament is veel minder met de zonde bezig dan je zou denken als je veel preken beluistert.

Natuurlijk ervaren mensen zichzelf als gescheiden van God en van de volheid van hun leven. We realiseren niet ons volle potentieel, we gaan destructief om met onze medemensen en ook met onszelf, vaak genoeg doen we het slechte dat we niet willen en laten we het goede na dat we 'eigenlijk' graag gedaan zouden hebben. Dat staat vast. Maar wat betekent dat voor onze relatie met God? Wat heeft Jezus daarmee te maken, zijn lijden, sterven en opstanding?

Verlossing, waarvan eigenlijk?

Ik denk dat vandaag de dag maar heel weinig mensen het gevoel hebben dat ze verlossing nodig hebben in de klassiek religieuze betekenis. Heel weinig mensen zullen zeggen: ik ben zó verloren in mijn zonden dat de Zoon van God mens moest worden om me te redden van de terechte toorn van God. Nu zou een christelijke prediker kunnen proberen de mensen ervan te overtuigen dat ze verloren zijn. Hij zou hel en verdoemenis kunnen preken, ze de wet van God kunnen voorhouden en punt voor punt duidelijk kunnen maken dat ze aan de eisen van die wet niet kunnen voldoen. Om ze vervolgens, als ze zich helemaal verloren en verdorven voelen, de genade van God te verkondigen: God heeft speciaal zijn eigen zoon geofferd om verworpen en verdwaalde mensen te redden.

Dit is nauwelijks een karikatuur: min of meer deze vorm van christelijke verkondiging kun je tot op vandaag tegenkomen. In een BLAUWE bewustzijnsruimte werkt het nog ook. Moeten we dus de mensen uit hun ORANJE, GROENE of GELE universum verdrijven en ze in een BLAUWE ruimte opsluiten om ze het Evangelie, de goede boodschap van Gods liefde, te kunnen brengen? Dat kan toch niet de bedoeling zijn.

We moeten de vraag dus anders stellen. Zijn er gebieden waarin mensen van nu naar verlossing verlangen, of misschien verlossing nodig hebben zonder dat ze zich daarvan bewust zijn? Met andere woorden: waar wordt nu de vervreemding, de tweeheid ervaren?

Dan moet ik weer denken aan de jonge vrouw over wie ik in de inleiding heb verteld. Ik denk dat het geen óverinterpretatie is als ik aanneem dat zij naar verlossing verlangt: naar verlossing uit haar vertwijfeling, uit het gevoel van zinloosheid en troosteloosheid.

Ik denk aan een jonge man die een paar jaar geleden aan een nieuw leven wilde beginnen, naar Berlijn verhuisde en daar in de drugsscene terechtkwam. Nu lijdt hij aan zijn verslaving en aan druggerelateerde psychoses en hij zegt: ‘Waarom zou ik een vak leren? Dan werk ik veertig jaar en dan ga ik dood. Waar is het goed voor?’

Veel mensen beleven, bewust of minder bewust, deze zingevingscrisis, dit gat in het leven, dit oneindige, onstilbare verlangen naar vervulling. Ze verzuchten: er moet toch meer zijn dan dit hier! En bijna allemaal hebben we last van wat Charles Eisenstein de *Story of Separation* noemt,[204] de overtuiging dat we afgescheiden zijn van onszelf, van de anderen en van alle betekenis. En dus ook van God, of we die religieuze term nu zelf gebruiken of niet. Het verhaal van niet-verbondenheid komt neer op deze diep-geïnternaliseerde overtuiging: iedereen leeft en sterft voor zichzelf. Ieder is van hemzelf, ieder is verantwoordelijk voor zijn of haar eigen geluk; we leven buiten het paradijs in een wereld die fundamenteel vijandig is. We moeten onszelf beschermen, ons in een vesting terugtrekken, ons verdedigen tegen het leven met zijn lotgevallen en zijn onberekenbaarheid. En datgene waarom het werkelijk gaat lijkt altijd te ontbreken, of in elk geval bijna altijd, afgezien van de zeldzame momenten van geluk waarin de scheiding voor een kort ogenblik opgeheven lijkt.

Daarom zijn we, of we het toegeven of niet, voortdurend bang voor de dood. Want de dood wordt gezien als het einde van alle mogelijkheden, de definitieve uitknop voor al onze wensen en verlangens. Wat we in dit leven niet voor elkaar gekregen hebben, zal voor eeuwig ongedaan blijven. De onvervulde wensen blijven onvervuld. Het niet geleefde leven zal nooit meer opbloeien.

Dat is ons beeld van de 'grote dood' aan het einde van ons leven. Maar er zijn ook vele vormen van 'kleine dood': verlies, afscheid, falen. Het hoeven geen catastrofes te zijn zoals een scheiding, verlies van een baan of een ernstige ziekte. Elke dag sterven we een beetje. Met elke beslissing die we nemen, sluiten we mogelijkheden uit. Sla ik rechtsaf, dan kan ik niet tegelijker naar links gaan. Neem ik de schnitzel, dan wordt het niet de biefstuk. Kies ik voor een vakantie in de bergen, dan kan ik niet in zee zwemmen. Zo wordt ons leven rijker aan ervaringen maar armer aan mogelijkheden. De perspectieven worden met de dag korter. De meeste mensen zijn zich er zelden van bewust, maar in het onbewuste speelt het des te sterker. Het kan ons depressief maken of woedend, hebzuchtig of ascetisch. En ooit zullen alle mogelijkheden opgebruikt zijn, zullen er geen alternatieven meer zijn. De laatste keus maken we niet meer zelf. Als ons uur slaat, is er nog maar één weg, één laatste stap, één laatste ademtocht.

15 | De dood, broeder van de slaap

Het is een waarheid als een koe en toch zo moeilijk te aanvaarden: wij mensen moeten sterven. Ja, het is waar, in ons diepste wezen zijn we goddelijk. Maar toch geldt voor ons allemaal deze waarheid die helemaal niet bij die goddelijkheid lijkt te passen: wij zijn sterfelijk. Ieder van ons. Het feit dat we moeten sterven, verbindt in feite alle mensen met elkaar, allen die op aarde leven, allen die ooit geleefd hebben en allen die ooit zullen leven. Het verbindt ons bovendien met alles wat leeft, met planten en dieren en zelfs met de niet-levende wereld. Ook de Alpen zullen er over een paar miljoen jaar niet meer zo staan en op een dag, over een paar miljard jaar, zal onze zon sterven. Ze zal zichzelf opblazen als een rode reus en ten slotte als een dode zwarte dwerg eenzaam door de oneindige ruimte van het heelal tuimelen.

Wat leeft, vergaat. Wat geboren wordt, moet sterven. Door zich te incarneren, zich in te laten met de wereld van de tweeheid, neemt de oneindige goddelijke Geest het lot van de wereld op zich. Dat kan niet anders. Paulus schrijft: 'Het loon van de zonde is de dood.'[205] Hij heeft gelijk, zolang we zonde niet als iets moreels opvatten maar als tweeheid. Wie zijn eerste teug ademhaalt, zal ooit zijn laatste adem moeten uitblazen.

Ooit gingen de mensen beseffen dat ze op een dag zullen sterven, door in de vrucht van de boom der kennis te bijten. Ze zagen dat grootmoeder die daarnet nog ademhaalde, liedjes zong en op nootjes knabbelde, niet meer ademde. Ze reageerde niet meer, bewoog zich niet, sprak niet, zong niet, luisterde niet. Iets wat er daarnet nog was, had haar verlaten. Wat was dat? Haar ziel, haar geest, iets wat niet lijfelijk was maar wél werkzaam. Dat 'iets' leefde nu zonder het lichaam in het bos, in de woestijn of aan de overkant van de rivier. En degenen die getuigen waren van dit proces beseften dat ook hun lichaam, net als dat van grootmoeder, op een dag onbeweeglijk en onbewogen op de grond zou liggen. Ze begonnen zich hun eigen dood in gedachten voor te stellen en vroegen zich af wat er van hen zou worden. Ze ontwikkelden beelden van een 'daarna' en ze gaven hun gestorvenen een uitrusting mee voor dat leven in de andere wereld. Waar de archeologen vuurplaatsen en werktuigen vinden, dus overblijfselen van menselijk leven, daar vinden ze ook graven, en de grafgiften zijn een van de belangrijkste archeologische bronnen om ons een beeld te vormen van het leven van onze oervoorouders.

Wat de dood zo griezelig maakte en maakt, is het feit dat we er niets echt over kunnen weten. Er is nog nooit iemand teruggekomen, en áls er iemand terugkeert (bijvoorbeeld iemand die klinisch dood was en gereanimeerd wordt) was zij of hij nog niet dood. Ik ben ervan overtuigd dat dit een van de wezenlijke wortels van alle religie is: de vraag wat de dood is, wat er met de doden gebeurt, waar we heengaan na onze dood; en ook de vraag die daarmee correspondeert: waar we vandaan komen.

Alle religies proberen een antwoord op deze vragen te geven. De meeste religies hebben een leer over het leven na de dood, en onderling zijn die niet heel verschillend. Er zijn twee hoofdstromen te onderscheiden: de leer over reïncarnatie of zielsverhuizing, en de leer over de opstanding aan het einde der tijden.

De eindeloze wederkeer

Voor hindoes is het een beklemmend idee: ik ben er al duizenden keren geweest en ik zal nog duizenden keren terugkomen als ik de uitgang niet kan vinden. Zo kun je heel in het kort de basisgedachte van de reïncarnatieleer formuleren. Ik wil hier in grove lijnen een sterk vereenvoudigde samenvatting van die leer geven.

Wij mensen hebben een ziel, of omgekeerd: onze ziel heeft een mens, een lichaam, een individualiteit, maar de ziel heeft dat lichaam als het ware in bruikleen. Na zeventig of tachtig jaar geeft de ziel het lichaam weer terug, ze verlaat het en keert terug naar een hogere bestaansvorm op het astrale of causale niveau om zich daar op de volgende ronde voor te bereiden. Want de ziel is in tegenstelling tot het lichaam onsterfelijk. De startpositie voor de volgende ronde kan de ziel niet vrij kiezen. Met welk lichaam ze zich verbindt, in welke sociale verhoudingen ze geboren gaat worden, welke talenten of handicaps ze krijgt, wordt bepaald door de eeuwige wet van karma. Karma staat voor de samenhang van oorzaak en gevolg: elk van mijn daden heeft gevolgen die niet alleen dit huidige leven betreffen, maar ook toekomstige fysieke levens. Heb ik overwegend goed gedaan, dan gaat mijn status in het volgende leven erop vooruit. Overheerst het slechte karma, dan heb ik, om het ordinair te zeggen, veel minpunten gescoord die ik in het volgende leven moet 'wegwerken', voornamelijk door te lijden. Sommige hindoeïstische leringen zeggen bovendien dat slecht karma een ziel een heel eind terug kan werpen: dan behoren ook reïncarnaties als dier of zelfs als plant tot de mogelijkheden. Andere leringen zeggen dat een eenmaal bereikt stadium niet meer verspeeld kan worden: wie eenmaal mens is, kan niet meer als dier wedergeboren worden. Slecht karma kan er dan nog wel voor zorgen dat een ziel haar volgende leven in een lagere kaste moet doorbrengen.[206]

Het vooruitzicht om nog honderden of duizenden levens voor zich te hebben heeft voor hindoes niets aantrekkelijks. Het is eerder benauwend en frustrerend en wekt het verlangen om aan de kringloop van eeuwige wederkeer te ontsnappen. Als de ziel (Sanskriet: *atman*) na vele duizenden of misschien zelfs miljoenen levens ontdekt dat ze één is met het ene grote bewustzijn, de Brahman, treedt ze weer in verbinding met haar oorsprong en hoeft ze zich niet meer te incarneren. Het ik lost op en verdwijnt in het Grote Geheel als een zoutkorrel die in de oceaan valt. Dit wordt gezien als de definitieve verlossing, als bevrijding, het doel waar alle spirituele oefening op gericht is. Want het holistische inzicht dat atman en Brahman identiek zijn, wordt bereikt door middel van meditatie.

In het boeddhisme is het vergelijkbaar. Ook boeddhisten verlangen naar bevrijding uit het rad van de wedergeboorte. Ze bereiken dat doel als ze tot kennis van de ware natuur van de dingen zijn gekomen, als ze terugkeren tot de oorspronkelijke leegte die niet meer vertroebeld wordt door menselijke begrippen en concepten. Ook het eigen ik moet als illusie worden doorzien. De kringloop eindigt pas als het bewustzijn gereinigd is van alle begrippen, ideeën en concepten, als het de leegheid van alle dingen heeft ingezien en de eenheid heeft ervaren van het kleine menselijke bewustzijn met het grote Ene bewustzijn. Maar sommige verlichte geesten zien af van de verlossing om in volgende incarnaties als *bodhisattva's* andere mensen te helpen de uitgang te vinden.

Reïncarnatie in de Bijbel?

Inmiddels kan de reïncarnatieleer zich ook in onze streken in een zekere populariteit verheugen. Volgens een enquête geloofde in 2016 ongeveer 24 procent van de Nederlanders in reïncarnatie.* In veel verhandelingen over reïncarnatie wordt beweerd dat het vroege christendom uiteraard de leer van de zielsverhuizing aanhing: pas in de vierde of vijfde eeuw zouden 'de bisschoppen' de Bijbel hebben gecensureerd; teksten over reïncarnatie zouden zijn verwijderd en degenen die erin geloofden zouden als ketters aangemerkt zijn.

Daar is weinig tot niets van waar. Van de zogenaamd weggecensureerde bijbelteksten ontbreekt ieder spoor. De bijbelse teksten werden vanaf het begin uiterst zorgvuldig overgeschreven en doorgegeven, en zelfs in de oudste tekstfragmenten vinden we geen enkele aanwijzing dat er passages geschrapt of gecensureerd zijn.

Maar bevat het Nieuwe Testament zoals we het nu hebben geen heldere aanwijzingen voor reïncarnatie? Daarvoor worden altijd weer twee teksten of tekstgroepen aangehaald. Om te beginnen de uitspraak die Jezus doet over Johannes de Doper: 'Hij is Elia die komen zou.'[207] Elia was een profeet die in de negende eeuw voor Christus leefde, een hartstochtelijk en soms hardhandig voorvechter van het geloof in de Ene God van Israël en bestrijder van de Kanaänitische vruchtbaarheidscultus. Zou Jezus bedoeld hebben dat Johannes een reïncarnatie van Elia was zoals Jannie Jansen denkt dat ze de reïncarnatie van een Egyptische prinses is? Nee, integendeel. Want volgens de Hebreeuwse Bijbel is Elia helemaal niet gestorven. Volgens het verhaal verscheen er

---

* Komt overeen met de schattingen voor de VS en Engeland. In Duitsland ligt het rond de 20 procent.

een vurige wagen bespannen met vurige paarden, 'en Elia voer in een onweer ten hemel.'[208] Elia leeft dus bij God in de hemel, en de joden geloofden dat hij aan het einde der tijden op aarde zou terugkeren om als heraut de komst van de Messias aan te kondigen.[209] Het gaat hier dus niet om een algemene zielsverhuizing, het gaat zelfs helemáál niet om een zielsverhuizing. Want de ziel van Elia is volgens dit verhaal de hele tijd met de persoon van Elia verbonden, en Elia zelf is het die zonder ooit gestorven te zijn uit de hemel afdaalt om wegbereider van de Messias te zijn. Misschien is Johannes dan zoiets als een schuilnaam, die hij gebruikt totdat de Messias openlijk gaat optreden.

De tweede tekst die moet doorgaan voor een bewijsplaats voor reïncarnatie in de Bijbel, staat in hoofdstuk 9 van het Johannesevangelie. Jezus en zijn leerlingen stuiten op een persoon die vanaf zijn geboorte blind is. De leerlingen vragen aan Jezus of de ouders van de man gezondigd hebben of hijzelf, aangezien hij blindgeboren is. De voorvechters van een bijbelse reïncarnatieleer redeneren nu: als hijzelf gezondigd heeft en als straf daarvoor blind geboren werd, moet dat zondigen in een eerder leven zijn gebeurd, want een pasgeborene kan nog niet gezondigd hebben en zodoende daarvoor niet gestraft worden.

Als we het zo duiden, missen we wel de pointe van het verhaal. Het is weliswaar heel goed mogelijk dat sommige leerlingen van Jezus weet hadden van hindoeïstisch of boeddhistisch gedachtegoed. Kafarnaüm, de stad waar Jezus zijn openbare optreden begon, lag aan de grote handelsroute van India naar de Middellandse Zee, en in de karavanserais waren vast en zeker allerlei Perzische en Indische ideeën te horen.[210] Maar de leerlingen van Jezus waren gelovige joden, en bij hun vraag gaat het niet om zielsverhuizing, maar (zoals gebruikelijk in de joodse traditie) om de vraag naar Gods gerechtigheid en naar de samenhang tussen je daden en je lot. Wie zondigt, wordt gestraft, zo luidt de overtuiging van de ouden. Dat kinderen voor de misdaden van hun ouders gestraft zouden worden, sluit het bijbelse geloof uit,[211] en het zou onrechtvaardig zijn om iemand te straffen voor zonden die hij nog niet heeft begaan. Hoe is het dan met Gods rechtvaardigheid te rijmen dat er mensen zijn die vanaf hun geboorte met een handicap moeten leven? Dat is de centrale vraag voor een joods gelovige, aangezien God in de Psalmen en in de hele Hebreeuwse Bijbel voortdurend als de Rechtvaardige wordt aangeduid. Ook het antwoord van Jezus ('Hij heeft niet gezondigd en zijn ouders ook niet, maar Gods werk moet door hem zichtbaar worden') laat zien dat het hem niet om reïncarnatie te doen is. Hij lijkt de hele vraag naar het waarom even overbodig te vinden als de vraag naar het zondigen – ik herinner er nog maar eens aan dat het woord 'zonde' bij Jezus vrijwel uitsluitend in samenhang met vergeving ter sprake komt. Het is hem om heelwording te doen, en daar moet het ook zijn volgelingen om te doen zijn. In plaats van te speculeren over de achtergronden, moeten ze werk maken van een nieuwe, goede toekomst.

Dus als we het niet willen doen met ongestaafde beweringen over weggecensureerde bijbelteksten, moet de conclusie zijn dat de Bijbel het idee van reïncarnatie niet kent en niet uitdraagt.

Opstanding van de doden

Eerder in dit hoofdstuk heb ik beweerd dat de vraag wat de dood is, wat er met de doden gebeurt, een wezenlijke wortel van alle religie is. Dan is het wel merkwaardig dat de gedachte van een leven na de dood in de Hebreeuwse Bijbel nauwelijks te vinden is. Over de aartsvaders Abraham, Isaak en Jakob lezen we dat ze 'oud en verzadigd van het leven' stierven en 'met hun voorouders verenigd' werden. Een vroegtijdige dood is verschrikkelijk, maar als iemand 'oud en verzadigd van het leven' sterft, lijken de mensen in de Hebreeuwse Bijbel dat met gelatenheid te aanvaarden.

Een idee van leven na de dood lijkt er in deze geschriften niet te zijn. Zo zeggen de Psalmen bijvoorbeeld: 'Niet de doden loven de HEER, niet wie zijn afgedaald in de stilte', en: 'Als een naamloze dode ben ik, als een gesneuvelde in een massagraf, aan wie U niet langer denkt, losgerukt uit uw hand.'[212] Job vraagt: 'Als een mens sterft – kan hij dan herleven?' en hij zegt: 'Weldra zal ik tot stof zijn vergaan, U (God!) zult naar me zoeken, maar ik zal er niet zijn.'[213] Ook in de meeste andere geschriften van het Oude Testament is er geen sprake van een eeuwig leven. Zo lezen we bijvoorbeeld in het boek Jesaja: 'Zie, Ik schep een nieuwe hemel en een nieuwe aarde. ... Geen geween of geweeklaag wordt daar nog gehoord. Geen zuigeling zal daar meer zijn die slechts enkele dagen leeft, geen grijsaard die zijn jaren niet voltooit; want een kind zal pas sterven als honderdjarige, en wie geen honderd wordt, geldt als vervloekt.'[214] Op de nieuwe aarde die hier wordt beschreven, zijn de mensen niet onsterfelijk, de dood is er niet verdwenen. De mensen sterven nog steeds, alleen niet meer voortijdig.

Pas kort voor de geboorte van Jezus ontstaat in het volk Israël de voorstelling van een eeuwig leven. Andere godsdiensten kunnen daar invloed op hebben gehad, maar het is vooral opnieuw de vraag naar Gods rechtvaardigheid die dit idee laat ontstaan: zij die geleefd hebben zoals God het graag ziet, worden na hun dood beloond, terwijl de kwaaddoeners worden gestraft. Opnieuw gaat het hier om de samenhang tussen wat je doet en wat je ondergaat. Zoals ik eerder onder het kopje 'Is God rechtvaardig?' al heb betoogd, liep de overtuiging dat God beloont wie volgens zijn wil leven en bestraft wie tegen zijn wil ingaan, stuk op de werkelijkheid. Heidense kwaaddoeners hadden het land bezet dat aan het volk van God toebehoorde, en ze hadden hun gruwelijke afgodsbeelden in de tempel van Israëls God neergezet – maar geen aardbeving verzwolg de schurken, geen pest raasde door de kampen en vestingen van de bezetter. De vromen daarentegen die de Ene God met trouw en overgave dienden, werden vernederd, als dwangarbeiders gedeporteerd, omgebracht. Zo ontstond de voorstelling dat God in een toekomstige wereld ná de dood alsnog op een rechtvaardige wijze beloning en straf zou uitdelen. Daartoe moest hij de doden uit hun graven opwekken en ze voor het 'laatste oordeel' terecht laten staan. Zijn trouwe dienaren zouden de eeuwige vreugde binnengaan, de misdadigers in eeuwige pijn en foltering worden gestort. Dat zou dan de rechtvaardige vereffening zijn voor het onrechtvaardige verloop van het wereldgebeuren. Eindelijk zou aan de slachtoffers recht worden gedaan. Allen die onrechtvaardig hadden moeten lijden, zouden worden gered, en allen die anderen leed hadden berokkend, zouden daarvoor moeten boeten door nu zelf kwellingen te ondergaan.

Maar niet alle joden geloofden in de opstanding. Onder de farizeeën was dit geloof wijdverbreid, maar andere groepen zoals de sadduceeën, die met de Romeinen collaboreerden, wezen het af. Die tegenstelling vinden we terug in een twistgesprek in Matteüs 22.[215] Jezus maakt hier ondubbelzinnig zijn opvatting duidelijk: God zal de doden opwekken en ze zullen heel anders leven dan op aarde, 'ze zijn dan als engelen in de hemel', dus als geestwezens. Na de opwekking zal God de mensen oordelen; zij die standhouden in het gericht zullen 'deelnemen aan het koninkrijk dat al sinds de grondvesting van de wereld voor hen bestemd is.'[216] Maar hoe dat koninkrijk eruitziet, daar weidt Jezus verder niet over uit. Zij die geen liefde en barmhartigheid hebben bewezen, worden vervloekt en verwezen 'naar het eeuwige vuur dat bestemd is voor de duivel en zijn engelen.'[217] Ook in andere teksten spreekt Jezus over de hel, het 'vuur dat niet uitdooft', de plaats van eeuwige kwelling.[218]

Het valt niet te loochenen of weg te redeneren: Jezus spreekt volgens de bijbelse overlevering over de hel, over de eeuwige verdoemenis, de 'uiterste duisternis waar ze zullen jammeren en knarsetanden.'[219] Persoonlijk neig ik ertoe om te veronderstellen dat deze uitspraken moeten worden begrepen tegen de achtergrond van de algemene apocalyptische eindtijdstemming. Ze weerspiegelen de BLAUWE bewustzijnsruimte waarin ze zijn ontstaan en waarin de mensen die ermee werden aangesproken, zich bevonden. Of Jezus zelf geloofde in de mogelijkheid van een eeuwige verdoemenis, kunnen we mijns inziens onmogelijk meer nagaan, maar als ik bijvoorbeeld naar de Bergrede kijk (zie blz. 176), heb ik zo mijn twijfels. Waarom sprak hij er dan toch over? Een van de mogelijkheden is dat zijn toehoorders een boodschap van allesomvattende vergeving (die dus bijvoorbeeld ook de Romeinen zou betreffen) gewoon niet zouden kunnen aanvaarden, en dat Jezus zich zogezegd uit pedagogische overwegingen uitdrukte in bewoordingen uit de belevingswereld van zijn toehoorders. Of misschien weerspiegelt zich in schijnbaar tegenstrijdige uitspraken een biografische ontwikkeling van de mens Jezus die begon met apocalyptische uitspraken, maar die eindigde met een vérreikende inclusieve boodschap van Gods liefde en barmhartigheid voor alle mensen, ook voor de 'vijanden'. De Bergrede zou dan niet het begin van zijn prediking zijn (zoals het lijkt in het Matteüsevangelie) maar het resultaat van een ontwikkelingsproces. Misschien heeft Jezus ook helemaal niet over hellestraf gesproken en hebben de vroege christelijke gemeenten, waarin apocalyptische, dualistische ideeën veel voorkwamen, deze dreigementen toegevoegd – het is wel opvallend dat deze uitspraken vooral in het Matteüsevangelie voorkomen.[220] Hoe dan ook, deze uitspraken blijven een 'doorn in het vlees' en laten zich niet eenvoudig wegpoetsen omwille van de harmonie.

Intussen kunnen we wél vaststellen dat de dreiging met oordeel en hel absoluut niet het zwaartepunt van Jezus' prediking vormde. Het rijk van God is bij Jezus niet in de eerste plaats iets toekomstigs, iets van elders, maar het 'ligt binnen uw bereik' en is 'bij jullie gekomen'.[221] Daarin is Jezus helemaal joods. Hij is niet heel erg in 'gene zijde' geïnteresseerd, het gaat hem vooral om het goede leven van de mensen met elkaar, om de liefde.

Voor de volgelingen van Jezus werd alles anders na de opstanding van hun meester. Deze ervaring, hoe we ze ook willen duiden, was voor hen in ieder geval het bewijs dat de dood niet het definitieve einde is. Gods mogelijkheden beperken zich niet tot dit leven; met Christus zullen ook allen die zich in geloof met hem verbonden hebben en door de doop in zijn gemeenschap zijn opgenomen, opstaan tot eeuwig leven.[222] Jezus is de 'eerste van de gestorvenen',[223] dus ook voor ons betekent de dood niet het einde. Omdat Christus is opgestaan, hebben ook degenen die in hem geloven een toekomst die voorbij het graf reikt.

Maar de Bijbel zwijgt over hoe dat er precies uit zal zien. Het Nieuwe Testament ontwikkelt geen gedetailleerde leer over het leven na de dood. Daarin onderscheidt het zich van andere religies zoals het Tibetaanse boeddhisme, dat in het 'Tibetaanse dodenboek' tot in detail de toestanden en gebieden beschrijft waar een dode doorheen moet voordat hij of zij in een nieuw lichaam wordt wedergeboren.

Wat na dit leven komt zal goed zijn, als een vrolijk feest: veel meer wordt er niet over gezegd. Alleen de Openbaring van Johannes geeft een paar aanwijzingen: 'God zal alle tranen uit hun ogen wissen. Er zal geen dood meer zijn, geen rouw, geen jammerklacht, geen pijn, want wat er eerst was is voorbij. Hij die op de troon zat zei: "Alles maak Ik nieuw!"'.[224] De verlosten zullen in een stad leven – destijds stond de stad voor veiligheid en vrijheid; de vrije natuur werd niet gezien als idyllisch maar eerder als bedreigend – en ze staan zingend rondom de troon van God.[225] Deze voor ons nogal wonderlijke en onaantrekkelijke voorstelling[*] was natuurlijk wel aantrekkelijk voor mensen die vervolgd en met de dood bedreigd werden omdat ze Jezus aanbaden.

---

* In de Duitse uitgave verwijst de auteur, woonachtig in München, naar het satirische boek *Ein Münchner im Himmel* van Ludwig Thoma uit 1911, waarin deze klassieke voorstelling van de hemel met heerlijke ironie op de spits wordt gedreven.

Een nieuw beeld: terug in het Grote Geheel

Wat kunnen we nu over een leven na de dood zeggen tegen de achtergrond van het godsbeeld dat in dit boek wordt ontwikkeld? Als God niet de majesteitelijke koning en rechter is die aan het einde der tijden de doden uit de aarde oproept om over hen te oordelen? Als we 'eeuwigheid' niet opvatten als eindeloos uitgestrekte tijd, maar als een toestand buiten ruimte en tijd? Als we onszelf niet als bezielde kleipoppen zien, maar als kleine holografische fractalen van het Ene Grote Goddelijke Bewustzijn dat zichzelf in een wereld heeft gegoten die pas door deze 'ingieting' is ontstaan?

Vast staat wel dat we geen fysiek lichaam meer zullen hebben. Hoe zou dat er ook uit moeten zien? Zoals op het moment dat ik doodging? Dan zou de hemel één groot verpleeghuis zijn: een absurd idee. In de vroege kerk leefde het idee dat alle mensen in de hemel dertigjarige mannen zijn, in de bloei van hun leven, en dat alle gebreken zijn geheeld. Ook de vrouwen zullen dertigjarige mannen zijn; nu zouden we het seksistisch vinden, maar destijds werden vrouwen gezien als mensen waaraan iets ontbrak. Maar een hemel vol mannen, dat zou toch ook nogal saai zijn.

Ik ben er tamelijk zeker van dat we helemaal geen begrensde individuele wezens meer zullen zijn. Ons ik, onze persoonlijkheid, valt van ons af als we sterven, want ze is gebonden aan ruimte en tijd, ze is gevormd uit ervaringen in de tijd en op concrete plekken. Hoe zou ze buiten ruimte en tijd moeten voortbestaan? Ik geloof dus niet in een persoonlijk doorleven na de dood. En ik geloof ook niet dat we door God 'aan het einde van de tijd' nieuw geschapen worden als de mensen die we waren. Maar als we geen individuele persoon meer zijn, wat dan wel?

Ons ik verzet zich tegen de gedachte dat het er niet meer zal zijn. Elke uitspraak die erop neerkomt dat we niet meer zullen zijn zoals we onszelf nu beleven, als individuele persoon, klinkt voor ons ik als een verlies. Alsof dat wat blijft, minder is dan het individuele persoon-zijn. Maar klopt dat wel? Kan het niet zo zijn dat we, als de grenzen van het ik zijn weggevallen, veel meer blijken te zijn dan 'slechts' een individuele persoon? Dan leren we ons ware zelf kennen: eindeloos bewust-zijn, niet begrensd door de beperkingen die ruimte en tijd ons hebben opgelegd voor de tijd dat we op aarde leefden. We zullen niet *minder* zijn dan een persoonlijkheid, maar *veel méér*. De ervaringen die we in dit leven hebben opgedaan, worden opgenomen in het oneindige goddelijke bewustzijn zodra we weer één worden met het Grote Geheel dat ons wezen is.

Want ook nu al zijn we niet *een deel* van het Grote Geheel, we *zijn* het Grote Geheel: zoals een klein stukje van een hologram het hele hologram bevat en zoals een gewijde hostie naar katholiek begrip niet een klein vezeltje van het Lichaam van Christus bevat, maar het hele Lichaam. We stuiten hier opnieuw op de paradox die ook in de triniteitsleer en in de uitspraken over de twee naturen van Christus tot uiting komt: in de mens Jezus van Nazaret is de kosmische Christus aanwezig en dat is ook in jou en mij het geval. Als de beperkingen van dit individuele aardse leven wegvallen, zullen we weer zijn wat we werkelijk zijn en altijd al waren.

We zijn rozen aan die éne rozenstruik, ranken aan de éne wijnstok. De ranken zouden kunnen denken dat ze iets aparts zijn, maar ze zijn alleen iets omdat ze aan de wijnstok vastzitten, omdat ze daar onderdeel van zijn en de wijnstok zich in hen tot uitdrukking brengt. Of om een nog duidelijker maar wat minder poëtisch beeld te gebruiken: een paddenstoel is op zich niets, hij is een vruchtlichaam van het mycelium, een vlechtwerk van microscopisch dunne schimmeldraden dat zich onder de aarde uitbreidt en soms een reusachtige omvang kan hebben. De grootste bekende schimmel, een reuzenhoningzwam in Oregon (VS), strekt zich uit over bijna negen vierkante kilometer![226] Dat wat wij als paddenstoel aanduiden, de individuele bospaddenstoel of champignon of vliegenzwam, is een piepkleine uitstulping van dit reusachtige mycelium. Als zo'n zwam ogen zou hebben en om zich heen zou kijken, zou hij zichzelf als individu waarnemen dat op zichzelf op de bosbodem staat, en hij zou misschien vlakbij nog een paar individuen van zijn soort zien. Als hij 'sterft' zou hij de dood kunnen beschouwen als het einde van zichzelf als paddenstoel. Maar de eigenlijke zwam, het mycelium, sterft niet. Het vruchtlichaam (maar hier houdt de vergelijking op biologisch correct te zijn) keert terug in het mycelium, brengt daar de ervaringen in die het als individueel vruchtlichaam heeft verzameld en verrijkt daarmee het grote geheel.

Ons ik wordt dus in meerdere betekenissen opgeheven. Het bestaan ervan wordt opgeheven zodat het er niet meer is. En het wordt opgeheven zoals je een waardevol voorwerp omhooghoudt: de waarde, de ervaringen, de geschiedenis van het ik spelen een onvervangbare rol in het Grote Geheel. En het wordt opgeheven als iets dat van de grond wordt opgeraapt, rechtop gezet en geheeld.

Nauwkeuriger kan ik het niet zeggen. Hoe zou je ook binnen de kaders van een tijd-ruimtelijk bestaan een toestand buiten ruimte en tijd kunnen beschrijven? Dat is gewoon niet mogelijk. We kunnen met beelden wat dichterbij komen, maar we beseffen dat die beelden niet meer dan een aanzet kunnen vormen om iets van de werkelijkheid te begrijpen. Zelfs mensen die tijdens een bijna-doodervaring misschien een heel korte blik over de drempel hebben kunnen werpen, kunnen geen passende woorden vinden voor wat ze hebben gezien. Daarbij waren ze nog niet eens echt dood, want dood zijn betekent per definitie dat je niet meer terug kunt. Ook mystici uit alle culturen en religies kunnen alleen stamelend en met moeite uitdrukking geven aan hun ervaringen van diepe eenheid met alles wat is. De meest adequate manier om te spreken over die andere wereld is waarschijnlijk een diep, vervuld stilzwijgen.

16 | Verlossing 7.0

Om het nog eens op een rijtje te zetten: zoals ik het me voorstel, is God niet de patriarch in de hemel wiens majesteit beledigd en geschonden kan worden en die daarvoor boetedoening eist. Naar mijn overtuiging is God de diepte van het Zijn in alles wat is, in jou en in mij. God heeft de wereld niet geschapen zoals een pottenbakker de pot op de draaischijf maakt, maar God heeft zichzelf in een universum ingebracht, is 'vlees geworden' en vervult alles wat leeft en wat niet leeft. God is niet de strenge rechter die zelfs de kleinste overtreding van zijn wetten bestraft. Ik leen hier graag een beeld van Maarten Luther, een beeld waarin hij de persoonlijke, theïstische God ver achter zich laat: 'God is een gloeiende bakoven vol liefde die van de aarde tot aan de hemel reikt.'[227] Een gloeiende bakoven vol liefde! Laten we God dan eindelijk eens bevrijden uit de gevangenis van zijn gekwetste majesteit en zijn toorn, laten we hem liefhebben, liefhebben, liefhebben. Want dat is waar het hele zijn van God op neerkomt. In de hele Bijbel komen maar twee definities van God voor. De ene is 'God is geest', de andere: 'God is liefde.'[228]

Daarmee lost het probleem van de verlossing zichzelf op. God heeft ons lief, punt uit.

En de gloeiende bakoven vol liefde verzengt hopelijk ook alle dreigingen met het oordeel die Jezus in de mond zijn gelegd of die hij mogelijk ook zelf heeft uitgesproken.

Want nogmaals: God die de Liefde is, heeft ons lief met een onuitsprekelijke liefde. We hoeven niet van zijn toorn verlost te worden, want God is nooit vertoornd geweest. Als God niet toornt en niet straft, heeft God ook dat hele kosmische drama niet nodig. God heeft ook niet nodig dat die éne rechtvaardige plaatsvervangend lijdt, zodat het alle zondaars toegerekend kan worden terwijl ze het eigenlijk niet verdiend hebben. God hoeft niet verzoend te worden, want van Gods kant is er nooit sprake van onmin geweest.

Waar is Jezus Christus dan nog voor nodig?

Hij is niet nodig in het kosmische verlossingsdrama. Hij is niet nodig als middelaar tussen God en mensen, hij is niet nodig als onschuldig offerlam 'dat de zonden der wereld draagt'. Hij is niet nodig om ons te redden van Gods toorn of van hel, dood en duivel.

Want de zonde is niet relevant als het om onze verhouding tot God gaat.[229] Voor christenen is alleen van betekenis dat Jezus ons heeft laten zien hoe we de zonde, oftewel de tweeheid of gescheidenheid[230], kunnen overwinnen. Of liever, dat ze al is overwonnen en dat we 'slechts' moeten ingroeien in de liefde en gemeenschap die er allang is en waarin we welkom zijn. Dit ingroeien is de manier waarop de verlossing die al lang een feit is, werkelijkheid voor ons wordt. Hoe zou het zijn als we ons dit lieten aanzeggen: 'Weet je, er is voor jou veel meer mogelijk dan wat je tot nu toe in kleine stukjes hebt gerealiseerd. Er is nog zoveel meer leven mogelijk! Ik zal je laten zien hoe dat werkt. Je hoeft me niet te volgen: als je wilt blijven zoals je bent, ook goed. Maar je mist zoveel in dit leven, jij en de mensen die met jou samenleven. Dus laat je verleiden!'

Dat zou de verlossende boodschap kunnen zijn.

Dat is het Evangelie, het 'goede nieuws'.

Je hoeft niet bang te zijn voor de dood. Niet voor de dood als einde, want ze is niet het einde. Dat is voor mij de kern van de verkondiging over het sterven en opstaan van Jezus. En je hoeft ook niet bang te zijn voor de kleine manieren van doodgaan midden in het leven, want er is nog zoveel meer dan hetgeen je lijkt te verliezen. Want als we net als Jezus Christus een goddelijke natuur hebben die onze menselijke natuur vergezelt, vervult en draagt, dan kan geen macht ter wereld ons scheiden van het leven – van het leven in de volste zin van het woord. Niets en niemand gaat ooit verloren. Wat ons ook overkomt, we kunnen leven in het vertrouwen dat Paulus verwoordt en dat we hierboven al in een gedachtenexperiment hebben uitgespeeld: 'dat voor wie God liefhebben, alles bijdraagt aan het goede'.[231]

Deze goede boodschap gaat voor ons werken als we haar aannemen; als we erop vertrouwen dat ze klopt. Kort gezegd: als we *geloven* dat we nooit onverlost zijn geweest. Als we erop vertrouwen dat hel, dood en duivel[232] ons niet kunnen deren omdat we bij Christus horen. Omdat Christus in ons leeft, zoals Paulus het schrijft in de Galatenbrief.[233]

Het geloof laat ons ervaren dat we nooit verloren zijn geweest en dat de grote dood ons even weinig kan deren als alle kleine manieren van doodgaan. Dat wil dus zeggen dat het geloof ons niet van de eeuwige dood redt (want die is er niet) maar van de angst, de doodsangst. Dát is de verlossing. Verlossing is iets wat zich in het hier en nu afspeelt, in dit leven. Want mijn 'eeuwig heil' is in goede handen, daar hoef ik me geen zorgen over te maken. Dat is het goede nieuws, de blijde boodschap, het evangelie.

Zo is ook duidelijk waarom 'alleen het geloof' deze verlossing brengt. Wie geen vertrouwen kan of wil schenken aan de boodschap dat de dood niet het einde is maar een nieuw begin, heeft er niets aan. Die beleeft geen verlossing en moet verder leven met de vrees voor de dood.

Misschien zijn er ook wel mensen die deze vrees helemaal niet kennen, die onverschillig staan tegenover hun eigen dood. Dat zou ook prima zijn. Ik wil de mensen geen angst aanpraten om ze daar vervolgens weer van te kunnen bevrijden. Maar alle mensen die bang zijn voor het feit dat ze met dodelijke zekerheid op een dag zullen sterven, kunnen hun angst loslaten als ze durven vertrouwen dat de dood niet de grote boze vijand is.

Een gracieuze vriendin

Nu hebben we drie van de vier *sola/solus*-uitspraken van Maarten Luther nagelopen: *Solus Christus* (alleen Christus), want de goddelijke natuur in ons staat gelijk met de Christus in ons; *sola fide* (alleen door geloof), want zonder vertrouwen in het goede nieuws kan het in ons leven niets uitrichten; en ten slotte *sola gratia* (alleen door genade). Want omdat Christus in ons leeft en we van meet af aan al kinderen van God zijn en deelhebben aan zijn goddelijke natuur, hebben we helemaal niets hoeven of kunnen doen.[234] Maar hoe zit het eigenlijk met dat begrip 'genade'?

In het algemene spraakgebruik markeert dit woord een uitdrukkelijke vorm van machtsongelijkheid: aan de ene kant een persoon die macht bezit, aan de andere kant iemand die machteloos en afhankelijk is. De machtige ziet grootmoedig en neerbuigend af van iets wat de machteloze en afhankelijke persoon eigenlijk verschuldigd is. Schuld of straf wordt kwijtgescholden, niet omdat de machteloze persoon daar recht op zou hebben, maar eerder willekeurig, naar het goeddunken van de machtige.

Dat past op geen enkele manier bij het godsbeeld dat we hier uittekenen. God is niet de oppermachtige heer die met een enkel gebaar beslist over dood of leven, als een vorst uit de oudheid of de middeleeuwen.

In de Bijbel gaat het ook om iets heel anders. Zowel in het Hebreeuwse als in het Griekse deel van de Bijbel spelen veel andere betekenissen mee als het woord gebruikt wordt dat we met 'genade' vertalen.

In het Nieuwe Testament komt het vooral voor in de brieven van Paulus. Paulus, die in het Grieks schreef, gebruikt het woord *charis*, dat drie hoofdbetekenissen heeft. Ten eerste: gratie of lieflijkheid. Zouden we de Bijbel niet met heel andere ogen lezen als we over Gods gratie of charme zouden spreken in plaats van over Gods genade?* De tweede betekenis van het woord *charis* is 'dank', en de derde is 'gunst, vriendelijkheid'.

In het Latijn is het niet veel anders. Het Griekse woord *charis* wordt in het Latijn met *gratia* weergegeven en dat heeft dezelfde betekenissen: gratie of bekoorlijkheid, dank (het Italiaanse *grazie*) en als derde: gunst, welwillendheid, zorgzaamheid.

En zo gaat het ten slotte ook in het Hebreeuws, de taal van het Eerste Testament. Hier zijn het twee woorden die in onze bijbelvertalingen meestal met 'genade' worden weergegeven. Het ene, *chesed*, betekent zoveel als 'liefde, gunst, goedheid, welwillendheid, barmhartigheid', het andere, *chen*, betekent ook weer 'gratie, schoonheid' en daarnaast 'toegenegenheid, gunst'.

---

* Noot van de vertaler: De Duitse titel van dit boek, *Von der Anmut der Welt* ('Over de lieflijkheid van de wereld') laat zien dat de auteur hier bij de kern is van wat hij met dit boek wil zeggen.

Dat klinkt allemaal anders en wekt andere associaties op dan het Nederlandse woord 'genade'. Ons begrip van genade wordt sterk bepaald door een clichématig idee over het middeleeuwse denken, een idee dat misschien meer door *Game of Thrones* is bepaald dan door echte kennis van het toenmalige recht. Volgens dit cliché was het de dagelijkse werkelijkheid van de meeste mensen dat ze onderworpen waren aan de willekeur en de grillen van een machtige vorst die met hen kon doen wat hem beliefde en over leven en dood kon beslissen. Onder zulke omstandigheden krijgt het begrip 'genade' een heel speciale klank. Het gewone volk had geen rechten tegenover de vorst, ze waren aan de genade van de hoge heren overgeleverd en dus aangewezen op de onberekenbare, onverdiende gunst van de machtigen. Zo hoopten ze ook op een genadige God die hun de verdiende straf 'gratis' zou kwijtschelden: dat is het beeld dat veel mensen vandaag nog bij het woord 'genade' hebben.

Als we daarentegen luisteren naar de betekenis van de Hebreeuwse en Griekse begrippen die in de Nederlandse bijbelvertalingen doorgaans met 'genade' worden vertaald, dan gaat er een heel nieuwe wereld open. Woorden als 'vriendelijkheid', 'welwillendheid' of zelfs 'gratie, charme' kunnen God dichter bij ons brengen, hem van zijn hemelse troon halen. Ze zetten ons op gelijke voet, zodat we met God kunnen omgaan als met een vriendin. Een charmante, gracieuze vriendin die ons welgezind is en die alleen het beste voor ons wil.

Een van mijn lievelingsfilms is *Bruce Almighty* uit 2003. Ik houd niet alleen van die film vanwege de gracieuze Jennifer Aniston die de vrouwelijke hoofdrol speelt, niet alleen vanwege Morgan Freeman die God neerzet als een oudere zwarte man, en ook niet alleen vanwege de hilarische komediantenrol van Jim Carrey als Bruce, die een paar dagen lang Gods almacht krijgt en daarmee alleen maar narigheid teweegbrengt. Mijn lievelingsscène in de film is eigenlijk helemaal niet komisch. Aan het einde van zijn zevendaagse loopbaan als almachtige wordt Bruce namelijk door een vrachtwagen overreden en dan is hij eigenlijk dood. Hij komt dan God opnieuw tegen, de 'ware' God in de gestalte van Morgan Freeman. God vraagt aan Bruce: 'Wat is je wens?', en Bruce antwoordt met één woord: *Grace*. Dat is de naam van zijn vriendin maar het is ook het Engelse woord voor genade, wat helaas in de Nederlandse ondertiteling verloren gaat.

De wens van Bruce is niet alleen om bij zijn vriendin te zijn. In plaats van indruk op haar te maken, heeft hij haar met zijn almachtspelletje zo laten schrikken dat ze hem heeft verlaten. Hij wil haar terug, maar hij wil ook genade – dat is wat het onvertaalbare woordspel zegt. Binnen de context van de film betekent dat: hij wil geliefd worden als degene die hij is, als eenvoudige, niet erg succesvolle lokale reporter van een klein tv-station, als warhoofdige, verknipte mafkees. Hij verlangt ernaar dat zijn vriendin *gratis* van hem houdt, zonder dat hij indruk op haar moet maken.

Dat is de betekenis van genade: geliefd worden, gewoon om wie je bent. Genade is het als ik me niet groter hoef te maken dan ik ben, en ook niet kleiner. Als ik niet mijn best hoef te doen om geliefd te worden, als de liefde me eenvoudig wordt geschonken. Onverdiend, omdat je liefde nu eenmaal niet kunt verdienen, zoals ook niemand het leven heeft verdiend.

Daarmee komt de ervaring van leed, angst, ziekte en mislukking niet zomaar te vervallen. Gods genadige goedheid toont zich niet doordat God alles wat zwaar en lelijk is verwijdert. Ze toont zich in het feit dat God meegaat aan onze zijde, dat God de last zelf draagt, mét ons, niet zomaar vóór ons. De paradox wordt in dit leven niet opgelost. Dat God ons onvoorwaardelijk liefheeft, wil niet zeggen dat hij ons alle leed bespaart. Maar hij zit ook niet 'daarboven' in zijn zaligheid toe te kijken hoe wij lijden. God begeeft zich er zelf middenin, gaat en staat en ligt aan onze zijde, in ons hart, in het binnenste van ons zijn.

Als Paulus dus de beroemde zin schrijft die zoveel indruk op Maarten Luther heeft gemaakt: 'Wij zijn *alleen door genade* rechtvaardig voor God', dan gaat het er niet om dat God vanuit de hoogte afziet van straf. Het gaat erom dat God overloopt van goedheid, vriendelijkheid en liefde, dat hij grenzeloos en onvoorwaardelijk 'ja' zegt tegen ons en tegen heel ons leven met alle licht- en schaduwkanten. Zoals een klein kind niets, maar dan ook helemaal niets kan doen om de liefde van zijn ouders te verdienen (als alles goed gaat wordt het geliefd gewoon omdat het er is), zo is het ook tussen God en ons. Er wordt van ons gehouden, gewoon omdat we er zijn. Onvoorwaardelijk, oneindig, onuitwisbaar.

Het christendom is ten diepste geen verlossingsreligie, ook al wordt dat vaak beweerd. Tenminste niet als verlossing betekent dat je gered wordt van eeuwig onheil dat anders zou toeslaan. Het christendom biedt geen evacuatieplan bij de ondergang van de wereld, geen overlevingsstrategie voor de eeuwigheid. De christelijke kernboodschap luidt: voor je eeuwig heil is al gezorgd, maak je geen zorgen! Je hoeft je niet meer met jezelf en je heil bezig te houden, dus bekommer je om je medemensen die dat nodig hebben. Of om kerkvader Augustinus ook een keer instemmend te citeren: 'Heb lief! En doe wat je wilt.'

Os en ezel

Maar...

Natuurlijk volgt er nog een 'maar'. Niet van mijzelf, maar ik kan me voorstellen dat er bij sommige lezers een 'maar' opkomt. Bijvoorbeeld zo: als we mensen verkondigen dat alles in orde is, wat ze ook doen; als we spreken over de grondeloze, onvoorwaardelijke liefde van God die niemand, echt niemand verloren laat gaan, wordt het dan in de wereld niet een enorme janboel? Wie zal zich nog aan de geboden houden als er geen beloning is voor de 'rechtvaardigen' en geen straf voor degenen die de geboden negeren of ze overtreden als ze daar zin in hebben?

Aan de theoloog Christian Gottlob Barth (1799-1862) wordt de uitspraak toegeschreven: 'Wie niet in de alverzoening gelooft, is een rund, maar wie ze onderwijst, is een ezel.' Alverzoening is wat het woord zegt: dat uiteindelijk alle mensen verlost worden, ongeacht hoe ze hun leven hebben geleefd. Ook Adolf Hitler, ook Pol Pot, ook Jack the Ripper en ook jij en ik. De uitspraak van Barth zegt dus: christenen zouden moeten geloven in de alverzoening, maar ze zouden het niet moeten rondvertellen omdat er anders niets overblijft van de moraal.

Serieus?

Moeten we de mensen, onszelf incluis, echt angst voor hel, dood en duivel aanpraten om te zorgen dat we ons fatsoenlijk gedragen? Wat is dat voor manier van denken? Als we de mensen, onszelf incluis, niet met liefde kunnen motiveren om liefdevol, zorgzaam en met respect met andere mensen om te gaan, is alles al verloren. Wie wil gedwongen worden zich goed te gedragen uit angst voor straf? Met zo'n repressieve omgangsvorm maak je geen vrije, zelfbewuste en gelukkige mensen. Nog afgezien van het feit dat ik ervoor pas om God moreel lager in te schatten dan de mensen. Als wij mensen al in staat zijn een GROENE pedagogiek te ontwikkelen die op liefde en bevestiging gebaseerd is in plaats van op straf en afschrikking, en als wij mensen zoiets als resocialisatie kunnen uitvinden, hoe zou God die liefde is, daar dan niet toe in staat zijn? Nee, God heeft geen zwarte pedagogiek nodig! Repressie en dreiging leiden eerder tot angst en uiterlijke aanpassing dan tot liefde. Liefde brengt liefde voort.

De liefde

Hier zouden we het bij kunnen laten. Maar nu begint het pas echt. We stuiten op de volgende paradox. In theorie zou een mens die zich verlost weet, dus een mens die ervaren heeft dat zijn leven altijd en overal en in elke denkbare levenssituatie geborgen is in een liefhebbende Wil – in theorie zou zo'n mens ook verlost moeten zijn van de 'geschiedenis van de gescheidenheid' en van de strategieën die wij mensen ontwikkelen om in de gescheidenheid te overleven. Theoretisch zou zo iemand vrij zijn van alle angst en daarmee ook alle egocentrisme en alle zelfbevoordeling, om zich in volkomen openheid naar zijn medemensen toe te kunnen keren.

Maar in de praktijk gaat dat niet zo, dat ziet iedereen.

De verlossing is van kracht. We zijn bij God geborgen, God is nooit vertoornd geweest, de dood kan ons niet deren. Dat klopt en dat blijft zo. Maar dat heeft niet vanzelf effect. Ik geloof dat we hier opnieuw stuiten op het verschil tussen de Christus enerzijds en Jezus anderzijds. De Christus staat ervoor dat we zonder enig eigen toedoen kinderen van God zijn. En Jezus van Nazaret heeft geleerd en voorgeleefd wat dat in de praktijk betekent. In de praktijk betekent dat: zich *oefenen* in liefde. Het betekent: empathie, vergeving en onzelfzuchtigheid leren en het je eigen maken. Dat komt niet vanzelf. Dat vergt telkens weer opnieuw dat we kiezen tegen de angst en voor het vertrouwen, tegen het eigen comfort en het eigen voordeel, voor het welzijn van de medemens, de gemeenschap en ook de niet-menselijke 'medewereld'. Het betekent een ethisch verantwoord leven en dat gaat met moeite gepaard, met beslissingen, met loslaten, met de blik op het grote geheel in plaats van op de eigen navel.

Protestantse christenen halen op dit punt dikwijls dingen door elkaar. In navolging van Paulus en Maarten Luther beklemtonen ze de uitspraak dat de mens 'alleen door geloof, zonder de werken van de wet' gerechtvaardigd wordt. Dat betekent dat je als mens de liefde van God niet kunt kopen door je aan Gods geboden te houden, al doe je dat nog zo strikt en nauwkeurig. Dat is de kern van de zogenaamde rechtvaardigingsleer. En omdat we niets kunnen doen om de liefde van God te verdienen, denken ze dat we geen geestelijke groei nodig hebben en uiteindelijk niet eens zo heel erg ethisch verantwoord hoeven te leven. Goede werken zouden niet alleen onnodig zijn, je zou ze zelfs als uitdrukking van ongeloof kunnen zien. Alsof we er niet op zouden vertrouwen dat God ons uit enkel liefde het leven schenkt, en alsof we Gods vriendelijkheid een handje zouden moeten helpen door goed te doen en te laten zien dat we 'brave kinderen' van God zijn. Maar dat is een ernstig misverstand.

Het is waar dat we God niet genadig kunnen stemmen, hoeveel goede en vrome daden we ook doen. Dat hoeft ook helemaal niet. Want om het nog maar eens te zeggen: God is nooit vertoornd geweest, we hoeven God niet met ons te verzoenen. Geen enkele goede of edelmoedige daad kan God nog verzoenlijker stemmen dan hij al is, want God was nooit in onmin met ons. Daarom smeekt Paulus zijn medechristenen in Korinte: 'Laat *jezelf* met God verzoenen!'[235] Als iemand verzoening nodig heeft, zijn het de mensen, niet God.

God heeft onze goede daden niet nodig.

Maar de wereld heeft ze nodig.

Daarom spreekt Jezus voortdurend over de liefde. Jezus geeft geen concrete aanwijzingen, geen regels voor de afzonderlijke lotgevallen van het leven. Hij vertelt ons dat we de scheidsmuren moeten afbreken die wij tussen onszelf en anderen aantreffen en telkens weer opnieuw oprichten. In plaats daarvan, zegt hij, moeten we in onze medemensen het evenbeeld van God zien dat we zelf ook zijn, en ze behandelen alsof ze Christus zelf zijn. Dat zijn ze immers ook.[236]

HET LAATSTE EN VOORLAATSTE

17 | Liefde, vrijheid en verantwoordelijkheid

Ik wil het voorgaande hoofdstuk nog een keer kort samenvatten: de verlossing *is* een feit. Voor ons eeuwige heil is gezorgd. We hoeven niet bang te zijn voor de dood, want die kan ons geen kwaad doen, integendeel: het is de deur waardoorheen we terugkeren tot ons ware zelf. Niets van wat we in deze wereld doen of laten, kan ons dichter bij God brengen of van God verwijderen, want God is ons diepste innerlijke wezen. Maar dat betekent niet dat het niet uitmaakt wat we in deze wereld doen of laten. Juist omdat we ook in onze medemensen en in onze medeschepping niets en niemand anders ontmoeten dan God die wereld is geworden, moeten en mogen we ze liefhebben en goed voor ze zijn. Zolang we in dit leven zijn, is de wereld aangewezen op onze liefde en onze betrokkenheid.

Deze samenvatting herinnert me aan een gedachtegang die Dietrich Bonhoeffer bondig en pregnant heeft geformuleerd in zijn *Ethiek*: het is nodig onderscheid te maken tussen het voorlaatste en het laatste.[237] Als de 'laatste dingen' worden in de klassieke theologie de vragen rond dood en opstanding behandeld: de vraag of en hoe mens en wereld een toekomst voorbij de dood hebben. Deze laatste dingen zijn geregeld. Om ons lot voorbij de drempel van de aardse dood hoeven we ons geen zorgen te maken. Dat is de kern van de christelijke boodschap. Al het andere hoort bij het voorlaatste. Al het andere, dat is dus *alles* wat met ons doen en laten in dit leven samenhangt: ons ethisch handelen maar ook ons spirituele doen en laten.

Als we ons als 'ezels' gedragen en de alverzoening verkondigen (zie blz. 210), dan zeggen we daarmee ook dat het voorlaatste geen invloed heeft op het laatste. Hoe we ons leven leven, speelt geen rol voor het laatste, dus voor ons lot voorbij de dood. Dat is de uiterste consequentie van het geloof dat we Gods kinderen zijn, van goddelijke komaf, kleine holografische fractalen van de goddelijke triniteit.[238] We weten dat het binnen dit leven nooit om deze allerlaatste dingen gaat en hoeven ons daar dus ook niet volkomen mee te identificeren. We mogen in vrijheid leven, in 'de heerlijke vrijheid van Gods kinderen.'[239]

Ons hele leven speelt zich in het voorlaatste af. Zodoende heeft het niet die allerlaatste, dodelijke ernst. In die zin kun je zeggen: het leven is een spel. Met die uitspraak wil ik het gewicht van het leven in het voorlaatste niet loochenen, het is niet frivool of lichtvaardig bedoeld. Ik weet heel goed hoe mensen soms moeten lijden, ik ken de soms ondraaglijke rauwheid van het leven. Die ken ik uit eigen ervaring en nog veel meer uit de ontmoetingen met vele, vele mensen in allerlei crisissituaties, en ik neem dat alles volledig serieus. En toch: dit leven heeft niet het allerlaatste, allergrootste gewicht. Alles wat we doen en wat ons overkomt, is voorlopig, en als de tijd daar is, keren we terug naar onze oorsprong en tot ons ware wezen.

Als ik het leven als spel omschrijf, denk ik aan de speelse ernst van kinderen die volledig opgaan in wat ze aan het doen zijn. Ik denk aan de hartstocht en toewijding van een voetballer die met alles wat in hem is wil winnen van de tegenstander. Hij vat het spel allerminst licht op, hij geeft alles wat hij heeft.[240] En toch mag duidelijk zijn: het is een spel, en na afloop gaan de beide elftallen samen een biertje drinken, want in het echte leven zijn ze geen vijanden van elkaar.

Zo kunnen we in speelse vrijheid leven, erop vertrouwend dat uiteindelijk alles goed zal zijn, zonder ons toedoen, of vaak genoeg zelfs ondanks ons eigen doen en laten.

Tegelijkertijd zijn we deelnemers in de beweging van de goddelijke Liefde die in de wereld vorm wil krijgen – door ons toedoen. Omdat we kinderen van de goddelijke Liefde zijn, willen we naar beste kunnen uit liefde leven. En omdat het voorlaatste vervuld en doordrenkt is met God zelf, is het oneindig waardevol. Aangezien ik in mijn medemensen en in de niet-menselijke medewereld niets en niemand anders ontmoet dan God zelf, hebben alle wezens die ik ontmoet een oneindige waardigheid. In die spanning leven we in het voorlaatste: in speelse ernst, in ultieme vrijheid en in diep respect voor alles waarmee we te maken krijgen.

Nogmaals: de liefde

Speelse ernst, ultieme vrijheid, diep respect: dat zijn voor mij wezenlijke kenmerken van een leven in liefde en uit liefde. Ernst, vrijheid, respect – dat klinkt allemaal heel nuchter en zo is het ook. De liefde waarover Jezus spreekt en waaraan deze planeet behoefte heeft, is niet romantisch of zweverig. Die liefde is geen emotie, ze wordt niet opgewekt door de aantrekkelijkheid van de ander en ze heeft niets met begeerte te maken. Dat kun je ook aflezen uit de Hebreeuwse brontekst waarin het woord 'liefhebben' niet een lijdend voorwerp bij zich heeft maar een meewerkend voorwerp. Deze grammaticale vorm suggereert dat liefhebben iets met geven te maken heeft (de *dativus* is letterlijk de geef-vorm). Liefde is dus niet een emotie die zich op de ander richt en door de ander wordt opgeroepen, maar is een beweging die iets goeds doet voor de ander.

Liefde is een houding, een basisoriëntatie van de hele persoon waartoe we geleidelijk kunnen uitgroeien. En dit des te meer naarmate we onszelf geliefd en vastgehouden weten door het Oneindige om ons heen en in ons. Deze houding opent ons de ogen voor het feit dat de ander ook een mens is, een goddelijk fractaal, diep vanbinnen met mij verbonden – ook als ik dat meestal niet zo voel en vaak ook niet wil erkennen. Ik realiseer me dat de mens tegenover mij mijn eigen vlees en bloed is. Het gebod van de naastenliefde luidt: 'Heb je naaste lief als jezelf'! Het woordje 'als' betekent 'zoals', maar het kan ook 'als zijnde' betekenen. Dus het zou ook kunnen luiden: Heb je naaste lief want je bent het zelf. Ook dit wordt door de Hebreeuwse brontekst ondersteund. Die kan ook worden vertaald met: 'Heb je naaste lief, die is als jij'. Nog iets verder gedacht: heb jezelf lief in je naaste, want jij en hij, jullie zijn ten diepste één.

De houding van de liefde is een open houding. Met open armen, met mijn buik onbeschermd loop ik de ander tegemoet. Zo maakt liefde ook kwetsbaar. Liefde kan gevaarlijk zijn, want ze opent het vizier, legt het pantser af en gaat zonder wapens de ontmoeting aan.

Zo is het tegengestelde van liefde niet alleen maar haat die de ander ontmenselijkt door hem bijvoorbeeld met dierennamen aan te duiden. Het tegendeel van liefde is vooral angst. Ook angst ontmenselijkt de ander door hem met een verwrongen blik als monster of als onmens te zien. Zo weerhoudt de angst ons ervan open en onbevooroordeeld op de medemens af te stappen.

Liefde kijkt achter de façade die angst aanjaagt of afkeer wekt, en ziet de mens. Die mens heeft een geschiedenis en gevoelens, hij of zij heeft een familie, lacht en huilt, bemint en wordt bemind, kent vreugde en angst. Hij of zij is een menselijk wezen net als ik.

Liefde voor God, het Grote Geheel, voor de medemens en (zodoende) voor zichzelf: deze drievoudige liefde is volgens Jezus de beknopte samenvatting van de geboden van God. De liefde geeft houvast en richting aan ons gedrag, ze is de basis voor alle christelijke ethiek. Eigenlijk is er niets meer nodig dan liefde. Wie zijn medemensen, zichzelf en het Grote Geheel liefheeft, wie voor allen het beste wil, die heeft uiteindelijk geen uitgeschreven geboden en geen ethische leerboeken nodig.

Augustinus vat het even treffend als provocerend samen met een zin die ik al eerder citeerde: 'Heb lief, en doe wat je wilt!' Deze grondregel maakt het leven overigens niet per se gemakkelijker. 'Wat je wilt' is immers iets anders dan 'wat je leuk vindt'. Het gaat er niet om dat je toegeeft aan iedere impuls en alles maar doet wat er in je opkomt. Integendeel, deze grondregel doet een appel op onze diepe wil en daarmee op onze verantwoordelijkheid: alles, wat dat alles ook zal blijken te zijn, staat onder het voorteken van de liefde. Die moet al het handelen beheersen.

Vrijheid en verantwoordelijkheid

Om liefde te laten ontwikkelen, zijn minstens twee andere dingen nodig: vrijheid en verantwoordelijkheid. Vrijheid speelt in het Nieuwe Testament een belangrijke rol, vooral bij Paulus als vrijheid ten opzichte van de wet, maar ook bij Jezus. Ik zie de houding van Jezus heel duidelijk in het verhaal over het 'arenplukken op de sabbat'. Jezus loopt tijdens een sabbat met zijn leerlingen langs een korenveld. De leerlingen hebben honger en plukken een paar aren, wrijven de tarwekorrels eruit en eten die op. De farizeeërs (dat zijn vrome wetgeleerden) hebben het gezien en roepen Jezus ter verantwoording. Niet wegens broodroof, maar omdat het plukken van een paar aren al als oogst geldt, en oogsten is evenals alle andere arbeid verboden op de sabbat. Jezus antwoordt met een belangrijke uitspraak: 'De sabbat is er voor de mens, en niet de mens voor de sabbat.'[241] Het sabbatsgebod was en is in het jodendom het heiligste gebod; destijds onderscheidde het de joden van alle andere volken. Als Jezus op die manier over het sabbatsgebod spreekt, mogen we dat gerust breder trekken: 'De geboden en wetten zijn voor de mensen gemaakt, niet de mensen voor de wetten en geboden.' Met andere woorden: als een gebod of wet de menselijkheid in de weg staat, heb je niet alleen het recht maar ook de plicht om het gebod te overtreden en tegen de letter van de wet in te handelen. Met deze houding trekt Jezus een lijn door die ook al in de Hebreeuwse Bijbel te vinden is, bijvoorbeeld bij de profeet Jeremia die God laat spreken over een nieuw verbond met zijn volk Israël: 'Ik zal mijn wet in hun binnenste leggen en hem in hun hart schrijven'[242] – in tegenstelling tot de oude wet die in stenen wetstafels was gebeiteld. Geen uiterlijk vastgelegde geboden die met pijnlijke precisie opgevolgd moeten worden, maar een nieuwe instelling waarbij je in je eigen hart en geweten weet wat goed is: dat is het nieuwe verbond. Zo zal het in het koninkrijk van God zijn.

Paulus werkt dat nog verder uit: 'Christus heeft ons bevrijd opdat wij in vrijheid zouden leven; houd dus stand en laat u niet opnieuw een slavenjuk opleggen.'[243] Geboden houden omdat het geboden is, dat leidt niet tot leven. Daarvan heeft Christus de mensen bevrijd. Het enige richtsnoer is opnieuw de liefde.

Maar vrijheid kan ook verkeerd worden opgevat. Vrijheid is geen vrijblijvendheid. Er moet verantwoordelijkheid tegenover staan. In de GROENE bewustzijnsruimte heeft het woord verantwoordelijkheid geen goede naam. Althans: iedereen is verantwoordelijk voor zichzelf; ga je verantwoordelijkheid voor een ander nemen, dan leidt dat tot bevoogding en inperking van andermans vrijheid. Verantwoordelijkheid zou gemakkelijk te ver gaan. Maar ik vat verantwoordelijkheid toch anders op. Het betekent dat ik ervoor zorg dat mijn eigen handelen een ander niet benadeelt. 'Niemand benadelen' zou voor mij de kortste definitie van het begrip verantwoordelijkheid zijn.

Liefde, vrijheid, geen schade toebrengen: meer is er niet nodig voor een waakzaam geweten en voor een mens die het goede zoekt.

Het geloof leven

Anna had als basisschoolkind al zo af en toe een 'raar gevoel'. Achteraf omschrijft ze het als vlagen van helderziendheid. Nu, als volwassene, zegt ze terugkijkend dat ze destijds heel duidelijk ervoer dat ze *leefde*. Daardoor voelde ze zich heel nauw verbonden met alles wat óók leeft. 'Alsof ik onze kat was en onze kat was ik', en zo was het met alle leven. Ze kon daar toen niets mee beginnen, maar ze is die momenten nooit vergeten. Toen ze tweeëntwintig was, begon ze intensief te mediteren. Het duurde niet lang of ze ervoer tijdens een tiendaagse retraite een soortgelijk 'gevoel'. Het was alsof alles transparant en lichtgevend werd, alsof de grenzen tussen de dingen poreus werden, er leken subtiele energiestromen tussen alle dingen heen en weer te gaan. Inmiddels oefent Anna er al bijna dertig jaar mee. Ze heeft de verschillende toestanden die zich tijdens haar meditatie voordoen, leren onderscheiden: subtiel, causaal, non-duaal – zo noemt zij ze en ze weet dat je het ook anders zou kunnen noemen. Want woorden zijn te grof om te bevatten wat daar gebeurt, voor zover je al van 'gebeuren' kunt spreken.

Bernhard maakte op zijn zeventiende een 'klassieke' bekering door tijdens een evangelisch jongerenkamp. Hij sloot zich aan bij een charismatische gemeenschap; de praisediensten op zondagavond waren voor hem het absolute hoogtepunt van de week. Hij deed met overgave aan bijbelstudie. Maar hoe vlijtiger hij de Bijbel las, hoe pijnlijker hij de tegenstrijdigheden tussen sommige teksten voelde. Hij kon ze hoe langer hoe minder met elkaar in overeenstemming brengen, en ook de vraag hoe God lijden en onrecht kan toelaten, kon hij niet meer opzijschuiven of negeren. God moest óf groter zijn dan de zondagavond-God van de praisediensten, óf er bestond geen God. Op een morgen werd hij wakker en hij wist: ik moet mijn lidmaatschap van de gemeente opzeggen; en dat deed hij ook. Eerst viel hij in een diep gat, maar hij vond een vriend die hem begreep en hem bevestigde in zijn keuze: 'Ga niet terug', zei de vriend, 'ga vooruit! De weg voert door de woestijn, maar de woestijn houdt ook een keer op.' Van lieverlee begon Bernhard van de nieuwe vrijheid te houden. God werd voor hem een ruime, levende tegenwoordigheid. Hij ging op zoek naar een gemeenschap waarin hij zijn nieuwe geloof met anderen kon delen, maar die vond hij niet. Met twee vriendinnen die kort na hem bij de gemeente waren weggegaan, kwam hij geregeld samen voor iets wat ze een 'gebedskring' noemden, omdat ze er zo gauw geen ander woord voor hadden. Maar het was een ander soort bidden dan wat ze in de gemeente gewend waren geweest. Ze zaten samen in stilte, een half uur lang, en daarna aten ze en praatten over God en de wereld. Er kwamen anderen bij, en intussen noemen ze zich 'integrale sangha' en huren ze een ruimte voor de bijeenkomsten. Ze zijn sociaal en politiek betrokken: ze werken met vluchtelingen, mensen met een beperking en schoolkinderen in achterstandssituaties.

Claus was jarenlang lid van de kerkenraad in zijn gemeente. Toen hij met pensioen ging, wilde de predikante hem allerlei functies en klussen toeschuiven. Maar hij wilde iets anders en stelde zich bij de eerstvolgende kerkenraadsverkiezingen niet meer verkiesbaar. In plaats daarvan ging hij meedoen in een team dat mensen van en naar de begraafplaats reed. Regelmatig haalt hij nu mensen op die niet mobiel meer zijn, rijdt ze naar de begraafplaats, loopt met hen naar het graf en luistert met geduld en interesse naar hun levensverhalen. Als de persoon die hij vervoert bij het graf alleen gelaten wil worden, gaat hij een eindje verderop op een bankje zitten, luistert naar de vogels en voelt de wind op zijn huid. Hij zegt dat hij op zulke momenten ervaart dat hij heel dicht bij God is. Hij bevindt zich dan in de natuur, tussen geboorte en sterven in, zonder vragen of twijfels.

Dagmar beoefent een integrale levenswijze: ze wil lichaam, ziel, geest en GEEST in gelijke mate trainen. Zo neemt ze minstens eenmaal per jaar deel aan een *sesshin* (zenretraite) en zit ze elke dag een halfuur in stilte. Ze gaat driemaal in de week joggen, in de winter gaat ze langlaufen en in de zomer zwemmen, ze leest boeken van Richard Rohr, Ken Wilber, Rob Bell en Fulbert Steffensky. Ze werkt aan haar schaduwthema's in een therapie die de *Voice Dialogue*-methode volgt: zo wil ze haar onbewuste kanten beter integreren, zowel de sterke als de zwakke, de destructieve en de constructieve. Ze werkt maar dertig uur in de week om tijd over te houden voor haar andere activiteiten. Op woensdag helpt ze bij het uitdeelpunt van de lokale voedselbank. Toen ze aan haar opleiding als administratief medewerker begon, heeft ze haar kerklidmaatschap opgezegd, maar nu wordt ze bewust weer lid. Een- of tweemaal in de maand gaat ze naar de mis op zaterdagavond.

Ze geniet van het vertrouwde ritueel en voelt geen verzet meer tegen de traditionele vormgeving: ze geniet van de focus en de rustige sfeer in de kerk bij avond. Daarnaast wil ze graag actief zijn in de gemeente door integrale thema's in te brengen. De pastoraal werkster staat open voor haar ideeën en heeft haar aangeboden een leesgroep te beginnen. Als eerste boek wil ze *Het Christusmysterie* van Richard Rohr met de kring gaan lezen.

Esma staat elke dag om vijf uur op, als de kinderen nog slapen, om drie kwartier te wandelen. Elke dag, weer of geen weer. Met drie kinderen, een baan voor halve dagen en het huishouden zijn haar dagen zó vol dat ze geen ander tijdstip heeft om alleen te zijn met zichzelf en haar gedachten. Soms heeft ze tijdens haar ochtendwandeling een spiritueel luisterboek op haar oortjes, of meditatieve soefimuziek. Soms ook heeft ze genoeg aan haar gedachten.

Haar man *Onur* is er als een van de kinderen vroeg wakker wordt. Onur gaat op zondag naar de bijeenkomst van zijn soefigroep. Esma en Onur vinden het allebei triest dat in Duitsland, hun vaderland, hun religie vrijwel altijd als fundamentalistisch en militant wordt gezien: de mensvriendelijke en mystieke islam lijkt bijna niemand te kennen. Zelf hebben ze tot nu toe vergeefs gezocht naar een moskee waar ze met hun eigen moderne en open versie van de islam terecht kunnen. Soms speelt Esma met de gedachte om net als Seyran Ates zelf de imam-opleiding te doen en dan een eigen moskeevereniging te beginnen waar de geestelijke ruimte voorhanden is waaraan ze zo'n behoefte heeft. Maar dat lukt nog niet. Misschien later als de kinderen groter zijn.

Frederik heeft jarenlang geprobeerd om te leren mediteren. Hij bezocht verschillende langere retraites of exercities, van een week of tien dagen lang; telkens weer nam hij zich voor om 's morgens regelmatig op zijn meditatiekrukje te gaan zitten en de stilte te zoeken. Maar nooit is het hem gelukt om iets te ervaren van wat anderen erover vertellen. Het zitten was steeds vooral een kwelling, hij kon niet 'voorbij zijn gedachten' komen en de rust vinden die de retraiteleiders beloofden. Na vele pogingen heeft hij op een gegeven moment 'officieel' innerlijk afscheid genomen van het mediteren. Hij houdt zichzelf nu voor dat hij het eigenlijk ook niet nodig heeft. Hij weet tóch wel dat hij in God 'zwemt' zoals een vis in het water. Ook zonder een gewaarmerkte *satori* (eenheidservaring) staat het voor hem onomstotelijk vast dat alles één is. Zo vaak hij kan, gaat hij het bos in waar eeuwenoude beuken en sparren staan. Daar, onder die oeroude reuzen, wordt zijn zekerheid telkens nieuw bevestigd. Soms mist hij een gemeenschap waarin hij zijn overtuigingen kan delen; dan voelt hij zich een beetje eenzaam. Maar ook dan beseft hij steeds weer dat hij het eigenlijk niet nodig heeft. Bij alle wederwaardigheden van zijn leven voelt hij zich gedragen, zonder drama en heel vanzelfsprekend.

Zes kleine portretjes, zes mensen met hun spirituele leven. Zo divers kan spiritualiteit in de integrale GELE bewustzijnsruimte worden beleefd, en er zijn nog talloze andere varianten. Misschien is het je al lezend opgevallen dat twee van de gepresenteerde personen op geregelde basis meditatie beoefenen, de anderen niet. Voor mij is het een belangrijk gegeven dat in de integrale (GELE) ruimte het beoefenen van meditatie erbij kan horen maar niet noodzakelijk is. Het lijkt een ongeschreven wet te zijn in de integrale *scene** dat je aan enige vorm van meditatie of contemplatie moet doen, of het nu om vipassana, zen, het Jezusgebed of een andere vorm gaat. Want in de spirituele ontwikkelingslijn gaat het om transformatie en die wordt nagestreefd door middel van meditatie, door het bereiken van diepere (of hogere, het is maar hoe je het bekijkt) bewustzijnstoestanden.

Transformatie is echter weliswaar belangrijk maar ze is niet alles. Opnieuw was het Ken Wilber die een belangrijk onderscheid heeft geïntroduceerd, namelijk tussen transformatie en translatie. Bij transformatie gaat het erom, kort gezegd, het geïsoleerde ik te overwinnen en op te gaan in het ware zelf. Translatie heeft meer te maken met wat traditioneel in kerken, moskeeën of synagogen wordt geboden: houvast, troost, betekenis.

Helaas komt de translatie er dan niet zo goed vanaf. Bij Ken Wilber is de transformatie toch het 'eigenlijke'. Daar gaat het om. De eenheid ervaren, de illusie doorprikken, het ik met zijn beperkingen doorzien, de begrippen en het denken loslaten: dat is het doel van elke spirituele leer. Elke? Dat weet ik niet zo zeker. Ik vrees dat de eenzijdige nadruk

* In Nederland moet je bij de 'integrale scene' denken aan de wereld van de nieuwe spiritualiteit en de lezerskringen van tijdschriften als *Happinez*, *OMG* en *Flow*. Het begrip 'integraal' wordt met name gebruikt in kringen die zich beroepen op het werk van Ken Wilber.

op transformatie als het 'eigenlijke' doel van alle spiritualiteit gemakkelijk tot een elitaire en onbarmhartige houding kan leiden. Zo lees ik bij Ken Wilber:

> Translatie biedt het zelf eenvoudigweg een mogelijkheid om zich de werkelijkheid anders voor te stellen. Het zelf neemt een nieuw geloof aan: misschien een holistische eerder dan atomistische houding, een vergevingsgezinde eerder dan een verwijtende houding, een relationele eerder dan een analytische instelling. Dan leert het zelf zijn wereld en zijn wezen om te zetten naar de begrippen van deze nieuwe overtuiging, deze nieuwe taal en dit nieuwe paradigma; en deze nieuwe of betoverende translatie verzacht of vermindert, in ieder geval voor een poosje, de verschrikking in het hart van het afgescheiden zelf.
>
> Bij een transformatie daarentegen wordt het translatieproces op zich ter discussie gesteld, aan een objectieve beschouwing onderworpen, ondermijnd en uiteindelijk uitgewist. Het wezen van de *translatie* bestaat erin dat het zelf (of subject) een nieuwe zienswijze van de wereld (of objecten) aangeboden krijgt; het wezen van een radicale *transformatie* bestaat er daarentegen in dat het zelf zélf onderzocht, bij de strot gegrepen en letterlijk de nek omgedraaid wordt.[244]

Wat mij in deze tekst om te beginnen stoort, is de militante taal: het zelf moet 'de nek omgedraaid' worden. Dat is in mijn oren mannelijke dualistische spiritualiteit met óf-óf en alles of niets. Het heeft niets inclusiefs of verzoenends, het zijn vechtlustige en moordlustige beelden. Daarmee staat Wilber natuurlijk niet alleen: het is een gangbaar motief in spirituele tradities dat het ik[245] moet worden gedood. Ook Maarten Luther zegt in *De Kleine Catechismus* dat 'de oude Adam in ons door dagelijkse boete en berouw verzopen moet worden om te sterven met al zijn zonden en kwade lusten.'[246]

Jezus maakt geen gebruik van dergelijke militante, agressieve beelden. Hij spreekt niet over 'doden,' 'de nek omdraaien' of 'verzuipen,' maar over groei, over toegroeien naar het rijk van God. Zijn spiritualiteit is eerder vrouwelijk, holistisch, inclusief, ze omvat en waardeert de paradox. Natuurlijk waarschuwt ook Jezus dat je je niet moet vastklampen aan wat je denkt te zijn en te hebben: 'Wie zijn leven probeert te behouden zal het verliezen, maar wie zijn leven verliest omwille van

Mij, die zal het behouden.'[247] Bij hem gaat het erom dat het rijk van God (het 'Ware Zelf') vanzelf en min of meer ongemerkt groeit in ons en in ons midden, maar zéker niet als doel op zichzelf. Alles staat bij Jezus in het teken van de liefde: de liefde voor alles-wat-is en de liefde voor de concrete medemens.

De liefde is het belangrijkste, zo niet het enige criterium voor spirituele groei. Dat heeft Paulus in zijn al eerdergenoemde 'hooglied van de liefde' in 1 Korintiërs 13 heel mooi en treffend tot uitdrukking gebracht. Deze tekst, gelezen bij talloze bruiloften, is eigenlijk een gebruiksaanwijzing voor het spirituele leven:

> Al sprak ik de talen van alle mensen en die van de engelen – had ik de liefde niet, ik zou niet meer zijn dan een dreunende gong of een schallende cimbaal. Al had ik de gave om te profeteren en doorgrondde ik alle geheimen, al bezat ik alle kennis en had ik het geloof dat bergen kan verplaatsen – had ik de liefde niet, ik zou niets zijn. Al verkocht ik mijn bezittingen omdat ik voedsel aan de armen wilde geven, al gaf ik mijn lichaam prijs om te worden verbrand – had ik de liefde niet, het zou mij niet baten.[248]

Ik neem de vrijheid om bovenstaande gedachtegang enigszins te actualiseren: Al kon ik naar believen non-duale bewustzijnstoestanden bereiken, al had ik *satori* en *samadhi* doorgemaakt, al had ik me nog drie stadia bóven KORAAL uit ontwikkeld, al deed ik aan levitatie en kon ik me voeden met enkel licht, al verbleef ik dagenlang in diepe verzinking zodat ik geen pijn en niets menselijks meer zou ervaren – had ik de liefde niet, dan was ik een armzalig schepsel en een beklagenswaardige domkop.

Maar al te vaak heb ik meegemaakt dat bij iemand die diepe spirituele ervaringen heeft opgedaan, de ontspannen glimlach van iemand die de grond van het bestaan heeft leren kennen verandert in de neerbuigende glimlach van iemand die 'het beter weet'. Ik heb mensen ontmoet van wie ik heus geloof dat ze door intensieve ervaringen op het meditatieve pad hebben gehad, en toch leken ze arrogant of kleingeestig, machtsbelust, opdringerig of manipulatief. Nu weet ik natuurlijk niet hoe arrogant, manipulatief of egoïstisch deze mensen geweest zouden zijn zonder de spirituele weg die ze zijn gegaan. Misschien zijn ze er wel een heel eind van opgeknapt. Maar wie spiritueel diep gegaan is, is daarmee niet vanzelf moreel hoogstaand. Denk aan de talrijke misbruikschandalen, niet alleen in de katholieke (en protestantse) kerk maar ook in andere spirituele milieus. Er zijn schokkende verhalen te vertellen over machtsmisbruik door spirituele leraren, tot aan seksueel misbruik toe. Personen van wie de spirituele diepgang en de verbinding met het transcendente buiten kijf staat, kunnen zich verstrikken in moreel uiterst dubieuze of zelfs duidelijk immorele gedragingen. Mijn interpretatie is dat bij zulke mensen wel sprake is van transformatie, maar niet over de hele linie.

Een verklaring hiervoor vind ik in de theorie van de deelpersoonlijkheden. We hadden het er eerder over: volgens de theorie van *Voice Dialogue* bestaat de menselijke persoonlijkheid uit deelpersoonlijkheden of deelzelven die je kunt ordenen in de vijf 'continenten' vrouw, man, kind, dier en god. In een ervaring van verlichting raakt niet de complete mens verlicht, maar een deelpersoonlijkheid of meerdere deelpersoonlijkheden van het continent 'god', oftewel de spiritueel gerichte delen van de persoonlijkheid.[249] Het kan zijn dat de overige innerlijke personen daar niets van meekrijgen; in ieder geval komen ze niet automatisch in een 'heilige' toestand terecht. De misbruikschandalen in spirituele kringen laten zien wat er gebeuren kan als de spirituele lijn hoogontwikkeld is maar de sociale en morele lijn niet: als de spirituele deelzelven zich naar voren schuiven terwijl de vulgaire, machtsbeluste en seksbeluste deelpersoonlijkheden in het donker blijven, op de achtergrond en in de schaduw van het onbewuste.

De spirituele ervaring moet altijd gepaard gaan met werk aan de andere deelpersoonlijkheden. Ken Wilber heeft dit later zelf herkend en beschreven,[250] en om dit inzicht te verwerken ontwierp hij een 'Integrale Levenspraktijk'. Niet alleen de spiritualiteit moet worden doorontwikkeld, maar ook het verstand en het lichaam (Ken Wilber zelf doet uitgebreid aan krachttraining). Daarbij moeten dan vooral ook de schaduwdelen van de persoonlijkheid verhelderd en verwerkt worden. 'Je eigen schaduw mediteer je niet weg, die moet je je bewust worden,' schrijft de theoloog-filosoof Katharina Ceming onder verwijzing naar Wilber.[251] Dus voordat ik het ego al mediterend kan loslaten of overwinnen, is het eerst noodzakelijk om dat ego te leren kennen;[252] en daar horen ook de verdrongen stukken bij, de schaduwthema's, dat wat is weggestopt in het onbewuste. Anders kunnen bij iemand die heel sereen, geestelijk en liefdevol lijkt, plotseling en onverwacht irrationele en destructieve kanten tevoorschijn komen.

Hoe wenselijk het ook is dat een mens zich transformatief ontwikkelt vanuit smallere naar bredere bewustzijnsruimtes, dat alleen is niet genoeg. Iedere ruimte heeft (om in het beeld te blijven) een raamzijde waar het licht helder en opgeruimd is, en er is een andere kant die in de schaduw ligt, waar het stof en de spinnenwebben zich bevinden. Nu schijnen er ook in die achterste hoeken van de bewustzijnsruimtes wel deuren naar de volgende ruimte te zijn, maar die leiden ook daar naar het achterste, duistere, onopgeruimde gedeelte. Met andere woorden: wie niet werkt aan zijn of haar schaduwen en die niet geïntegreerd heeft, neemt ze ook mee naar volgende bewustzijnsruimtes. De ontwikkeling vanuit de ene ruimte naar de andere is een waardevolle zaak, maar minstens even belangrijk is het in de eigen psyche opruimwerk te doen en een integere persoon te worden. Een integer, open en liefdevol mens in de BLAUWE ruimte is beter voor de wereld en zijn medemensen dan een egocentrische, arrogante en liefdeloze persoon die de wijde ruimte van zijn GELE bewustzijn als zijn eigen verdienste beschouwt en die zich zelfingenomen boven anderen verheft.

Ten slotte kan de weg van de transformatie gemakkelijk ook in economisch opzicht elitair worden. Wie kan het zich permitteren om zes weken te mediteren in een klooster in Myanmar en tweemaal per jaar een *sesshin* bij te wonen? Hoe en wanneer zou een alleenstaande moeder van drie kinderen een halfuur per dag moeten mediteren? Wat moet de politieagente die daarnaast ook nog moet schoonmaken of serveren om haar veel te dure woning in de grote stad te kunnen blijven betalen? Of de magazijnmedewerker die na acht uur op de heftruck en twee uur openbaar vervoer 's avonds alleen nog doodmoe voor de tv kan hangen? Voor veel mensen is een transformerende levenspraktijk gewoon niet aan de orde; niet omdat ze geen spirituele kant zouden hebben, maar omdat ze er de tijd en het geld niet voor hebben.

Eerherstel voor de translatie

Ten eerste is dus voorzichtigheid geboden als je transformatie als het enige doel van de spirituele weg beschouwt. Daarnaast wil ik er graag nog eens op wijzen dat alles wat we op spiritueel gebied doen of ervaren tot de voorlaatste dingen behoort. Het is niet noodzakelijk om in dit leven verlichting te bereiken, want verlichting is voor christenen niet de verlossing. Verlost *zijn* we al, geheel zonder ons eigen toedoen en zonder wat voor verlichtingservaringen dan ook. En verlicht zullen we zéker worden op het moment waarop we het aardse bestaan verlaten en terugkeren in het Grote Geheel.

Zo kunnen we gerust onze aandacht op het leven in deze wereld richten. We kunnen eraan werken, 'misschien een holistische eerder dan atomistische houding, een vergevingsgezinde eerder dan een verwijtende houding, een relationele eerder dan een analytische instelling' te bereiken, om aan de eerder geciteerde woorden van Ken Wilber een positieve draai te geven. We kunnen hongerigen voeden, naakten kleden, gevangenen bezoeken, zoals Jezus het beschrijft in de gelijkenis over het laatste oordeel. Kortom: we proberen om van de wereld waarin we leven een betere, meer menselijke plek te maken. En deze 'translatie'-arbeid is niet minder waard dan de arbeid aan de eigen transformatie.

Voor zo'n houding kunnen we Jezus als kroongetuige opvoeren. Zijn verhaal over de 'rijke jongeling' maakt zichtbaar dat er verschillende wegen zijn. Met dat verhaal heb ik vele jaren geworsteld, het was voor mij de spreekwoordelijke doorn in het vlees. Het gaat zo:

> Nu kwam er iemand naar Jezus toe met de vraag: 'Meester, wat voor goeds moet ik doen om het eeuwige leven te verwerven?' Hij antwoordde: 'Waarom vraagt u Me naar het goede? Er is er maar één die goed is. Als u het leven wilt binnengaan, houd u dan aan zijn geboden.' 'Welke?' vroeg hij. 'Deze,' antwoordde Jezus, 'pleeg geen moord, pleeg geen overspel, steel niet, leg geen vals getuigenis af, toon eerbied voor uw vader en moeder, en ook: heb uw naaste lief als uzelf.' De jongeman zei: 'Daar houd ik me aan. Wat kan ik nog meer doen?' Jezus antwoordde hem: 'Als u volmaakt wilt zijn, ga dan naar huis, verkoop alles wat u bezit en geef de opbrengst aan de armen; dan zult u een schat in de hemel bezitten. Kom daarna terug en volg Mij.' Na dit antwoord ging de jongeman terneergeslagen weg; hij had namelijk veel bezittingen.[253]

De beslissende woorden in dit verband zijn: 'Als u volmaakt wilt zijn...' Het verwerven van het eeuwige leven is volgens de woorden van Jezus niet al te moeilijk. Hij citeert de Tien Geboden en de samenvatting daarvan, het gebod van de naastenliefde. De pointe van het verhaal is volgens mij niet dat het vrijwel onmogelijk zou zijn om deze geboden te houden. Ik neem graag van de jongeman aan dat hij zich aan al die geboden hield, zoals hij zegt. Maar dat lijkt voor hem niet genoeg te zijn. Niet Jezus verlangt meer van hem: hij zelf wil meer. En pas dan, aangezien de jongeman iets anders wil dan de weg van de translatie, geeft Jezus hem het transformatieve advies om zich los te maken van zijn gehechtheid aan zijn aardse bezit en tot de gemeenschap van hem, de meester, toe te treden.

Iets dergelijks zie ik aan het begin van de Bergrede. De Bergrede richt zich niet op het grote publiek maar op de kleine kring van de leerlingen: 'Toen Jezus de mensenmassa zag, ging hij de berg op. Daar ging hij zitten met zijn leerlingen om zich heen. Hij nam het woord en onderrichtte hen.'[254] Het klinkt bijna als een vlucht, weg bij de menigte, en op de berg verzamelt hij de kring van zijn trouwe metgezellen om zich heen. De zaligsprekingen, het gebod om je vijanden lief te hebben, de uitnodiging om zonder enige verzekering te leven uitsluitend vanuit vertrouwen in God, zoals de vogels aan de hemel en de lelies op het veld: deze woorden richt Jezus tot de groep mensen die met hem de weg van de transformatie willen gaan. Wie zijn volgeling wil zijn, moet de doden hun doden laten begraven en zonder huis, zonder nest, met hem door het land trekken.[255] Van anderen, zoals bijvoorbeeld zijn goede vriendinnen Maria en Marta en hun broer Lazarus, vraagt hij niet dat ze hun huis verkopen en met hem meetrekken, en hetzelfde geldt voor de rijke raadsheer Jozef van Arimatea, de heimelijke aanhanger van Jezus die later het lichaam van de gekruisigde in zijn eigen rotsgraf zou bijzetten. De rijke oplichter Zacheüs geeft de helft van zijn bezit aan de armen en geeft viervoudig terug wat hij onterecht heeft ingevorderd. Wat overblijft, houdt hij. Misschien zal hij met dat overgebleven bedrag minder egocentrisch omgaan en met meer gemeenschapszin – maar dat is niet wat Jezus van hem eist.

Dus al tijdens Jezus' leven waren er die twee mogelijkheden: in de groep 'rondtrekkende radicalen'[256] met Jezus meegaan, of in het gewone dagelijkse bestaan naar het principe van de liefde leven. Transformatie en translatie staan met gelijke rechten naast elkaar. Zo zou ik het ook voor onze tijd willen zien: transformatie staat niet boven translatie, die twee moeten vooral niet tegen elkaar worden uitgespeeld.

'Onderzoek alles en behoud het goede', schrijft Paulus.[257] Ik ben van mening dat dit ook vandaag nog een excellent advies is. Wie door de GROENE bewustzijnsruimte is heengegaan, weet dat het goede er voor verschillende mensen heel verschillend kan uitzien. Anna uit de eerder beschreven portretten gaat de weg van de transformatie, zij heeft contemplatieve ervaringen in een verdiepte staat van bewustzijn. Claus gaat een andere weg. En ik ben ervan overtuigd dat het niet 'minder waard' is, een eenzame rouwende oudere naar het graf van haar geliefde man te begeleiden, dan in de diepste of hoogste staten van bewustzijn te verzinken of op te stijgen. Mijn heil hangt er niet vanaf dat ik de juiste levenspraktijk beoefen, maar het welzijn van mijn medemensen, het welzijn van deze wereld en niet in de laatste plaats ook het welzijn van mezelf wordt bepaald en gevormd door de weg die ik bewandel. Ieder mens is vrij en verplicht om voor zichzelf te zoeken wat haar of hem past, wat haar of hem verder brengt. En als iemand helemaal geen spiritualiteit beoefent, is dat misschien jammer, maar ten diepste maakt het niets uit.

Natuurlijk is het goed en nuttig als mensen oefenen in meditatie en contemplatie. De wereld heeft mensen nodig die in vrede met zichzelf leven, die zorgvuldig met zichzelf en hun medemensen omgaan. De wereld heeft ook mensen nodig die in een diepe staat van bewustzijn écht ervaren hebben dat alles met alles één is; mensen die uit eigen ervaring verankerd zijn in het Christusbewustzijn. Zij kunnen het licht voor de wereld zijn, de stad op de berg waarvan het licht van verre te zien is,[258] ze kunnen anderen vertellen wat ze hebben gezien. Ze kunnen het zout voor de aarde zijn[259] dat de aarde en de mensheid bewaart voor bederf. Opnieuw vind ik het veelbetekenend hoe Jezus zijn beelden kiest. Zout moet goed gedoseerd worden. Is er te veel van, dan is het voedsel niet te eten, en van het inslikken van een klomp puur zout ga je dood. Voor Jezus is het genoeg als een paar mensen hem zo consequent navolgen als zijn naaste leerlingen het hebben gedaan. Het is genoeg als er een paar zijn die het 'Beloofde Land' met eigen ogen hebben gezien, zoals Martin Luther King het zei in de laatste toespraak voordat hij werd vermoord.[260] Ik geloof dat dit precies is hoe het nieuws van God in de wereld is gekomen, het nieuws van een leven dat niet eindigt met de laatste ademtocht hier op aarde: sommige religieus begaafde mensen hadden deze ervaring en ze vertelden het verder, zó overtuigend dat anderen erop aanhaakten, ook al hadden ze zelf die ervaring niet zo diepgaand gehad.

Nogmaals wil ik benadrukken dat het hier niet om vrijblijvendheid gaat, maar om de eigen verantwoordelijkheid. Het doet ertoe wat ik doe, of wat iemand anders doet. Het doet ertoe omwille van de liefde, omwille van mijn medemensen, omwille van mijn niet-menselijke medewereld en niet in de laatste plaats omwille van mijzelf. Ik ben ervan overtuigd dat wij op deze wereld zijn om deel te nemen aan het geweldige experiment van de liefde – de liefde binnen de grenzen van tijd, ruimte en materie. Om deel te nemen aan het geweldige, gewaagde experiment van God die de Liefde zelf is en die geen genoegen meer nam met de zelfgenoegzame liefde van de drie goddelijke personen onder elkaar, zodat hij en zij en het zich hebben geïncarneerd in dit universum, in jou en in mij en in die onmogelijke, vervelende buurman.

18 | Is er nog ruimte voor de kerk?

Samen in plaats van eenzaam

Het voornaamste is de liefde. Zo kan de boodschap van Jezus worden samengevat. Maar liefhebben kan ik niet met mezelf alleen: zelfs God kon of wilde niet met zijn triniteit op zichzelf blijven. Liefde heeft metgezellen nodig, ze zoekt gemeenschap. 'Zonder gemeenschap is er volgens mij geen sprake van christendom,' zei de piëtistische graaf Zinzendorf in de achttiende eeuw, en met die uitspraak wordt hij tot op de dag van vandaag her en der geciteerd. Vanaf het begin leefden christenen in hechte gemeenschappen: de 'gemeenschap der heiligen' (dat wil zeggen: van de gedoopten) wordt zelfs in de geloofsbelijdenis genoemd.

Als iemand zich echter overwegend in de GELE bewustzijnsruimte bevindt, kan het thema 'gemeenschap' problematisch zijn, en wel om twee redenen.

Ten eerste: GEEL is evenals alle 'oneven' lagen een ik-laag. Dat is informatie die ik aan het begin van het boek bij de presentatie van de bewustzijnslagen of -ruimtes nog niet heb meegegeven, maar die ik nu alsnog inbreng: de afzonderlijke bewustzijnsruimtes zijn afwisselend op het 'ik' of het 'wij' georiënteerd. Bij ROOD is dat heel duidelijk: daar ontdekt het ik zichzelf voor het eerst, het komt meedogenloos op voor zijn eigen belang en geeft weinig om de gemeenschap. Iets dergelijks zien we in de ORANJE ruimte die sterk op succes en winst is gericht. Voor BLAUW daarentegen is het collectief (de gemeenschap) het belangrijkste referentiekader, en GROEN is helemaal niet denkbaar zonder groepen en kringen: daar gaat de koesterende gemeenschap boven alles.

Wie uit GROEN overstapt in de koele GELE bewustzijnsruimte, kan zich aanvankelijk heel eenzaam voelen. Maar iemand die zich naar GEEL toe ontwikkelt, heeft ook wel genoeg van de hechte en soms bijna plakkerige GROENE gemeenschappen en groepen. Je zoekt dan juist afstand en hebt minder behoefte aan sociale activiteiten. Pas in TURQUOISE zal dat weer anders worden. Bij dit idee van een pendelbeweging tussen ik en wij (en bij dit soort beschrijvingen in het algemeen) moet wel bedacht worden dat het hier om een model gaat: het beschrijft geen strenge wetmatigheden, maar sporen van ordening binnen een dynamisch stromende werkelijkheid. Natuurlijk is een mens die zich overwegend in een ik-laag bevindt, nog steeds met de gemeenschap verbonden, en ook iemand die overwegend in een wijlaag thuis is, is nog altijd een individu met een eigen leven. Niettemin: iemand met het zwaartepunt in GEEL zal zoiets als kerk en gemeenschap met een zekere reserve bekijken.

En ten tweede: er zijn nog helemaal niet zoveel mensen die zich overwegend in de GELE bewustzijnsruimte bevinden: naar schatting circa vijf procent van de bevolking in de westerse industrielanden. De kans dat er op één plek een hele groep integrale oftewel GEEL voelende mensen samenkomt, is zodoende niet zo heel groot. Daarom hebben mensen in de GELE bewustzijnsruimte het meestal moeilijk met het thema gemeenschap en dus ook met de kerk.

De fundamentele vraag is dus: hoe ziet de kerk in de GELE bewustzijnsruimte eruit? Behoort zoiets als een integrale gemeente tot de mogelijkheden? Het antwoord is simpel: natuurlijk kan het! Daarbij betekent 'integraal' niet dat alle gemeenteleden zich op de integrale golflengte bevinden. Voorwaarde is wel dat de gemeenteleiding een integraal (GEEL) perspectief kan innemen. Maar 'het is niet nodig dat alle leden van een integrale kerk de wens of de aandrang hebben om het integrale stadium te realiseren. Het is zelfs niet nodig dat een meerderheid van leden dat wil. Het komt er veel meer op aan dat het *instituut* een integrale openheid laat zien. Dat wil zeggen: het instituut biedt mensen de ruimte en de mogelijkheid om zich door de opeenvolgende golven van ontwikkeling heen te bewegen.'[261] Dat schrijft de Amerikaanse theoloog Tom Thresher en daarmee vat hij bondig samen waar het om gaat. In elke kerkelijke gemeenschap tref je mensen aan uit de verschillende bewustzijnslagen, al is het op elke plek weer anders verdeeld. In sommige gemeentes overheersen BLAUW georiënteerde mensen, in andere de GROENE. ORANJE en RODE spikkels zul je overal aantreffen, PAARS zal in ieder geval in kliederkerken en kindergroepen te vinden zijn. Waarom zouden er ook geen mensen met hun zwaartepunt in GEEL in een gemeente meedoen? Het beslissende kenmerk dat van een gewone kerkelijke gemeente een integrale gemeente maakt, is een kerkbestuur dat kennis heeft van de verschillende bewustzijnsruimtes en dat voor mensen uit verschillende ruimtes of lagen de ontwikkelingsmogelijkheden openhoudt. Dus een pastor of een gemeenteteam die hun gemeenteleden helpen zich door de lagen heen te ontwikkelen. Dat betekent bijvoorbeeld dat ze beseffen hoe diep de afgrond tussen BLAUW en ORANJE kan zijn, en dat ze bereid zijn mensen bij de sprong over deze afgrond terzijde te staan, ze te begeleiden en aan te moedigen.

Dat is waarlijk een 'dans op de fontein', zoals de integraal ingestelde baptistenpredikant Jens Stangenberg het leven van zijn gemeente beschrijft.[262] Het vereist grote flexibiliteit, experimenteerzin, inlevingsvermogen en een ruime mate aan frustratietolerantie. Want het kan bijna niet anders of je zult in zo'n gemeente conflicten tegenkomen. Vooral traditioneel BLAUW georiënteerde gemeenteleden kunnen aanstoot nemen aan postmoderne en post-postmoderne vormen en ideeën. Mijn ervaring is dat de 'besturingssystemen' van het bewustzijn naar beneden toe wel kunnen samenwerken, maar opwaarts nauwelijks. Een Windows 10-computer kan zonder veel problemen een bestand in Word 1998 openen, maar een Windows 7-computer krijgt een document dat in Office 365 geschreven is niet open. Zo kan een integraal georiënteerd mens een traditioneel georiënteerde conservatieve medegelovige begrijpen en aanvaarden, maar omgekeerd kan het veel moeilijker zijn.

Hoe dan ook, we spreken hier nog, zoals de Duitse uitdrukking luidt, 'als blinden over verf', want GEEL is altijd nog veel te weinig verbreid om al echt te kunnen teruggrijpen op gefundeerde ervaringen. Ik ken nauwelijks een gemeente waarin het experiment van een integrale gemeente wordt uitgeprobeerd.[263]

Ook op de langere termijn zullen in een formeel georganiseerde kerkelijke gemeente niet veel integraal voelende en levende mensen te vinden zijn. Velen zijn er allang uitgestapt op hun weg door de ORANJE woestijn. Sommigen komen weer binnen als ze op een kerkgemeente stuiten die open is voor hun vrije manier van geloven en leven. Ze zullen dan proberen om een actieve bijdrage te leveren, want ze nemen geen genoegen met een kerk waar je alleen consumeert. In het algemeen denk ik dat GEEL georiënteerde mensen hun spiritualiteit eerder in lossere structuren beleven dan in een vastomlijnde gemeente, dus eerder ad hoc en waar de gelegenheid zich voordoet. Ze leggen zich niet op langere termijn vast. Ze organiseren projecten of nemen eraan deel, ze nemen deel aan cursussen of organiseren die zelf, doen aan trainingen mee, ontmoeten elkaar bij seminars, leesgroepen of meditatiekringen – vaak zonder vaste institutionele binding.

Het is niet echt verbazend dat voor velen die in een integraal christendom geïnteresseerd zijn, het internet de 'gemeente' is. Daar komen mensen elkaar op het spoor die geografisch ver bij elkaar vandaan leven. Daar zijn alle mogelijke hulpbronnen te vinden: blogs, YouTubekanalen, maar ook platforms waarop uitwisseling mogelijk is zoals Facebook of Slack, onlineforums en Zoombijeenkomsten, op zelfgekozen tijden en met fluïde structuren van aansturing. Ik vermoed dat dit ook op de langere termijn de ruimte voor integrale christenen zal zijn.

'Schep een, twee ... vele eilanden!'

Ten slotte wil ik graag mijn hoogstpersoonlijke visioen van een kerk voor de toekomst schetsen. Dat visioen bevat veel GROENE elementen, maar uit integraal oogpunt is dat immers helemaal in orde. Het is ontstaan op een besloten conferentie van de Münchner Insel (het 'Münchener Eiland'), het centrum voor crisisadvies en levensvragen waarvoor ik de laatste vijftien jaar heb gewerkt. Het ging eigenlijk om een visioen voor de Münchner Insel. Onverwachts groeide het bij mij uit tot een wensdroom voor de kerk.

Wat ik dan voor me zie: in een stad als München zijn er tien of twaalf centra als de onze: open, laagdrempelige plekken waar mensen met hun levensvragen, hun problemen en hun zorgen naar toe kunnen komen. Winkels met open deuren waar je zonder aanmelding naar binnen kunt en een competente en ervaren gesprekspartner aantreft die je serieus neemt, naar je luistert, doorvraagt, informatie, advies en ondersteuning geeft. En dan twee elementen die we helaas bij de Münchner Insel niet hebben: een café, professioneel maar met beschaafde prijzen, als ontmoetingsplek en huiskamer in de wijk. En een stilteruimte, eenvoudig ingericht, interreligieus uitgerust met knielbanken en meditatiekrukjes, een brandende kaars en een open Bijbel, een menora, gebedskleden en een naar Mekka gerichte nis, misschien een Boeddhafiguur en een Shiva-beeld. In deze ruimte heerst doorgaans stilte, er worden yoga- en meditatiecursussen aangeboden, ze is altijd open voor ieder die er in stilte wil zitten, en dagelijks vinden er op vaste tijden gemeenschappelijke gebeden of meditaties plaats. Om het visioen te completeren wordt het allemaal gedragen door een betrokken gemeenschap van mensen die losjes samenleven. Elk lid of gezin heeft een eigen woonruimte maar er zijn ook gemeenschappelijke ruimtes: een grote keuken waarin ook een grote eettafel staat, een zaal waarin de meest diverse programma's georganiseerd kunnen worden en die liefst in fysieke verbinding staat met het café. In dit ensemble van inloophuis, café, evenementenzaal en woongemeenschap is iedereen welkom die naar gemeenschap verlangt of die nodig heeft, die haar of zijn leven niet op de rails krijgt, die simpelweg met anderen wil praten, bidden of mediteren; iedereen ongeacht religie of kerklidmaatschap, sociale status of inkomen. Het geheel drijft op vrijwilligerswerk, zonder grote subsidies vanuit de kerkbelasting*. Zaken als huursubsidie voor de gebruiksruimten zouden misschien eerder door lokale overheden of deelgemeenten moeten worden verstrekt, want het moet echt een plek voor de stad of de wijk zijn.

Het is misschien te idealistisch om te denken dat zo'n plek ooit gerealiseerd zou kunnen worden. Maar voor mij geeft deze droom de richting aan waarin de kerk zich zou moeten ontwikkelen als ze in de (post)moderne samenleving relevant wil blijven, of zelfs als ze alleen maar wil overleven. Zo zou ze een plek kunnen worden waar mensen een vermoeden kunnen krijgen, de smaak te pakken kunnen krijgen, van de gratie van God en de gratie van de wereld.

---

* In Duitsland worden veel kerkelijke projecten met een maatschappelijke strekking gefinancierd uit de kerkbelasting (Kirchensteuer), die door de overheid in de gehele bevolking wordt geheven.

Epiloog

Het christelijk geloof is geen verlossingsreligie. Het veronderstelt dat de verlossing een feit is of, nog iets radicaler: dat er geen verlossing nodig is. Tenminste, niet de verlossing van Gods toorn of van de eeuwige dood. Ook niet de verlossing uit de eeuwige kringloop van wedergeboortes. In zoverre is het christelijk geloof ook geen verlichtingsreligie, als verlichting de verlossing uit die eeuwige kringloop is. Daarin onderscheidt zich het christelijk geloof van de religies van het Oosten. Christenen geloven niet in eeuwige wederkeer, de eindeloze cirkel van wedergeboortes. Daarom hoeven ze uit die kringloop niet verlost te worden. Het definitieve ontwaken, de ultieme verlichting overkomt me in het ogenblik dat ik sterf. Dan zal ik kennen 'zoals ik gekend ben.'[264] Al het andere behoort tot het voorlaatste.

De Boeddha onderwees over het ontwaken. Hij onderwees dat je de dingen moet zien zoals ze zijn, en volgens de boeddhistische leer wil dat zeggen: dat de dingen geen bestaan op zich hebben, geen eigen bestaan. Deze kennis maakt een einde aan het lijden. Het is zeker niet verkeerd om zich erin te oefenen de dingen te zien zoals ze zijn, de eigen projecties en vooroordelen te doorzien, te breken met valse identificaties. Dat maakt het leven lichter, zowel voor de persoon die oefent als voor de mensen met wie zij of hij te maken heeft. Maar een ontwaken om een einde aan het lijden te maken is volgens mij niet nodig. Ontwaken is, om het maar eens heel populair uit te drukken, een *nice-to-have*, geen *must-have*.

Ik kan meditatie beoefenen, ik kan het ook laten – zoals ik piano kan gaan spelen maar het ook kan laten. Pianospel kan mijn leven verrijken, mij zin en vreugde schenken, net als mediteren. De een vindt vreugde in het pianospelen, de ander niet. De een kan zonder piano niet leven, de ander kan prima zonder. Zo is het ook met mediteren. En als ik mediteer, moet ik niet een hoog niveau bereiken om het de moeite waard te maken, vooral ook omdat het doel niet de verlichting is waarmee ik uit de kringloop van wedergeboortes kan wegkomen. Zo is ook pianospelen niet pas de moeite waard als ik het niveau van concertpianist bereik. Iemand kan er grote voldoening uit putten als hij een kleine sonatine heeft leren spelen. Het hoeft niet het derde pianoconcert van Rachmaninov te zijn: wie zou willen bestrijden dat 'Imagine' van John Lennon, met dat uiterst simpele pianospel, grote kunst is of op z'n minst vele mensen troost en vreugde heeft geschonken!

Maar hoe kom ik bij die steile stelling dat een ontwaken om een einde aan het lijden te maken niet nodig is?

Dat hangt samen met het feit dat het lijden niet in alle religies dezelfde rol heeft.

Siddharta Gautama, de Boeddha, stierf met een glimlach op hoge leeftijd, omringd door zijn leerlingen.

Jezus van Nazaret stierf toen hij dertig was met een schreeuw van vertwijfeling aan God, vermoord in de bloei van zijn leven, verlaten door bijna al zijn leerlingen op een paar moedige vrouwen na. En precies op dat moment werd duidelijk dat hemel en aarde verzoend zijn.

De gracieuze schoonheid van de wereld verbergt zich in dit afzichtelijke, eenzame, vertwijfelde sterven. Heel vaak verbergt ze zich onder haar tegendeel, *sub contrario* zoals Maarten Luther het uitdrukte. Ze is in tegenspraak met wat de ogen zien, maar ze is er echt. We hoeven niet eerst de wereld achter ons te laten of ons in ascetische wereldverzaking te oefenen om verlicht en verlost te worden. We zijn verlost, niet *van* deze wereld maar midden *in* deze wereld.

Deze wereld en mijn ik zijn geen kosmisch ongeluk. Mijn ziel zit niet gevangen in de kerker van de materie. Ik ben geboren in een wereld die ontstaan is uit een liefhebbende wil, een wereld waarover aan het begin van de Bijbel gezegd wordt: 'En zie, het was zeer goed.'

Wat daar beleden wordt, dat is de eigenlijke betekenis van het bijbelse scheppingsverhaal: het is zeer goed. Deze wereld met al haar adembenemende schoonheid en haar afgrondelijke lelijkheid, dit menselijke leven met al zijn hemelse hoogten en helse diepten, deze wereld en dit leven: het is zeer goed.

Oosterse religies willen de mensen helpen een einde aan het lijden te maken. Door de vluchtigheid en vergankelijkheid van alle dingen te laten inzien, door niet aan dingen gehecht te zijn, door in te zien dat de individuele ziel niets anders is dan de grote alomvattende wereldziel.

Het christelijk geloof heeft een andere verhouding tot het lijden. Jazeker, het lijden moet verzacht en weggenomen worden – vooral bij de medemens. En natuurlijk moet niemand het lijden opzoeken of zichzelf lijden opleggen. Maar naar christelijk begrip is lijden niet per se en van aanvang af slecht. Het is niet iets wat tot elke prijs vermeden moet worden.

Het kruis is een mysterie, zoals ik eerder in het hoofdstuk over 'de lijdende God' heb gezegd. Wie beweert dat hij dit mysterie begrepen heeft, heeft niets begrepen. Het is waar dat het lijden de menselijke waardigheid kan aantasten. Daarom is daadwerkelijke naastenliefde, het pogen om andermans lijden te verzachten, zo belangrijk in de christelijke traditie. Het is ook geen toeval dat juist in de christelijke gebieden datgene ontstaan is wat nu als sociaal werk en gezondheidszorg wordt aangeduid: ziekenhuizen, armen- en weeshuizen, diaconie en caritas. Er zijn in naam van de God van de christenen verschrikkelijke misdaden begaan, maar deze andere kant mogen we niet over het hoofd zien. In Godsnaam en omwille van de liefde moeten we het lijden verzachten en vermijden.

Maar even waar is dat lijden aan een leven diepte en waardigheid kan geven. Wie het lijden dat onvermijdelijk is aanvaardt, kan daardoor groeien. Ook dat hoort bij de ten diepste paradoxale aard van deze wereld: we proberen het lijden te verminderen maar kunnen ons tegelijkertijd een leven in eeuwige harmonie niet voorstellen. We lijken het lijden nodig te hebben om waarachtig mens te worden.

Aldous Huxley publiceerde in het jaar 1932 de dystopische roman *Brave New World* (Heerlijke Nieuwe Wereld). Daarin wordt het leven in een totalitaire staat beschreven. Anders dan George Orwell die met zijn in 1948 verschenen roman *1984* reageerde op het fascisme en de oorlog, schetst Huxley een wereld waarin geen lijden, disharmonie en onbehagen meer bestaan. Alles wordt verzacht, alle mensen zijn geconditioneerd op permanente en onmiddellijke bevrediging van al hun verlangens via consumptie, seks en de drug *soma* die steevast wordt gebruikt als er bij iemand toch nog een onaangenaam gevoel naar binnen sluipt.

Tegen het einde van de roman komt het tot een gesprek tussen de controller en 'wereldbeheerder' Mustapha Mond en de 'wilde' John die buiten de moderne samenleving in een reservaat in New Mexico is opgegroeid. Mustapha Mond probeert het comfort van de moderne, verdoofde samenleving aangenaam te maken voor John, maar 'de wilde' verzet zich:

> 'Maar ik houd van de ongemakken.'
> 'Wij niet,' zei de beheerder, 'Wij doen de dingen liever op ons gemak.'
> 'Maar ik wil geen gemak. Ik wil God, ik wil poëzie, ik wil echt gevaar, ik wil vrijheid, ik wil goedheid. Ik wil zonde.'
> 'Feitelijk,' zei Mustapha Mond, 'eist u het recht op om ongelukkig te zijn.'
> 'Prima,' reageerde de wilde koppig, 'dan eis ik het recht op om ongelukkig te zijn.'
> 'Om maar niet te spreken van het recht om oud en lelijk en impotent te worden; het recht om syfilis en kanker te hebben; het recht om te weinig te eten te hebben; het recht om vuil te zijn; het recht om voortdurend in angst te leven voor wat er morgen kan gebeuren; het recht om te worden gekweld door allerlei onuitsprekelijke pijnen.'
> Er viel een lange stilte.
> 'Dat eis ik allemaal,' zei de wilde tenslotte.
> Mustapha Mond haalde de schouders op. 'Zoals u wilt.'[265]

Dat zijn de consequenties van de incarnatie. Een leven als een altijddurende zalige glimlach zonder pijn, zonder tegenslagen, zonder wat voor ongemakken dan ook, zouden we maar korte tijd kunnen verdragen. Daarom gaan mensen op zoek naar uitdagingen, leggen ze zichzelf de zwaarste ontberingen op door bergtoppen te beklimmen, lopen ze de marathon, riskeren ze hun leven in de autosport.

Misschien praat ik nu als een kip zonder kop. Geen zenleraar zal mij ooit verlicht noemen. Ik wil ook helemaal niet verlicht worden. Ik wil 'wild en gevaarlijk' leven, voor zover dat in deze samenleving mogelijk is. Ik wil dat het lééft en stroomt, ook als dat soms bloed, zweet en tranen kost, en ik weet dat mijn God dat ook wil. Daarom heeft hij zich in deze wereld geïncarneerd, daarom leeft hij in ons, zijn sterfelijke, voor ziekte en verslaving vatbare, breekbare mensenwezens. Want alleen zó kon God worden wie zij is: niets dan liefde, vol van gratie, vol van leven.

Dankwoord

In de allereerste plaats wil ik mijn dank en respect betuigen aan de mensen die ik in de afgelopen vijftien jaren ontmoet heb bij het crisiswerk en die mij dikwijls diep in hun leven lieten kijken. Mensen uit alle milieus met de meest diverse problemen, vertwijfeld, moedig, gelaten of vol vertrouwen. Dankzij hen heb ik geleerd wat incarnatie ten diepste betekent en in wat voor totaal uiteenlopende gedaanten Christus ons kan en wil ontmoeten.

Dit boek zou er niet gekomen zijn zonder de samenwerking met Marion en Tiki Küstenmacher, die meer dan tien jaar geleden leidde tot ons gezamenlijke boek *God 9.0*; ook op deze plaats nog eens: hartelijk dank.

God 9.0 leidde ook tot het contact met Piet van Veldhuizen, mijn Nederlandse collega en vriend. Hij heeft de moeite genomen om niet alleen *God 9.0* maar ook het huidige boek in het Nederlands te vertalen. Dat vervult me met vreugde, dankbaarheid en respect. *Ad multos annos*, beste Piet!

Diedrich Steen van uitgeverij Gütersloher Verlag heeft me aangemoedigd en bevestiging gegeven, het manuscript met welwillendheid doorgenomen en mijn tekst verbeterd met allerlei kleinere en grotere aanmerkingen, verhelderingsvragen en suggesties.

Ik wil de vele mensen bedanken die bij mijn lezingen en seminars over *God 9.0* aanwezig waren. Hun deels kritische vragen hebben ervoor gezorgd dat ik mijn eigen ideeën verder kon verfijnen en verdiepen. Ik wil ook de leden van de Facebookgroep rond *God 9.0* bedanken: heel wat posts en de discussie die dat opleverde, hebben me vooruitgeholpen en mijn begrip verruimd. Speciale dank aan Sandra Hauser en Sven Kosnick voor hun antwoorden op heel specifieke vragen van mijn kant.

Mijn dank gaat ook uit naar Mechthild Clara en Jochen Thiele voor hun belangstelling, hun bemoedigende feedback en, meer in het algemeen, voor onze vriendschap.

In het bijzonder dank ik mijn 'beste vriendin' Gudrun Friederike Lehn. In talloze gesprekken heeft ze me geholpen om de gedachten van dit boek in een vorm te gieten, te smeden en te polijsten. Haar aandeel in het project en haar enthousiasme voor de thema's en de uitwerking ervan hebben me steeds goed gedaan, het gaf me wind onder de vleugels, en haar scherpzinnige en creatieve suggesties hebben in alle hoofdstukken hun plek gevonden. Ik kijk met vreugde en spanning uit naar de publicatie van haar eigen boek over muziek, theologie en de paradox van *doing in a nondoing way*.

En *last but not least* bedank ik mijn geliefde vrouw Katja, voor alles en nog zoveel meer.

Noten

1 Küstenmacher, Marion, Tilmann Haberer, Werner Tiki Küstenmacher, *God 9.0. De spirituele groeikansen van het christendom*, Nederlandse vertaling in eigen beheer van de auteurs, 2021 (8[e] oplage), zie https://woordenmetzielenzin.nl/god9-0

2 Video is in 2022 niet meer beschikbaar.

3 Beck, Don, Christopher Cowan, *Spiral Dynamics. Waarden, leiderschap en veranderingen in een dynamisch model*, Haarlem: Altamira 2016 (5[e] druk)

4 Daarom waarschuwt God de mensen in de mythe over de tuin van Eden (Genesis 2v.) om niet van de boom der kennis van goed en kwaad te eten, omdat ze dan nog dezelfde dag zouden sterven. Nadat ze de waarschuwing in de wind geslagen en van de boom gegeten hebben, sterven ze weliswaar niet onmiddellijk, maar doet de angst haar intrede, ze kunnen nu over zichzelf reflecteren (ze zien dat ze naakt zijn) en hebben zodoende weet van hun sterfelijkheid. Zie over deze mythe en haar betekenis het hoofdstuk 'Jezus Christus, wie hij was en is' (blz 85 vv.)

5 Tony Hillerman heeft een serie uitstekende misdaadromans geschreven die zich in Navajogebied afspelen en die heel terloops de atmosfeer van een PAARSE sjamanistische wereld voelbaar maken, bijvoorbeeld *The Ghostway*, New York: Harper&Row 1984. Zeer indrukwekkend!

6 De kleur PAARS verwijst volgens Beck en Cowan naar de koningsmantel. Dat slaat eigenlijk nergens op, want koningen die een purpergeverfde mantel droegen, kom je pas in een veel latere historische periode tegen. Maar het zij zo, we zijn er nu eenmaal aan gewend.

7 Marion Küstenmacher heeft heel mooi de overgang van haar dochter vanuit de PAARSE fase beschreven. Zie Marion Küstenmacher, *Integrales Christentum*, Gütersloh: Gütersloher Verlag 2018, blz. 246–248

8 'Er zijn verhalen uit de negentiende eeuw over Afrikaanse stamleden die een nacht lang van hun groep gescheiden werden, en die de volgende dag dood waren.' Marion Küstenmacher e.a., *God 9.0*, blz. 52

9 In IJsland bestaat dit systeem waarbij de naam van de vader als achternaam gebruikt wordt tot op de dag van vandaag; zie https://nl.wikipedia.org/wiki/IJslandse_namen, geraadpleegd 27 juni 2022

10 In dit verband heb ik jaren geleden een pijnlijke les geleerd. Samen met Karola Martin en Andreas Ebert organiseerden we een medewerkerscursus voor vrijwilligers van het spiritueel centrum St. Martin am Glockenbach en van de Thomasvieringen München. Als voorbereiding voor de module 'Bijbel 1: het Oude Testament' daagden we de deelnemers uit om voor de volgende bijeenkomst de eerste tien boeken van de Bijbel te lezen (Genesis t/m 2 Samuel). Bij de start van de module vroegen we hoe men het 'huiswerk' had ervaren en werden we geconfronteerd met een storm van verontwaardiging. 'Als ik geweten had dat de Bijbel zo'n gruwelijk boek is, was ik hier helemaal geen vrijwilliger geworden' – dat was nog een van de meest onschuldige uitspraken. Wij, doorgewinterde theologen en oudgedienden, hadden gedacht dat de vrijwilligers de teksten wel historisch hadden kunnen relativeren, net als wij. Niet dus! We kregen de stemming er die avond niet meer in. Een derde van de deelnemers stapte uit de cursus. Sindsdien ben ik terughoudend met de aanbeveling om de Bijbel gewoon eens te gaan lezen. Ik voeg er altijd de waarschuwing aan toe dat de eerste delen van de Bijbel ontstaan zijn in dezelfde periode waarin ook de heldendichten van Homerus, de bloederige Nibelungensage en het Roelandslied hun wortels hebben.

11 De kleur oranje doet volgens Beck en Cowan denken aan het gloeiende staal in de hoogoven, een iconisch beeld van de industrialisering.

12 https://de.statista.com/statistik/daten/studie/169072/umfrage/glaube-an-gott-in-deutschland/, geraadpleegd 25 juli 2022

13 Sölle, Dorothee, *Heenreis. Gedachten over religieuze ervaring*, Baarn: Bosch en Keuning 1976 (Vertaling van: Dorothee Sölle, *Die Hinreise. Zur religiösen Erfahrung: Texte und Überlegungen*, Stuttgart: Kreuz Verlag, 1975)

14 Zie hierover het zeer informatieve artikel van Rolf Lutterbeck 'Revised Spiral Dynamics – Was würde Graves heute anders beschreiben?', in: *Integrale Perspektiven* 08/2019,

https://www.integralesforum.org/integrale-perspektiven/2019/180-ip-08-2019-stufen-und-entwicklungslinien/5120-revised-spiral-dynamics-was-wuerde-graves-heute-anders-beschreiben-von-rolf-lutterbeck?utm_source=newsletter_332&utm_medium=email&utm_campaign=integrale-perspektiven-august-2019, geraadpleegd 25 juli 2022. Lutterbeck concludeert: 'De beschrijvingen van TURQUOISE zijn in de meeste gevallen de beschrijving van een gezonde GROENE laag.'

15 Hier komt GROEN overigens in tegenspraak met zichzelf. Want terwijl GROEN met het oog op gemarginaliseerden, minderheden en mensen op achterstand pleit voor de gelijkwaardigheid van alle mensen, kan het zeer denigrerend spreken over iedereen die anderen (schijnbaar of echt) benadeelt. GROEN kan heel hardvochtig oordelen over elke vorm van racisme, seksisme, lookisme (discriminatie op uiterlijk), agisme (discriminatie op leeftijd), validisme (discriminatie op ontbrekende vaardigheden) en alle mogelijke andere -ismen die het op het spoor is gekomen.

16 Beck, Don Edward en Christopher C. Cowan, *Spiral Dynamics. Waarden, leiderschap en veranderingen in een dynamisch model.* Haarlem, Altamira 2004. Küstenmacher, Marion, Integrales Christentum. Einübung in eine neue spirituelle Intelligenz. Gütersloh 2018.

17 Zie *God 9.0*, blz. 170. Hier wordt gesteld dat vanaf GEEL de thema's van de lagen uit de *First Tier* zich herhalen, maar dan wel telkens zes lagen hoger. Dan zou GEEL het hogere octaaf van BEIGE zijn, TURQUOISE van PAARS enzovoorts.

18 Een fascinerende 'zoomreis' in een reusachtig fractaal met die typische steeds terugkerende vormen zoals de beroemde 'appelmannetjes' en spiralende armen kun je via YouTube maken: https://www.youtube.com/watch?v=01kUkiVsuV8., geraadpleegd 25 juli 2022

19 Vanzelfsprekend gaat deze analogie niet over iemands alledaagse persoonlijkheid waarbij ook egocentrische, angstige en neurotische kanten meespelen, en ook niet over het 'grote zelf' dat zichzelf als het middelpunt van de wereld beschouwt, maar over het ware wezen van de mens dat verborgen ligt onder alle ballast en vervorming.

20 Zo heeft bijvoorbeeld Gerhard Tersteegen, de grote protestantse mysticus van de achttiende eeuw, het geformuleerd in zijn lied 'God is tegenwoordig'.

21 Deze kleurkeuze wordt naar mijn smaak nogal cryptisch verklaard met de associatie 'leven diep in de oceaan', Beck/Cowan, *Spiral Dynamics*, blz. 74

22 Zie aldaar, blz. 48

23 Deze uitspraak komt van Fritz Perls, de grondlegger van de gestalttherapie. In het originele Amerikaans klinkt het zo: 'I do my thing and you do your thing. I am not in this world to live up to your expectations, and you are not in this world to live up to mine. You are you, and I am I, and if by chance we find each other, it's beautiful. If not, it can't be helped.' https://www.goodreads.com/quotes/195247-i-do-my-thing-and-you-do-your-thing-i, geraadpleegd 25 juli 2022

24 We moeten dan wel het 100-miljard-vliegen-argument in gedachten houden: 'Eet meer stront, want 100 miljard vliegen kunnen het toch niet mis hebben!'

25 Het hier volgende verhaal heb ik eerder in mijn boek *Kirchenfrust und Gotteslust* (München: Kösel 2005, blz. 165-167) gepubliceerd; voor de huidige publicatie is het enigszins bewerkt.

26 1 Johannes 4,16

27 Matteüs 5,45

28 Dat deze tijdsvolgorde zich op het subatomaire niveau onder bepaalde omstandigheden lijkt om te keren, zoals uit sommige experimenten in de deeltjesfysica lijkt te volgen, hoeft hier geen rol te spelen.

29 Zie bijvoorbeeld Jesaja 64,7: 'Wij zijn leem, U bent de pottenbakker en wij zijn allen het werk van uw handen.'

30 https://de.wikipedia.org/wiki/Universum, geraadpleegd 25 juli 2022

31 Ik houd van deze formulering. Ik heb zelfs al een keer een boek deze titel willen meegeven, maar moest toen vaststellen dat Dorothee Sölle mij voor was geweest: al in 1992 publiceerde zij een boekje met de titel *Es muss doch mehr als alles geben*. Mijn boek kreeg toen de titel *Kirchenfrust und Gotteslust*, München 2005.

32 Dit gebod wordt in de christelijke canon waarschijnlijk weggelaten omdat christenen ervan overtuigd zijn dat God ons in Jezus Christus zélf een beeld van zichzelf heeft gegeven. Daarom kent de christelijke wereld een rijkdom aan beeldende voorstellingen,

allereerst van Jezus Christus, later ook van Maria, God de Vader en vele heiligen. Voor joden en moslims is dat ten diepste een vorm van godslastering. Om het getal tien van de Tien Geboden vast te houden, hebben de christenen het tiende gebod opgesplitst: 'Je zult het huis van je naaste niet begeren' als negende gebod, en dan de rest van de zin als tiende: 'Je zult niet begeren de vrouw van je naaste of zijn knecht, dienstmeisje, rund of ezel, of ook maar iets dat aan je naaste toebehoort.' *Noot van de vertaler: in het Nederlandse calvinisme is het tweede gebod nooit weggelaten en het tiende nooit gesplitst. Tilmann Haberer heeft het over de rooms-katholieke en lutherse traditie.*

33 Exodus 20,4v

34 https://worthaus.org/worthausmedien/das-geheimnis-8-1-1/, geraadpleegd 25 juli 2022

35 1 Timoteüs 6,16

36 Deze gedachte is ook fundamenteel voor ons boek *God 9.0*, dat immers gaat over de ontwikkeling van onze godsbeelden.

37 Aldus Richard Rohr in een prachtig interview over de samenhang en het verschil tussen Jezus en de Christus, https://www.youtube.com/watch?v=4LYQQO5uFtA, zie vanaf minuut 3:58, geraadpleegd 25 juli 2022 (volgens dit interview vond de oerknal overigens 14,5 miljard jaar geleden plaats)

38 Zie Eberhard Jüngel, *Gott als Geheimnis der Welt.* Tübingen: Mohr Siebeck 1977.

39 Dat is natuurlijk heel grofweg berekend. Het gaat uit van de aanname dat de atoomkern zich tot de omvang van het gehele atoom verhoudt als ongeveer $1{:}10^5$. De aarde heeft een doorsnede van rond de 12.742 kilometer. Als je dat deelt door 10 tot de vijfde macht, kom je op een kleine 130 meter.

40 Jeans, Sir James, *The Mysterious Universe*, 1944, blz. 137.

41 Geciteerd naar Werner Heisenberg, *Der Teil und das Ganze*, München: Piper 1969, blz. 280

42 https://www.srf.ch/wissen/natur/verstehen-sie-die-quantenphysik-herr-professor, geraadpleegd 25 juli 2022

43 Fritz Danner heeft in een uitvoerige lezersbrief aan het tijdschrift *Tattva Viveka* heel duidelijk en goed gedocumenteerd stelling genomen tegen deze misvatting: https://www.tattva.de/leserbrief-quantenphysik-und-spiritualitaet/?ref=cto, geraadpleegd 25 juli 2022

44 Zie de zeer informatieve documentaire 'Quantenmechanik – Doppelspalt, Verschränkung und Nichtlokalität', https://www.youtube.com/watch?v=7BVoFs4eMoI&t=931s, geraadpleegd 25 juli 2022, of het interview met Josef M. Gaßner, https://www.youtube.com/watch?v=BZYoNTyhBFs&t=182s, geraadpleegd 25 juli 2022

45 Pierre-Simon Laplace (1749-1827) was een Franse astronoom en natuurkundige. Zijn hypothese was dat een 'wereldgeest' die de positie en beweging van ieder detail van de wereld zou kennen (later de 'demon van Laplace' genoemd), iedere gebeurtenis in verleden en toekomst exact zou kunnen berekenen, aangezien iedere gebeurtenis strikt causaal uit de gegeven oorzaken kan worden afgeleid.

46 Als je er nog niet van overtuigd was dat mijn denken heel sterk door de GROENE bewustzijnsruimte gestempeld is, heb je hier het bewijs.

47 Tijdens het werken aan dit hoofdstuk las ik *Reverent Irreverence* van Tom Thresher (Pine Grove: Integral Publishers 2009). Twee dagen nadat ik mijn scheppingsmythe had opgeschreven (ongelogen!) stuitte ik daarin op een mythe van Michael Dowd die er erg op lijkt en die ik hier graag weergeef:
'Dit is in weinige woorden de Heilige Geschiedenis van het Leven: God plantte 14 miljard jaar geleden het universum als een zaadkorrel, kleiner dan een mosterdzaad, in het midden van het hart van God, en sindsdien wordt het steeds meer onafhankelijk en bewust. Eerst was er een overweldigende explosie van licht en energie, die door sommigen de oerknal wordt genoemd en door anderen de Grote Glans. Onmiddellijk begon de schepping af te koelen, er ontstonden elementaire deeltjes en vervolgens de eerste elementen: waterstof en helium. Terwijl het universum zich steeds verder verwijdde en steeds complexer werd, was zijn innerlijke, spirituele potentieel steeds beter in staat om zichzelf te kennen. Met God als de innerlijke levenskracht van het proces organiseerde de schepping zich tot sterrenstelsels, sterren en planeten. Ons zonnestelsel vormde zich vier en een half miljard jaar geleden uit reusachtige wolken van metaalhoudend sterrenstof, die op hun beurt weer waren ontstaan uit ontplofte supernova's. Op de aarde en vanuit de aarde werd de schepping steeds complexer en haar spirituele bewustheid werd steeds

dieper – via bacteriën en meercellige organismen, via planten en dieren, totdat de aarde ten slotte (in geologische tijd gemeten pas een ogenblik geleden) zo complex en hooggeorganiseerd was geworden dat ze in staat raakte om over zichzelf na te denken – en dat zijn wij.
De mens is een wezen waarin de schepping – na een ontwikkelingstijd van amper veertien miljard jaar – zo'n mate van coöperatie en complexiteit heeft bereikt dat ze nu bewust over zichzelf kan reflecteren, over de zin van haar bestaan, waar ze vandaan komt, waaruit ze bestaat en waarheen ze op weg is. Wij zijn de natuur die vraagt naar haar eigen wezen en die de goddelijke aanwezigheid in en buiten alles ervaart. In het universum zijn wij kleine separate wezens die op de aarde leven; wij zijn een zijnswijze van het universum, een expressie van de aarde. Wij zijn de natuurlijke vruchten van de evolutie. Wij zijn niet naar deze wereld toe gekomen, we zijn uit haar voortgekomen zoals een appel uit de appelboom voortkomt.
Door deze Heilige Geschiedenis van het Leven krijgen we een dieper en ruimer begrip van wat het is om evenbeeld van God te zijn. Vanuit dit perspectief begrijpen we nu dat het hele universum naar het evenbeeld van God is geschapen! De mensheid is de dimensie van het universum die het mogelijk maakt dat de schepping de liefdevolle aanwezigheid van God prijst en viert. Onze eigen bijzondere rol daarbij is, het Leven in staat te stellen om over zichzelf na te denken en zichzelf en zijn diepste mysterie te vieren op die heel eigen manier van de bewuste zelfkennis. De openbaring van God in Jezus Christus toont de mensheid de weg om die bestemming te vervullen.' Geciteerd naar Tom Thresher, *Reverent Irreverence*, blz. 74v.

48 Zie voor een compilatie van uitspraken van Thomas Jefferson over de triniteit: https://maranathamedia.com/article/view/thomas-jefferson-on-the-trinity, geraadpleegd 25 juli 2022

49 Zie bovengenoemde website

50 Heinrich Schmid, *Die Dogmatik der evangelisch-lutherischen Kirche, dargestellt und aus Quellen belegt; neu herausgegeben und durchgesehen von Horst Georg Pöhlmann*, 9e herziene druk, Gütersloh: Gütersloher Verlag, blz. 96 (cursivering in het origineel). Het boek verscheen voor het eerst in 1843, maar geeft de systematiek van de evangelisch-lutherse geloofsleer dermate uitputtend en zorgvuldig weer dat het ons, theologiestudenten van examenjaargang 1980, nog altijd werd aanbevolen. Wie de subtiele vertakkingen van de dogmatiek wil naspeuren, doet er nog altijd goed aan de 'Kerksmid' (Kirchenschmid) te raadplegen.

51 A.w.

52 Zo staat het uitdrukkelijk in de Geloofsbelijdenis van Athanasius die in de middeleeuwen voor gebruik in de liturgie gelijkgesteld werd met de Apostolische Geloofsbelijdenis en die van Nicea. Daar staat:
'Al wie behouden wil worden moet voor alles erop toezien dat hij het katholieke geloof vasthoudt: tenzij hij dit volledig en ongeschonden zal bewaren, zal hij zonder twijfel voor eeuwig verloren gaan. Het katholieke geloof is dit, dat wij één God in Drievuldigheid en de Drievuldigheid in eenheid vereren, zonder de personen te vermengen of het wezen te delen. Verschillend is immers de persoon van de Vader, verschillend die van de Zoon, verschillend die van de Geest; maar Vader, Zoon en Geest zijn één in godheid, gelijk in heerlijkheid, gelijk van eeuwigheid hun majesteit. Zoals de Vader, zo is de Zoon, zo is ook de Heilige Geest. Ongeschapen is de Vader, ongeschapen de Zoon, ongeschapen de Heilige Geest; onmetelijk is de Vader, onmetelijk de Zoon, onmetelijk de Heilige Geest; eeuwig is de Vader, eeuwig de Zoon, eeuwig de Heilige Geest; en toch zijn er niet drie eeuwigen, maar één Eeuwige, evenals er niet drie ongeschapenen zijn, noch drie onmetelijken, maar één Ongeschapene en één Onmetelijke. Evenzo is de Vader alvermogend, alvermogend de Zoon, alvermogend de Heilige Geest, en toch zijn er niet drie alvermogenden, maar één Alvermogende. Zo is de Vader God, de Zoon God, de Heilige Geest God, en toch zijn er niet drie goden, maar één is God. Zo is de Vader Heer, de Zoon Heer, de Heilige Geest Heer, en toch zijn er niet drie heren, maar er is één Heer. Want zoals wij vanwege de christelijke waarheid worden gedwongen elk der personen afzonderlijk te belijden als God en Heer, zo worden wij vanwege het katholieke geloof ervan weerhouden te zeggen dat er drie goden of heren zijn. De Vader is door niemand gemaakt of geschapen of voortgebracht. De Zoon is door de Vader alleen, niet gemaakt noch geschapen, maar voortgebracht. De Heilige Geest is door de Vader en de Zoon, niet gemaakt,

noch geschapen of voortgebracht, maar gaat van Hen uit. Derhalve is er één Vader, niet drie Vaders, één Zoon, niet drie Zonen, één Heilige Geest, en niet drie Heilige Geesten. En in deze Drievuldigheid is er niets eerder of later, geen meer of minder, maar alle drie personen zijn elkaar gelijk in eeuwigheid en hoedanigheid. Zo dient in alle dingen, zoals ook al eerder is gezegd, zowel de Drievuldigheid in de eenheid als de eenheid in de Drievuldigheid vereerd te worden. Laat dus wie behouden wil worden, aangaande de Drievuldigheid van dit gevoelen zijn.'
[Dan volgt een gedeelte over de leer van de twee naturen van Jezus Christus en dan de volgende afsluitende zin:]
'Dit is het katholieke geloof: wie dit niet getrouw en vast zal hebben geloofd, zal niet behouden kunnen worden.'

53 Er is wél een heel mooie GROENE parabel over de triniteit: in de roman *De uitnodiging* (The Shack) van William P. Young wordt de 'Vader' heerlijk GROEN neergezet als een gemoedelijke Afro-Amerikaanse vrouw en de heilige Geest als een Aziatisch jong meisje, terwijl Jezus als een krachtige Palestijn verschijnt, zij het in een geruit houthakkershemd. Wat de hoofdpersoon in eerste instantie het meest schokt is het feit dat geen van de drie personen van God blank is.

54 De ontmoeting van Jezus met Thomas, bekend als 'de twijfelaar', loopt uit op de uitroep van Thomas: 'Mijn Heer en mijn God!' (Johannes 20,28). Zie over de 'twijfel' van Thomas en de betekenis van de twijfel voor het geloof Tilmann Haberer, *Die Thomasmesse*, München: Claudius, 2e druk 2002, blz. 111-118

55 Filippenzen 2,13

56 Naar dit door Abraham Maslow gemunte begrip verwijst bijvoorbeeld David Steindl-Rast als hij telkens weer verwijst naar de ervaring als bron van het geloof. Zie: David Steindl-Rast, *Credo. Ein Glaube, der alles verbindet*, Freiburg i. Br.: Herder 2010, bijv. blz. 19, 26, 39 (waar expliciet naar Maslow wordt verwezen) e.a.

57 Deze formulering stamt uit de avondmaalsleer van Maarten Luther die zegt dat 'in, met en onder' brood en wijn het lichaam en bloed van Christus werkelijk voorhanden zijn, maar alleen te ervaren door het geloof (dus door een bijzondere manier van kijken).

58 Niet toevallig herinnert deze formulering aan de uitspraak van Dietrich Bonhoeffer: 'Gott ist mitten in unserem Leben jenseitig' (*Widerstand und Ergebung*, DBW 8, blz. 135). In zijn laatste brieven uit de gevangenis had Bonhoeffer een 'religieloos christendom' voorgesteld, en helaas heeft hij dat idee niet meer kunnen uitwerken. Mijn ontwerp verschilt duidelijk van dat van Bonhoeffer, en toch heb ik de indruk dat er een lijn loopt van die late gevangenisbrieven via J.A.T. Robinsons boekje *Honest to God* naar de hier voorgestelde gedachten. In ieder geval heb ik *Verzet en Overgave*, en vooral die laatste brieven, veertig jaar geleden ademloos tot me genomen en heeft dat mijn theologisch denken sterk beïnvloed.

59 Johannes 1,3 resp. Kolossenzen 1,16

60 https://www.youtube.com/watch?v=4LYQQO5uFtA, geraadpleegd 25 juli 2022; zie ook noot 37 hierboven.

61 Johannes 3,8

62 William Paul Young, *De uitnodiging*, Utrecht: Kok 2018, 18e druk. In de boekverfilming komt dit effect niet tot zijn recht, zoals wel meer van de diepgang van het boek in de film ontbreekt. Helaas gaat de film hier en daar kopje onder aan kitscherigheid, en enkele belangrijke dialogen zijn helemaal weggelaten.

63 Een belangrijke uitzondering vormt de zogenaamde filioque-strijd, een van de centrale theologische confrontaties die hebben geleid tot het uiteengaan van de oosterse en westerse kerk in het jaar 1054. Daarbij ging het om de vraag of de Heilige Geest alleen van de Vader uitgaat – zo zien de orthodoxe kerken het tot op vandaag – of van de Vader *en van de Zoon* (Lat. *filioque*) – dat is de westerse, roomse opvatting, die ook door de kerken van de reformatie wordt aangehangen.

64 Het Hebreeuwse woord voor Geest, *ruach*, is vrouwelijk.

65 Over de effecten van de Heilige Geest zou natuurlijk nog veel meer te zeggen zijn. Ik verwijs hier naar het mooie hoofdstuk in Andreas Ebert, *Schwarzes Feuer – weisses Feuer*, München: Claudius 2018, blz. 145-161

66 Joachim Kahl, http://www.kahl-marburg.privat.t-online.de/Kahl_Jean-Paul-Rede.pdf, geraadpleegd 30 juni 2022

67 Matteüs 18,3. Met 'omkeren' bedoelt Jezus niet een totale omkeer van 180 graden, maar een koerswijziging in denken en doen.
68 Lucas 7,36-50
69 Lucas 19,1-10
70 Matteüs 6,26: 'Kijk naar de vogels onder de hemel: ze zaaien niet, ze maaien niet, ze brengen niet bijeen in schuren, en toch voedt jullie hemelse Vader hen. Zijn jullie niet veel kostbaarder dan zij?'
71 Als motto in de bundel van Hilde Domin, *Nur reine Rose als Stütze*, Frankfurt/M: Fischer 1959
72 Lucas 16,19-31
73 Jesaja 55,8
74 Geciteerd naar Hans Löhr, https://glaubenswachstum.blogspot.com/2011/12/zwischen-ungluck-und-geborgenheit-hl.html, geraadpleegd 25 juli 2022
75 Geciteerd naar Harald-Alexander Korp, *Dem ruhigen Geist ist alles möglich. Mit Meister Eckhart lernen, im Hier und Jetzt zu sein*, Gütersloh: Gütersloher Verlag 2019
76 1 Korintiërs 13,12
77 Johannes 16,23
78 Marcus 11,15
79 Amos 5,21-23
80 Amos 5,24
81 Deze maatschappelijk-historische achtergronden bij de tijd waarin Jezus leefde, worden bijvoorbeeld zeer uitvoerig en beeldend geschetst door de Iraans-Amerikaanse godsdienstwetenschapper Reza Aslan in zijn boek *De Zeloot* (Amsterdam: Balans 2014).
82 Zie (of beluister) over de kwestie van de geloofwaardigheid van het opstandingsverhaal de voordracht van Siegfried Zimmer: https://worthaus.org/worthausmedien/wie-glaubwuerdig-ist-die-botschaft-von-der-auferweckung-jesu-8-7-1/, geraadpleegd 25 juli 2022
83 https://de.wikipedia.org/wiki/Weltreligion, geraadpleegd 25 juli 2022
84 Naast de vier bekende evangeliën in het Nieuwe Testament is er nog een grote veelheid aan geschreven teksten, waaronder tientallen evangeliën die niet in de Bijbel zijn opgenomen, maar die allemaal ook geschreven zijn door mensen die de leer over de opstanding aanhingen.
85 https://www.bibelstudium.kaththeol.uni-muenchen.de/jesus_historisch/quellen/roemqu/index.html, geraadpleegd 25 juli 2022
86 Rudolf Bultmann, *Neues Testament und Mythologie*, München: Christian Kaiser 1941, blz. 18
87 Bedoeld zijn de vier bijbelse evangeliën plus het niet in de Bijbel opgenomen maar wel heel oude Evangelie van Thomas.
88 Lucas 10,39
89 Marcus 1,14
90 Lucas 11,20
91 Lucas 17,20v.
92 Lucas 4,18-21
93 Lucas 7,22
94 Matteüs 15,11.17-20
95 Marcus 5,25-34
96 Lucas 10,41
97 Romeinen 16,7
98 1 Korintiërs 14,34
99 Johannes 4,3-26
100 Marcus 7,24-30
101 Matteüs 8,5-10
102 Marcus 7,27v.
103 Matteüs 5,44v en 48
104 Lucas 18,9-14
105 Matteüs 22,37-40
106 1 Johannes 4,20
107 Matteüs 23,23
108 1 Korintiërs 13,1-3

109 Matteüs 25,40
110 1 Korintiërs 15, 14 en 17
111 Zie hierover: Thorsten Dietz, *Weiterglauben. Warum man einen großen Gott nicht klein denken kann*, Moers: Brendow 2018
112 Hanna Wolff, *Jesus, der Mann. Die Gestalt Jesu in tiefenpsychologischer Sicht*, Stuttgart: Radius 1975
113 Eugen Drewermann, *Kleriker. Psychogramm eines Ideals*, Olten: Walter 1989.
114 Eugen Drewermann, *Dieptepsychologie en exegese*, Zoetermeer: Meinema 1991 en *Exegese en Dieptepsychologie*, Zoetermeer: Meinema 1993
115 1 Korintiërs 15,3-5
116 Filippenzen 2,6
117 Kolossenzen 1,15-20
118 Johannes 1,1-5
119 Johannes 1,14
120 Johannes 14,6
121 Johannes 8,58
122 Een heel mooie uitleg van het Thomasevangelie vind je in Dietrich Koller/Andreas Ebert, *Verborgene Jesusworte*, Münsterschwarzach: Vier-Türme-Verlag 2013
123 Johannes 8,7
124 Handelingen 11,26
125 Zie blz. 68. Als het over de BLAUWE bewustzijnsruimte gaat, kun je het belang van de 'heilszekerheid' (de zekerheid dat je dankzij het ware geloof en het juiste gedrag in het Laatste Oordeel staande blijft voor Gods rechterstoel en deel krijgt aan de eeuwige zaligheid) volgens mij nauwelijks overschatten. 'Hoe krijg ik een genadige God?' – dat was de vraag die Maarten Luther aan het randje van de vertwijfeling bracht, tot het eindelijk bij hem daagde dat God altijd al genadig is. Dit 'reformatorische' inzicht markeerde de beslissende stap vanuit de BLAUWE naar de ORANJE bewustzijnsruimte.
126 In een brief uit 1336 beschrijft de renaissance-filosoof Francesco Petrarca hoe hij de Mont Ventoux in de Provence beklimt: een novum in de westerse geschiedenis. In die brief 'komt een nieuwe natuur- en landschapsbeleving tot uiting waarin esthetische en contemplatieve invalshoeken met elkaar worden verbonden' (Wikipedia, lemma Petrarca, Duitstalige pagina, geraadpleegd op 13 januari 2023). Deze beklimming van de Mont Ventoux wordt door velen beschouwd als een beslissend scharnierpunt tussen de middeleeuwen en de moderne tijd.
127 1 Koningen 19,12 in de bewoordingen van Martin Buber. De Nederlandse term 'verzwevend zwijgen' werd door K.H. Miskotte gebruikt: Verzameld Werk deel 15 (KokBoekencentrum 2022), Tekst van 6 april 1943 over 1 Koningen 19:12-21.
128 Matteüs 17,1-5
129 Het begrip 'verlichting' klinkt voor velen misschien nogal boeddhistisch of esoterisch. Maar in feite wordt ook in de Bijbel over 'verlichting' gesproken. Bijvoorbeeld in Efeziërs 5,14: 'Daarom luidt het: Waak op, jij die slaapt, en sta op uit de dood, dan zal Christus je verlichten', of in 2 Korintiërs 4,6: 'De God die heeft gezegd: "Uit de duisternis zal licht schijnen," heeft in ons hart het licht doen schijnen om ons te verlichten met de kennis van zijn luister, die afstraalt van het gezicht van Jezus Christus' – en zo is er nog meer.
130 Lucas 11,14v.
131 Marcus 16,8
132 Lucas 24,13-35
133 1 Korintiërs 14,34
134 Zo zou je de passage in de Tweede Brief aan de Korintiërs kunnen opvatten waar Paulus schrijft: 'Indien wij al Christus naar het vlees gekend hebben, thans niet meer' (2 Korintiërs 5,16)
135 Paul Knitter, *Zonder Boeddha kan ik geen christen zijn*, Utrecht: Ten Have 2011
136 Filippenzen 2,5-11
137 1 Korintiërs 15,3
138 Deuteronomium 6,4v en Leviticus 19,18
139 Op grond van diverse chronologische aanwijzingen in de nieuwtestamentische brieven en in Handelingen gaat men ervan uit dat de bekering van Paulus in het jaar 33 n. Chr. moet hebben plaatsgevonden.

140 Matteüs 15,11
141 Matteüs 5,17v.
142 Romeinen 7,12
143 Romeinen 3,28
144 Galaten 5,1
145 Galaten 3,1.3 – vertaling naar Tilmann Haberer, afwijkend van NBV21.
146 Zie bijv. Galaten 3,26
147 Galaten 3,13; Paulus citeert daar Deuteronomium 21,23
148 1 Korintiërs 1,23
149 Zie boven blz. 24.
150 Jesaja 42,1-9; 49,1-13; 50,4-11 en 52,13 t/m 53,12
151 Jesaja 53,2-6
152 Johannes 1,29
153 Dat is de betekenis van de uitspraak in de Apostolische Geloofsbelijdenis: 'nedergedaald tot het rijk van de dood' – in mijn kindertijd zeiden we nog 'nedergedaald ter helle'.
154 Romeinen 8,28
155 Psalm 8,5
156 Yuval Noah Harari, *Sapiens. Een kleine geschiedenis van de mensheid*, Amsterdam: Thomas Rap 2014.
157 Zie https://www.bibelwissenschaft.de/wibilex/das-bibellexikon/lexikon/sachwort/anzeigen/details/gottebenbildlichkeit-at/ch/a6f83f5c8aa1f2025a01b7e161cc92b3/, paragraaf 2.2.1.1, geraadpleegd 25 juli 2022
158 Matteüs 6,9
159 http://www.eckhart.de/index.htm?bulle.htm, Undecimus Articulus; cursivering TH; geraadpleegd 25 juli 2022
160 Nog een dergelijke uitspraak van Eckhart: 'In één keer en tegelijkertijd, toen God er was, met dat hij zijn Zoon, eeuwig als hijzelf, verwekte als volstrekt aan hemzelf gelijke God, schiep hij ook de wereld'. A.w., Tertius Articulus
161 Johannes 1,14
162 Exodus 3,14
163 Naar het verhaal van Zhuangzi of Tsjang Tse, zie bijvoorbeeld de openingsalinea van https://www.civismundi.nl/index.php?p=artikel&aid=5679 (geraadpleegd 25 juli 2022)
164 Zie voor de eigen bewoordingen van René Descartes: https://filosofischekruimels.com/filosofische-quotes-1-rene-descartes/, geraadpleegd 25 juli 2022
165 Zie Mihaly Cszikszentmihalyi, *Flow. Psychologie van de optimale ervaring*, Utrecht: Ten Have 2020
166 Friedemann Schulz von Thun, *Miteinander reden 3. Das 'Innere Team' und situationsgerechte Kommunikation: Kommunikation, Person, Situation*. Reinbek: Rowohlt 1998
167 Helen H. Watkins, John G. Watkins, *Ego States. Theory and Therapy*, New York: W. W. Norton & Co 1997.
168 Hal en Sidra Stone, *Embracing our Selves*, New World Library 1998.
169 Artho S. Wittemann, *Die Intelligenz der Psyche. Wie wir ihrer verborgenen Ordnung auf die Spur kommen*, München: Kösel 2000
170 De Israëlische historicus Yuval Noah Harari benadrukt: 'De enige geest waartoe ik op dit moment toegang heb, is mijn eigen geest' (in: *21 lessen voor de 21ᵉ eeuw*, 10ᵉ druk, Amsterdam: Thomas Rap 2020). Wie de menselijke geest wil onderzoeken, moet dan ook zijn eigen geest zien te doorgronden, en sinds duizenden jaren is meditatie het beproefde instrument voor onderzoek van de eigen geest: het constante, volhardende en consequente waarnemen van het eigen bewustzijn. Dat lijkt natuurlijk in strijd met alle wetenschappelijke standaarden, want niemand behalve ikzelf kan de resultaten van zulk onderzoek in ogenschouw nemen. Alle anderen moeten het met mijn uitspraken doen, ze moeten mij geloven – en geloof is uitdrukkelijk géén basis van wetenschappelijke kennis. Zelfs als duizend mediterende onderzoekers dezelfde uitkomsten aangeven, blijven hun resultaten toch per definitie subjectieve mededelingen. Er ontstaat hooguit een benadering van objectiviteit als alle mededelingen onderling overeenkomen. Maar niemand kan uitsluiten dat alle duizend mededelingen gelogen zijn. Subjectieve ervaringen kunnen op geen enkele manier objectief geverifieerd of bewezen worden. Intersubjectiviteit is iets anders dan objectiviteit.
171 Zie bijvoorbeeld: Gerald M. Edelman/Giulio Tononi, *Gehirn und Geist. Wie aus Ma-*

terie Bewusstsein entsteht, München: C. H. Beck 2002; Michael Gazzaniga, *Die Ich-Illusion. Wie Bewusstsein und freier Wille entstehen*, München: Hanser 2012; Werner Siefer/Christian Weber, *Ich. Wie wir uns selbst erfinden*, Frankfurt: Hanser 2006; Thomas Metzinger, *Der Ego-Tunnel. Eine neue Philosophie des Selbst: Von der Hirnforschung zur Bewusstseinsethik*, München: Piper 2009

172 Siefer/Weber, a.w. blz. 7

173 Gazzaniga, *Who's in charge? Free Will and the Science of the Brain*, cursivering T.H.; Gazzaniga geeft hier niet zijn eigen overtuiging weer.

174 Metzinger, a.w. blz. 316v.

175 Siefer/Weber, a.w. blz. 257, cursivering T.H.

176 Zie bijvoorbeeld Thomas Metzinger, *Der Egotunnel*, a.w. blz. 300 en elders

177 Roth, Gerhard, Nicole Strüber, *Wie das Gehirn die Seele macht*, Stuttgart: Klett-Cotta 2014, 7e herziene druk 2017

178 Zie bijvoorbeeld Oliver Sacks, *De man die zijn vrouw voor een hoed hield*, Amsterdam: De Bezige Bij 2021 (37e druk)

179 Bijvoorbeeld Vilayanur S. Ramachandran en Sandra Blakeslee, *Phantoms in the Brain*, New York: William Morrow & Co 1999

180 Metzinger, a.w. blz. 317

181 Dit is de titel van het beroemde essay van Aldous Huxley (1954) waarin hij vertelt over zijn ervaring met de psychedelische drug mescaline. Hij houdt het voor zeer wel mogelijk dat de mescaline de filterende functie van de zintuigen uitschakelt en zodoende toegang geeft tot wijdere ruimten van de werkelijkheid die er altijd al zijn, maar die normaliter niet worden ervaren. Aldous Huxley, *The Doors of Perception, And Heaven and Hell*, New York: Vintage Publishing 2004 (nieuwe editie)

182 Te vinden in Thomas Nagel, *Wat betekent het allemaal?*, Utrecht: Bijleveld 2014

183 Zie https://nl.wikipedia.org/wiki/Qualia, geraadpleegd 25 juli 2022

184 Edelman en Tononi, a.w. blz. 28, cursivering T.H.

185 A.w. blz. 28

186 Ken Wilber merkt sarcastisch op dat Daniel Dennetts boek *Consciousness Explained* eigenlijk de titel *Consciousness Explained Away* zou moeten dragen. Zie Ken Wilber, *The Eye of Spirit. An Integral Vision for a World Gone Slightly Mad*, Boulder: Shambala 1998

187 https://www.youtube.com/watch?v=uhRhtFFhNzQ&ab_channel=TED, geraadpleegd 25 juli 2022

188 A.w., 8:05-8:08

189 A.w., 12:11

190 Van hieruit kan een brug worden geslagen naar de boeddhistische en hindoeïstische opvatting die het geïsoleerde menselijke ik eveneens als illusie beschouwt. Het enig werkelijke is het ene, grote bewustzijn waarmee ook mijn kleine schijnbare ik identiek is: als de sluier van de illusie kan worden opgetild en de mens zijn eenheid met het grote, éne bewustzijn erkent, vindt verlichting plaats. De oosterse religies bestrijden het ik vanuit een transpersoonlijk perspectief, de natuurwetenschappen doen het vanuit een pre-persoonlijk perspectief. Helaas kan ik vanwege de beperkte omvang van dit boek niet het gesprek aangaan over de verhouding tussen verlichting en verlossing, tussen ik en ik-verlies in de oosterse religies en het christendom.

191 Anders is het gesteld in de altijd nog grotendeels traditioneel georiënteerde, sterk BLAUW gekleurde Biblebelt in het zuiden van de VS, waar driekwart of meer van de bevolking zichzelf omschrijft als gelovig christen.

192 1 Korintiërs 15,3b

193 Zie bijvoorbeeld het koraal 'Daar gaat een lam en draagt de schuld' van Paul Gerhardt uit 1647 (Liedboek voor de Kerken 187, Hemelhoog 168) of 'Verheugt u christenen tesaam' van Maarten Luther (Liedboek voor de Kerken 402)

194 David Steindl-Rast zegt over het godsbeeld van Anselmus: 'De tegenstelling met het Godsbeeld dat Jezus onderwees, kan niet groter zijn.' David Steindl-Rast, *Credo. Ein Glaube, der alles verbindet*, Freiburg: Herder 2010, blz. 123

195 Matteüs 5,44-48

196 Matteüs 5,22 en 29

197 Matteüs 7,9-11

198 Genesis 2,17

199 Genesis 3,6
200 In het Engels komt dat mooi tot uitdrukking: het Nederlandse bijvoeglijk naamwoord 'verlegen' wordt daar weergegeven met *self-conscious*, letterlijk 'zelf-bewust'.
201 Genesis 3,7
202 Eigenlijk gaat de songregel zo: 'There is a crack in everything, that's how the light gets in' – 'In alles zit wel een barst, zo komt het licht naar binnen'. Geciteerd naar Leonard Cohen, 'Anthem', van het album *The Future* uit 1992
203 Romeinen 7,15 en 20
204 Charles Eisenstein, *The More Beautiful World Our Hearts Know Is Possible. The Vision and Practice of Interbeing*, Berkeley: North Atlantic Books 2013
205 Romeinen 6,23
206 Het kastensysteem is een integraal onderdeel van de karmaleer. Het is bepalend voor iemands hele leven in welke kaste hij of zij geboren wordt. Zo zijn bepaalde beroepen voorbehouden aan bepaalde kasten en er wordt overwegend binnen de eigen kaste getrouwd. Je kunt niet uit je kaste stappen – wie dat zou proberen, vergaart negatief karma. Wie daarentegen binnen de sociale kaders en positie blijft waarin hij/zij zich nu eenmaal bevindt en de daarmee verbonden levensopdracht goed vervult, vergaart pluspunten en kan in een volgend leven van start in een hogere sociale positie. Wie als brahmaan geboren wordt, heeft voor die hoge status dus in vele eerdere levens hard gewerkt, en wie brahmaan wil worden, moet in zijn lagere kaste zijn uiterste best doen: naar een hogere positie kom je alleen via volgende incarnaties. Zo dient het kastensysteem en de daarmee verbonden reïncarnatieleer er ook toe de sociale ordening en de bestaande machtsverhoudingen stabiel te houden.
207 Matteüs 11,14; zie ook Matteüs 16,14: op de vraag van Jezus aan zijn leerlingen voor wie de mensen hem houden, antwoorden ze: 'Sommigen houden u voor Johannes de Doper, anderen voor Elia en weer anderen voor Jeremia of een van de andere profeten'.
208 2 Koningen 2,11
209 Maleachi 3,23
210 Cynthia Bourgeault, *The Wisdom Jesus*, Boulder: Shambala 2008
211 Zie bijvoorbeeld Ezechiël 18: '"Maar," vragen jullie, "waarom hoeft de zoon niet te boeten voor de zonden van zijn vader?" Die zoon heeft gehandeld naar recht en gerechtigheid, hij heeft zich aan al mijn bepalingen gehouden en ze nageleefd, dus zal hij zeker in leven blijven!' In heel hoofdstuk 18 is dit thema uitvoerig aan de orde.
212 Psalm 115,17; Psalm 88,6
213 Job 14,14; Job 7,21b
214 Jesaja 65,17-20
215 Het gaat om Matteüs 22,23-33
216 Zo wordt het verwoord in Matteüs 25,34
217 Matteüs 25,41
218 Marcus 9,33-48; Lucas 16,19-31
219 Matteüs 8,12 e.a.
220 Exegeten vinden aanwijzingen voor zo'n gang van zaken bijvoorbeeld als ze de twee versies van de gelijkenis over het grote feestmaal bij Lucas en Matteüs vergelijken. Matteüs heeft de gelijkenis duidelijk aangescherpt door van de gastheer een koning te maken die de genodigden, als ze zijn uitnodiging afslaan, doodt (misschien spiegelt zich daarin de verwoesting van Jeruzalem door de Romeinen in 70 n. Chr.) en die de gast die geen 'bruiloftsgewaad' aan heeft, laat boeien en buitenwerpen in de 'duisternis waar gehuil en tandengeknars zal zijn'. Deze laatste formulering is overigens een specialiteit van het Matteüsevangelie, ze komt daar zesmaal voor en verder slechts eenmaal in heel de Bijbel (Lucas 13,28).
221 Lucas 17,21 en 11,20
222 Romeinen 6,3-5
223 1 Korintiërs 15,20
224 Openbaring 21,4-5
225 Openbaring 14,3 en 15,2-4
226 Robert Hofrichter, *Das geheimnisvolle Leben der Pilze. Die faszinierenden Wunder einer verborgenen Welt*, Gütersloh, Gütersloher Verlag 2017, blz. 34
227 WA 10 III, 55-58; geciteerd naar: https://www.ide-journal.org/article/2017-volume-

4-number-2-ein-backofen-voller-liebe-luthers-rede-von-gott-im-kontext-fruhkapitalistischer-zivilisation, geraadpleegd 9 juli 2022

228 Resp. Johannes 4,24 en 1 Johannes 4,8 en 4,16

229 Er is één zonde (of 'lastering') die volgens de synoptische evangeliën (Marcus, Matteüs, Lucas) niet kan worden vergeven: de zonde tegen de heilige Geest. Ik leg die raadselachtige uitspraak als volgt uit. De heilige Geest is de Trooster (Johannes 14,16 en 26) die in de mens het vertrouwen wekt. Wie zich afsluit voor die Geest, wie zich dus niet openstelt voor dit vertrouwen, die kan de troost niet ervaren en kan niet ervaren dat de zonde hem vergeven is. Wie eraan vasthoudt dat zijn zonde zo groot is dat God ze niet kan of wil vergeven, krijgt ook niet de verlossende zekerheid dat God hem goedgezind is. Ik geloof dus niet dat God een bepaalde soort zonde niet kan of wil vergeven. Mensen met een bepaalde geesteshouding kunnen de realiteit van de vergeving niet ervaren.

230 Charles Eisenstein, een voormalige *Occupy Wallstreet*-activist, zegt dat de hele cultuurgeschiedenis van de mensheid gekenmerkt wordt door de 'geschiedenis van gescheidenheid' en stelt daartegenover 'de geschiedenis van *Interbeing*', dus van het gemeenschappelijke zijn. Zie zijn boek *The More Beautiful World Our Hearts Know Is Possible*, Berkeley: North Atlantic Books 2013

231 Romeinen 8,28

232 Hel en duivel zijn metaforen die uit een andere tijd stammen en vandaag eigenlijk niet meer te gebruiken zijn. Zie over het thema 'hel' mijn preek 'Was ist die Hölle?', https://grossstadtpredigten.wordpress.com/2019/03/31/was-ist-die-hoelle/, geraadpleegd 9 juli 2022

233 Galaten 2,20

234 De vierde *sola*-uitspraak, *sola scriptura* (alleen de Schrift, d.w.z. de Bijbel), is in en na de postmoderne tijd niet meer op die manier vol te houden, zie boven blz. 40-42.

235 2 Korintiërs 5,20

236 Matteüs 25,40 en 45

237 Dietrich Bonhoeffer, *Ethik*, DBW deel 6, red. Eberhard Bethge e.a., Gütersloh 1992; of de pocketuitgave van *Ethik*, red. Ilse Todt e.a., 5e herziene druk, Gütersloh 2016.

238 Wie de moeite neemt om de gedachten van Bonhoeffer over het laatste en voorlaatste in zijn eigen woorden na te lezen, zal misschien schrikken van de strenge, steile taal die zowel archaïsch als dogmatisch kan overkomen. Het is dan ook circa 80 jaar geleden opgeschreven, toen de theologie en de kerkelijke taal nog sterk door BLAUW werden bepaald. Maar ik ben ervan overtuigd dat de basisgedachten heel goed in een post-postmoderne taal om te zetten zijn. Laat ik een voorbeeld geven. Bonhoeffer schrijft: 'De mens gaat elke dag gebukt onder zijn terdoodveroordeling door God, het moeten-sterven voor God vanwege de zonde. Hij betuigt met zijn leven dat voor God niets kan bestaan, of het moet in oordeel en genade zijn' (a.w. blz. 82). We kunnen dan proberen om de begrippen waaraan we aanstoot nemen: 'terdoodveroordeling door God', 'vanwege de zonde' en 'oordeel en genade', te bezien in het perspectief dat we in dit boek innemen. Natuurlijk zijn we tot de dood veroordeeld, want wie geboren is, moet sterven. Dat behoort tot de basisvoorwaarden van het bestaan in de wereld van tijd en ruimte. Het is een gevolg van de tweeheid ('zonde') waaraan we onderworpen zijn zodra we verwekt worden. En Gods 'oordeel' is geen executie: we worden opgericht en opnieuw gekalibreerd, het is uitdrukking van de goddelijke gratie en nabijheid die zelfs uit de meest duistere biografie uiteindelijk een bonte, speelse levensdans kan en zal maken.

239 Romeinen 8,21

240 Zie 1 Korintiërs 9,24v.

241 Marcus 2,27

242 Jeremia 31,33

243 Galaten 5,1

244 Ken Wilber, *One Taste. Daily Reflections on Integral Spirituality*, New York: Random House Inc., 1999

245 Ik, ego, zelf: helaas is het terminologisch in deze kringen nogal een warboel. Ik gebruik hier het woord 'ik' als aanduiding van de individuele, 'afgesplitste' persoonlijkheid, het alledaagse ik.

246 Maarten Luther, *Kleine catechismus*, vierde hoofdstuk: Het sacrament van de Heilige Doop.

247 Matteüs 10,39 e.a.
248 1 Korintiërs 13,1-3
249 Overtuigend beschreven door Klaus Peter Horn, *Erleuchtung und Meisterschaft. Von Sinn und Unsinn spiritueller Suche*, Berlijn: Allegria 2005, met name blz. 268-281
250 Ken WIlber, *Integral Spirituality. A Startling New Role for Religion in the Modern and Postmodern World*, Boulder: Shambala 2007
251 Katharina Ceming, *Spiritualität im 21. Jahrhundert*, Palma de Mallorca: Phänomen Verlag 2012, blz. 27
252 Zie Sven Kosnick, *Das glückliche Nichts. Christuserfahrungen auf dem Zen-Weg*. Hamburg: tredition 2019, blz. 87–104
253 Matteüs 19,16-22
254 Matteüs 5,1v.
255 Matteüs 8,22 resp. 20
256 Deze uitdrukking is afkomstig van Gerd Theissen, *Soziologie der Jesusbewegung. Ein Beitrag zur Entstehungsgeschichte des Urchristentums* (Theologische Existenz heute, 194) München: Kaiser 1977
257 1 Tessalonicenzen 5,21
258 Matteüs 5,14
259 Matteüs 5,13
260 King maakt hier een toespeling op Deuteronomium 34,1-4
261 Tom Thresher, *Reverent Irreverence. Integral Church for the 21st Century. From Cradle to Christ Consciousness*, Pacific Grove: Integral Publishers 2009
262 Jens Stangenberg, *Tanz auf der Fontäne. Christliche Spiritualität in der Postmoderne und in der Zukunft*. Glashütten: C&P Verlagsgesellschaft mbH 2009.
263 Misschien kunnen de vrije protestantse Zell-gemeenschap in Bremen (waar Jens Stangenberg werkzaam is, zie www.jensstangenberg.de) en de Sankt Nikolai-gemeente op Wangerooge (www.kirche-am-meer-wangerooge.de) als voorbeelden genoemd worden.
264 1 Korintiërs 13,12
265 Aldous Huxley, *Heerlijke nieuwe wereld*, vertaling M. Mok, 24e druk, Amsterdam: Bert Bakker 1990, blz. 199